Klose • Berchtesgadener, Chiemgauer und Kitzbüheler Alpen

Frank Klose

Berchtesgadener, Chiemgauer und Kitzbüheler Alpen

pietsch

Einbandgestaltung: Anita Ament

Titelbild: Frank Klose

Bildnachweis: Alle Fotos stammen von Frank und Sabine Klose.
Die Höhenprofile erstellte Sabine Klose.
Die Farb-Übersichtskarte sowie alle übrigen Skizzen und Diagramme erstellte eigens für diesen Band Sabine Klose.

Richten Sie Anmerkungen und Hinweise zu den Touren bitte an:
Frank Klose, Postfach 20, 37513 Osterode-Lerbach
e-mail: ass.de@t-online.de
homepage: www.mountain-bike-aktiv.de

ISBN 3-613-50350-6

1. Auflage 2000

Lektor: Oliver Schwarz
Innengestaltung: Katharina Jüssen
Druck: Henkel Druck, 70435 Stuttgart
Bindung: Nething, 73235 Weilheim/Teck
Printed in Germany

Inhalt

Vorwort

Dank Wildem Kaiser, Chiemgauer Alpen, Kitzbüheler Alpen oder Watzmann mit Steinernem Meer: Für Kenner stellt die bizarre Hochgebirgslandschaft nördlich der Hohen Tauern eines der faszinierendsten Bikereviere der östlichen Nordalpen dar. Hier kurbelt man an kristallklaren Gebirgsseen, sprudelnden Bächen oder schroffen Felswänden entlang, die sich mitunter Furcht erregend in den Himmel recken. Manche Gipfel präsentieren sich dabei von weitem oder auf den ersten Blick als scheinbar unbezwingbar für Bike und Biker. Dass dem aber oft nicht so ist, zeigen die hier vorgestellten Traumtouren, die ganz sicher nicht nur jeden Kenner mit der Zunge schnalzen lassen, sondern auch reichlich neue Fans des Stollenpneus gewinnen werden. Denn das weit gefächerte Spektrum der beschriebenen Trails reicht dabei vom szenigen Hammerdownhill auf breitem Schotter bis hin zu kultigen Biketrails für die Fraktion der Fahrtechnikfreaks. Kurzum: Ein Revier, das seines Gleichen sucht. Denn die 50 Spitzentouren, von sanft bis hammerhart, führen beispielsweise über aussichtsreiche Höhen wie Kampenwand, Hochries oder zur Archenkanzel hoch über dem Königssee. Auch in den Kitzbüheler Alpen, inklusive der Region Zell am See – Kaprun ist im Jahr 2002 ja Schauplatz der Mountainbike-WM – sind flächendeckend die besten Touren auf das Genaueste beschrieben. Also, so viel Auswahl satt, dass jeder Tag auf dem Mountainbike zu einem neuen und unvergesslichen Erlebnis wird. Damit das auch in Zukunft alles so bleibt und nicht weitere sachunkundige Einschränkungen in Sachen Bergrad verfügt werden, sollte man beim Biken äußerst behutsam mit Natur und Mitmenschen umgehen. Stressvermeidung ist oberstes Gebot. Von Fußgängern vorzugsweise stark begangene Wege (vor allem an Bergen mit Seilbahnen und Höhenstraßen) gilt es daher an Wochenenden und während der Ferienzeit zu meiden. Im Buch werden genug andere Möglichkeiten aufgezeigt ohne auf den Bikespaß in irgendeiner Form verzichten zu müssen.

Zur optimalen Verwendung dieses Tourenführers

Jede Tourenbeschreibung wird durch ein Höhenprofil, eine Grafik zum Wegbelag und eine Streckenskizze ergänzt. Genaue Streckenbeschreibungen mit exakten Kilometerangaben sollten ein einfaches Zurechtfinden auf den einzelnen Strecken ermöglichen.

Nicht vergessen: Vor dem Start jeder Tour stellt man den Tacho auf null und misst dann die Strecken ein.

Wichtig: Der Tacho muss auf die jeweilige Reifengröße geeicht sein. Differenzen bei der Entfernung lassen sich durch Nachdrehen des Vorderrads im angehobenen Zustand ausgleichen. Es versteht sich von selbst, dass ein genaues Karten-

studium notwendig ist, will man den Streckenverlauf optimal nachvollziehen. Hierbei sind auch die jeweiligen topografischen Karten (1:50.000) sehr hilfreich. Bei den Angaben der reinen Fahrzeit im Infoteil vor jeder Streckenbeschreibung handelt es sich um Zirka-Werte, die nur als Anhaltspunkte dienen. Jeden Stopp und alle Pausen rechnet man zu diesen reinen Fahrzeiten hinzu. Individuelle Abweichungen sind hier selbstverständlich. Die Angabe »Anstiege« ermittelt sich aus der Addition aller Höhenmeter, die eine Tour komplett enthält. Die grafische Darstellung des Streckenprofils vermittelt einen optischen Eindruck der Charakteristik des Tourverlaufs und beschränkt sich weitgehend auf die Bezeichnung markanter Punkte wie Höhen oder Tallagen.
Werden in den Streckenbeschreibungen keine Angaben zum Abbiegen gemacht, fährt man geradeaus, auch auf Kreuzungen oder Wegegabelungen. Bei den in Klammern und in An- und Abführungszeichen gesetzten Bezeichnungen handelt es sich um Wegemarkierungen, Ziele in Anführungszeichen weisen auf entsprechende Schilder im Gelände hin.

Jetzt noch ein unumgänglicher Hinweis: *Eine Haftung in jeder Form wird abgelehnt. Nicht nur die Beschaffenheit der Wege kann sich ändern. Leider können auch einige der beschriebenen Abschnitte einem Fahrverbot für Bikes unterliegen. Auf diesen Streckenabschnitten muss das Bike geschoben werden. Es wird ausdrücklich darauf hingewiesen, dass geltendes Recht unbedingt beachtet werden muss. Obwohl in diesem Buch die für Mountainbiker jeweils theoretisch besten Streckenverläufe beschrieben werden, ist das keinesfalls als Aufforderung zum Fahren zu verstehen.*

Richtiges Verhalten vermeidet Probleme

Der Bikesport ist zu Unrecht so massiv in die Negativschlagzeilen geraten. Allerdings gibt es auch unter uns Bikern immer wieder mal schwarze Schafe, die meinen keine Rücksicht auf Natur und Mitmenschen nehmen zu müssen. Sie provozieren unnötige Konfrontationen mit Nicht-Bikern und schaden dem Bikesport. Ich meine, jeder kann die folgenden 10 Grundregeln beherzigen, die auch sicherlich helfen gesetzlichen Ansprüchen gerecht zu werden.

1. Man fährt ausschließlich auf vorhandenen Wegen.
2. Grundsätzlich haben Fußgänger Vorrang. Wenn der Platz ausreicht, fährt man im Schritttempo an ihnen vorbei. Ist der Weg hierfür zu schmal, steigt man ab und schiebt.
3. Die Geschwindigkeit passt man den Gegebenheiten an. Der Bremsweg

darf die halbe Sichtweite nicht überschreiten.

4. Lautes Grölen und Schreien unterlässt man. Wer auf sich aufmerksam machen möchte, kann das mit ruhiger Stimme tun.
5. Man fährt nur auf technisch einwandfreien Bikes. Andere Fahrräder sind für diese Touren nicht geeignet und stellen ein Gefährdungspotenzial dar.
6. Bitte nur Schmierstoffe am Bike verwenden, die biologisch abbaubar sind.
7. Wer in der Dunkelheit unterwegs ist, auch wenn er von dieser überrascht wird, hat für ausreichende Beleuchtung zu sorgen. Ist das nicht möglich, dann muss das Bike geschoben werden.
8. Der Helm sollte für jeden Biker Pflicht sein.
9. Müll gehört in die dafür vorgesehenen Müllbehälter. Gibt es keine, muss der Abfall zu Hause entsorgt werden.
10. Bitte diese Regeln bei Bedarf an andere weitergeben.

Literaturhinweis

Zu folgenden Top-MTB-Revieren sind in der Reihe »MTB aktiv« bisher Touren-Guides erschienen:

- Allgäu (Autor: Frank Klose; ISBN: 3-613-50311-5)
- Franken (Autor: Frank Klose; ISBN: 3-613-50324-7)
- Hessen (Autor: Frank Klose; ISBN: 3-613-50299-2)
- Schwarzwald (Autor: Frank Klose; ISBN: 3-613-50337-9)
- Tessin (Autor: Kurt Beckel; ISBN 3-613-50259-3)
- Weserbergland und Teutoburger Wald (Autor: Frank Klose; ISBN: 3-613-50300-X)

1 Samerberg

infos

Gesamtstrecke: *21,8 Kilometer.*
Anstiege: *349 Höhenmeter.*
Schwierigkeit: *leicht.*
Reine Fahrzeit: *1 bis 1,5 Stunden.*

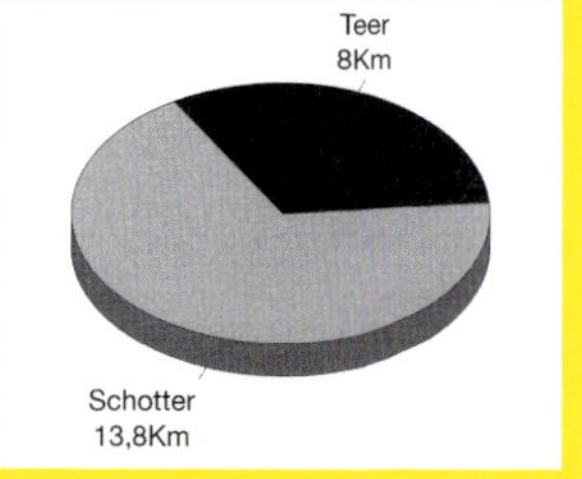

Karte: *Topographische Karte 1:50.000, Blatt UK L 7 »Chiemsee und Umgebung«, Bayerisches Landesvermessungsamt.*
Anfahrt zum Startplatz: *Die Inntalautobahn über die Abfahrt »Brannenburg« verlassen. Dann per Brücke über den Inn nach Nußdorf. Dort im Zentrum an Straßen-T (Abzweige Richtung »Neubeuern«, »Überfilzen«) diese Tour starten.*
Alternative Startorte: *Neubeuern, Holzham, Obereck, Törwang.*
Auskunft: *Verkehrsamt Nußdorf, Brannenburger Str. 10, D-83131 Nußdorf/Inn, Tel: 08034/907920.*
Camping: *Inntalcamping, Kranzhornweg 40, D-83126 Flintsbach, Tel: 08034/2869.*
Geführte Touren: *Auf Anfrage beim Verkehrsamt Brannenburg, Rosenheimer Str. 5, D-83098 Brannenburg, Tel: 08034/45150, Fax: 08034/9581, Internet: www.brannenburg.de*
Bikeshop: *Auf der anderen Innseite in Brannenburg steht an der BP-Tankstelle das Bikegeschäft Mohr, Rosenheimer Str. 35, D-83098 Brannenburg, Tel: 08034/9457 mit Rat und Tat zur Seite. Oder man wendet sich in D-83064 Raubling an das IKO-Fahrradhaus, Kufsteiner Str. 72, Raubling, Tel: 08035/87070.*

Das ist für dieses Gebiet genau die richtige Runde zum Warmfahren. Und zwar in doppelter Hinsicht. Denn sicherlich stellen wir hier die vielleicht leichteste Runde des gesamten Buches vor. Außerdem dauert es nach dem Start in Nußdorf ein ganzes Weilchen, bevor man Gangwechsel fürs Bergaufradeln vornehmen muss, da man sich auf dem Dammweg des kanalisierten Inn erst mal locker einfahren kann. Womit wir wieder beim Anfang dieses Textes wären.

Routenverlauf

Bitte gehen Sie niemals ohne die angegebene topographische Karte auf Tour und beachten Sie die Hinweise auf den Seiten 8 und 9.

km 0,0 / 485 m (Höhe über NN)

Ab Straßen-T in der Ortsmitte von Nußdorf zunächst auf Straße Richtung »Neubeuern«. Nach 50 m dann links über

Parkplatz. Anschließend auf Pfad am Trafohäuschen entlang. Danach auf Straße geradeaus bis km 0,65. Dort erst rechts, sofort links und Straße »Am Steinbach« folgen.

0,9 / 470 m Links auf Pfad Richtung »Innbrücke« abbiegen.

1,6 / 460 m Auf Teer rechts Richtung »Neubeuern«. Nach 20 m links auf Dammweg abzweigen.

2,1 / 460 m An Brücke zum Wehr geradeaus auf Teer. 85 m weiter rechts auf Teer. Nach weiteren 55 m links auf Schotter auf dem Damm am Inn entlang bis nach »Neubeuern«.

4,95 / 450 m 1000 m nach Freibad Damm nach rechts verlassen (»Radweg 38«).

5,5 / 452 m Straße geradeaus kreuzen. Nach 700 m im Weiler Sollach an Teerweg-T links Richtung »Holzham«. Dort bei km 6,6 Erste rechts und auf Betonweg bergan Richtung »Dandlberg«.

11,0 / 749 m Kurz nach dem Hof »Wiesholzen« auf Straße rechts bergan. 55 m weiter links auf Forstweg nach »Unterleiten«. Dort bergab dem Hinweis »Obereck« folgen.

11,4 / 720 m An Wegedreieck rechts bergan nach »Obereck«. Dort bei km

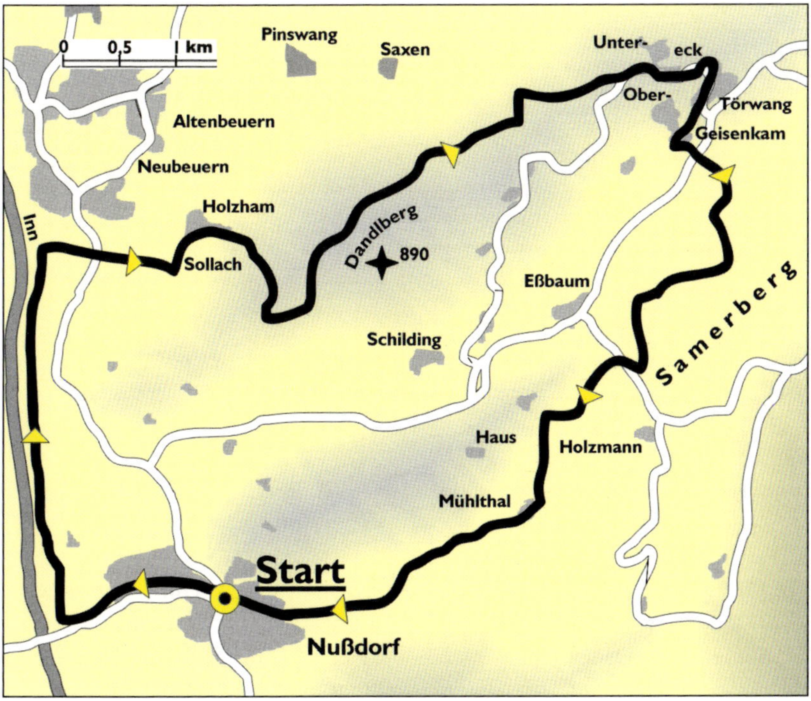

12,1 am Gasthaus »Schinkensepp« links Richtung »Törwang«.
12,3 / 753 m An der Aussichtskapelle auf Straße bergab Richtung »Törwang«.
13,2 / 700 m In Törwang an der Kirche rechts. Dann auf Straße weiter nach »Geisenkam«. Dort links, Landstraße bald queren und auf Schotter Richtung »Esbaum«.
14,3 / 685 m An Gabelung rechts. Nach 900 m an T rechts, weiter Richtung »Esbaum«.
15,9 / 650 m Rechts auf Straße weiter. Nach 200 m Straße nach links verlassen, nun den Hinweisen »Mühlthal« folgen.
16,7 / 622 m Auf Straße rechts bergab Richtung »Esbaum«. Nach 220 m links auf Forstweg Richtung »Friesing« abbiegen.
17,7 / 605 m An Wegedreieck rechts bergan Richtung »Roßholzen«.
18,0 / 620 m An Wege-T nahe Friesing links bergab ins Mühlthal. Dort rechts talauswärts nach Nußdorf.
21,75 / 485 m In Nußdorf an Kreuzung links zurück zum Ausgangspunkt (21,8 / 485 m).

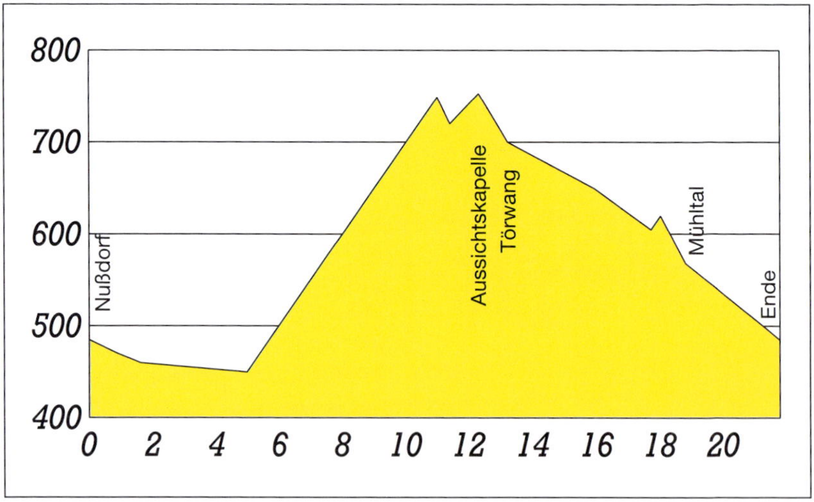

2 Hochries

infos

Gesamtstrecke: *36,6 Kilometer.*
Anstiege: *1227 Höhenmeter.*
Schwierigkeit: *schwer.*
Reine Fahrzeit: *3 bis 5 Stunden.*

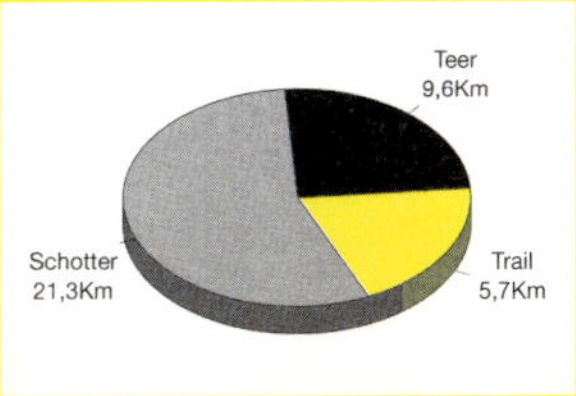

Karte: *Topographische Karte 1:50.000, Blatt UK L 7 »Chiemsee und Umgebung«, Bayerisches Landesvermessungsamt.*
Anfahrt zum Startplatz: *Die Inntalautobahn über die Abfahrt »Brannenburg« verlassen. Dann per Brücke über den Inn nach Nußdorf. Dort im Zentrum an Straßen-T (Abzweige Richtung »Neubeuren«, »Überfilzen«) diese Tour starten.*
Alternative Startorte: *Windhausen.*
Auskunft: *Verkehrsamt Nußdorf, Brannenburger Str. 10, D-83131 Nußdorf/Inn, Tel: 08034/907920.*
Camping: *Inntalcamping, Kranzhornweg 40, D-83126 Flintsbach, Tel: 08034/2869.*
Geführte Touren: *Auf Anfrage beim Verkehrsamt Brannenburg, Rosenheimer Str. 5, D-83098 Brannenburg, Tel: 08034/45150, Fax: 08034/9581, Internet: www.brannenburg.de*
Bikeshop: *Auf der anderen Innseite in Brannenburg steht das Bikegeschäft Mohr, Rosenheimer Str. 35, D-83098 Brannenburg, Tel: 08034/9457, mit Rat und Tat zur Seite. Außerdem gibt es in D-83064 Raubling das IKO-Fahrradhaus, Kufsteiner Str. 72, Tel: 08035/87070. Hier kann man auch Bikes für 30 Mark pro Tag leihen.*

Diese tolle Tour startet wie Tour 1 in Nußdorf und verläuft dann am Inn entlang – allerdings flussaufwärts. Wiederum genau das Richtige zum Warmradeln. Das ist auch durchaus nötig. Der folgende Anstieg hinauf Richtung Hochries unterteilt sich zwar in zwei Teilstücke, mit einer tollen Abfahrt ins österreichische Trockenbachtal mittendrin, lässt aber hier und da schon mal die Waden platzen. Auf der Höhe bietet sich eine Rast in der Riesenhütte an, bevor man das beste Stück der Tour unter die Stollen nimmt: ein aussichtsreicher Trail in der Steilwand der Hochries. Der Rest besteht dann nur noch aus Downhill. Erst auf einem anspruchsvollen Trail mit Kehren und Stufen, dann locker rollend durch das Mühlthal retour nach Nußdorf.

Routenverlauf

Bitte gehen Sie niemals ohne die angegebene topographische Karte auf Tour, und beachten Sie die Hinweise auf den Seiten 8 und 9.

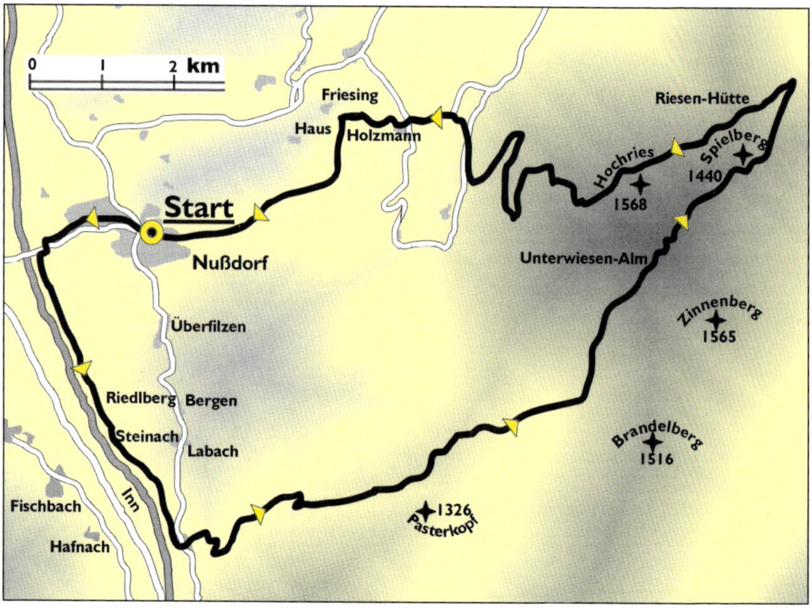

km 0,0 / 485 m (Höhe über NN) Ab Straßen-T in der Ortsmitte von Nußdorf zunächst auf Straße Richtung »Neubeuren«. Nach 50 m dann links über Parkplatz. Anschließend auf Pfad am Trafohäuschen entlang. Danach auf Straße geradeaus bis km 0,65. Dort erst rechts, sofort links und Straße »Am Steinbach« folgen.
0,9 / 470 m Links auf Pfad Richtung »Innbrücke« abbiegen.
1,6 / 460 m Links zur Landstraße. Dort rechts zur Innbrücke und unmittelbar davor auf »Inntalradweg« über Inndamm Richtung »Landesgrenze«.
6,4 / 468 m Inndamm geradeaus verlassen und an kleinerem Wasserlauf Richtung Haus. Nach 200 m im Weiler Windshausen Landstraße geradeaus kreuzen und auf Teer zunächst dem Hinweis »Kranzhorn« folgen.
6,9 / 470 m Am Ortsende des Weilers 90° rechts an Abzweig Brücke queren, dann auf Schotter, bald recht steil bergan Richtung »Kranzhorn«.
8,6 / 705 m An Gabelung auf linkem Strang geradeaus, Hauptweg.
9,1 / 720 m Im Bachtälchen an Abzweig rechts. Nach 10 m an T wieder 90° rechts und weiter auf breiter Schotterpiste bergan (Hauptweg).
9,3 / 750 m An Wege-T 90° links, Hinweis »Kranzhorn« ignorieren.
11,2 / 930 m An Gabelung 45°

rechts bergan. Nach 500 m an T 90° rechts dem Hauptweg weiter bergan folgen.

12,3 / 1020 m An Angabelung von links 135° nach rechts, fast entgegengesetzt, Viehroste passieren. 400 m weiter an Kreuzung geradeaus. Bald auf Trail Landesgrenze passieren.

14,5 / 970 m An Wege-T vor Bach 90° links und auf breiter Schotterpiste jetzt taleinwärts durch das Tal des Trockenbachs.

16,4 / 1105 m An »Unterwiesen-Alm« rechts auf Schotterpiste. Nach dem Stadl links halten und weiter auf breiter Schotterpiste bergan.

16,7 / 1130 m Schotterweg verwandelt sich in Grasspur, recht steil bergan.

17,1 / 1180 m Nach erneuter Grenzquerung Richtung Deutschland fast eben durch von Kühen zermanschtes Sumpfgelände.

17,5 / 1180 m Ab »Oberwiesen-Alm« auf Schotterweg geradeaus bergan.

18,5 / 1282 m Kurz nach »Holzerhaus« weiter auf Hauptweg Richtung »Klausen«. 200 m weiter etwas links Richtung »Aschau«.

19,8 / 1305 m Links bergab auf Schotterpiste Richtung »Aschau«.

20,9 / 1130 m Nach Abfahrt an Wegeplatz links bergan Richtung »Riesenhütte«.

22,4 / 1346 m An Riesenhütte (Einkehr) entlang.

22,8 / 1348 m An Gabelung bei Hütten links, geradeaus auf Schlammweg. Nach 200 m an Abzweig geradeaus.

23,4 / 1377 m An Abzweig »Sattel« 90° rechts auf Wiesenweg bergab Richtung »Grainbach«. Einige Meter weiter an Singletrailkreuzung 90° links, Hinweis »Grainbach« ignorieren und dem Hinweis »Seiten-Alm« über tollen Trail folgen.

24,9 / 1340 m An Singletrail-T bei Almhütten rechts steil bergab auf radikalem Serpentinentrail.

25,5 / 1160 m Singletrail trifft auf Schotterpiste. Auf dieser geradeaus weiter an »Lambrecht-Alm« entlang, bergan.

25,7 / 1160 m An Linksabzweig 90° geradeaus auf Hauptweg durch Serpentinen bergab.

27,2 / 985 m An Wege-T 90° rechts auf breiter Schotterpiste.

27,4 / 980 m Nach Viehschranke an Linksabzweig geradeaus und auf Betonplattenweg sofort Rechtskurve mitnehmen, bergab.

28,0 / 900 m An Gabelung nach Viehsperre geradeaus, wieder auf breitem Schotterweg.

28,5 / 888 m An Gabelung links herum, Linkskurve mitnehmen, auf breiter Schotterpiste Richtung »Duftbräu«.

29,7 / 780 m An T bei Parkplatz rechts auf Straße Richtung »Törwang« bergab.

29,8 / 770 m An Straßengabelung auf linkem Strang geradeaus bergab.

30,0 / 745 m An Straßengabelung 45° links auf schmalerem Teerweg Richtung »Schweinsteig«.

30,2 / 740 m Am Ortsschild »Schweinsteig« an Gabelung rechts auf

Schotter bergab Richtung »Esbaum«.
30,6 / 700 m An Straßen-T 90° links weiter auf Teer bergab Richtung »Esbaum«.
31,2 / 660 m An Straßenabzweig geradeaus Richtung »Jägerhäusl«. Nach 100 m im Weiler an Haus Nr. 10 90° rechts, bald an Gasthof »Jägerhäusl« entlang bergab und durch das Mühlthal zurück nach Nußdorf.
36,55 / 485 m In Nußdorf an Straßenabzweig 90° links. 50 m weiter an Straßenkreuzung bei Edeka-Markt erreicht man den Ausgangspunkt (km 36,6 / 485 m).

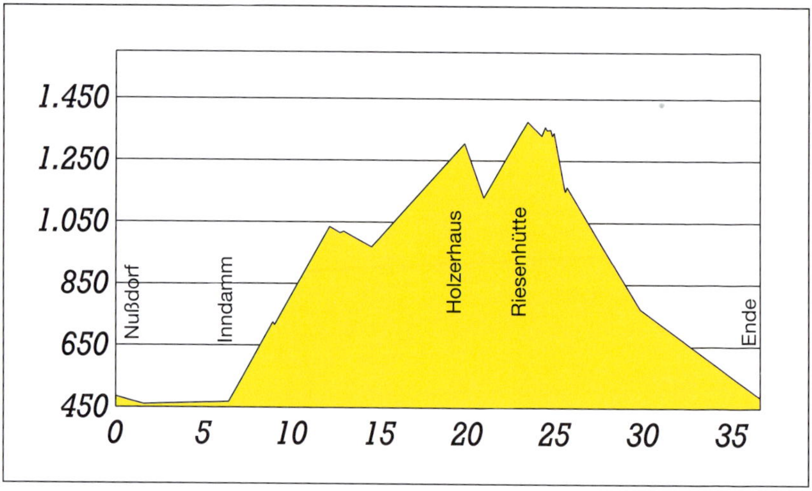

3 Über Kranzhorn und Spitzstein

infos

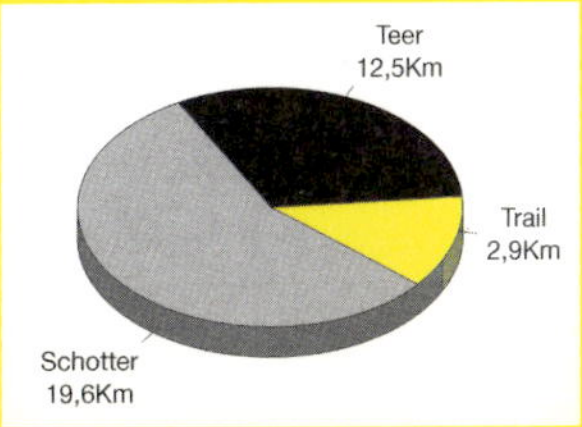

Gesamtstrecke: *35 Kilometer.*
Anstiege: *1305 Höhenmeter.*
Schwierigkeit: *schwer.*
Reine Fahrzeit: *3 bis 5 Stunden.*

Karte: *Topographische Karte 1:50.000, Blatt UK L 7 »Chiemsee und Umgebung«, Bayerisches Landesvermessungsamt.*
Anfahrt zum Startplatz: *Die Inntalautobahn über die Abfahrt »Brannenburg« verlassen. Dann per Brücke über den Inn nach Nußdorf und im Zentrum rechts Richtung »Windshausen«. Dort am Zollhaus die Tour starten.*
Alternative Startorte: *Erl, Weidau.*
Auskunft: *Verkehrsamt Nußdorf, Brannenburger Str. 10, D-83131 Nußdorf/Inn, Tel: 08034/907920.*
Camping: *Inntalcamping, Kranzhornweg 40, D-83126 Flintsbach, Tel: 08034/2869.*
Geführte Touren: *Auf Anfrage beim Verkehrsamt Brannenburg, Rosenheimer Str. 5, D-83098 Brannenburg, Tel: 08034/45150, Fax: 08034/9581, Internet: www.brannenburg.de*
Bikeshop: *Auf der anderen Innseite in Brannenburg steht an der BP-Tankstelle das Bikegeschäft Mohr, Rosenheimer Str. 35, D-83098 Brannenburg, Tel: 08034/9457, mit Rat und Tat zur Seite. Oder man wendet sich in Raubling an das IKO-Fahrradhaus, Kufsteiner Str. 72, D-83064 Raubling, Tel: 08035/87070.*

Schon bei der dritten Tour dieses Buches sind wir bei dem angelangt, was man gemeinhin unter Hammertörn versteht. Wer den unteren Teil des Anstieges, gleich nach Windshausen, schon als heftig empfindet und in den ersten Gang schalten muss, wird sich später wundern: Jawohl, es geht noch steiler hinauf, und der Puls dürfte sich seinem Spitzenwert nähern. Das ist aber nur die eine Seite, denn neben körperlicher Anstrengung und Schweiß in Strömen bietet dieser Turn auch noch starke Trails und unvergessliche Aussichten, die das Ganze dann zum Traum machen. Es sei denn, man ist nicht gut genug trainiert – dann wird die Spitzenrunde auch schnell zum Alptraum.

Routenverlauf

Bitte gehen Sie niemals ohne die angegebene topographische Karte auf Tour, und beachten Sie die Hinweise auf den Seiten 8 und 9.

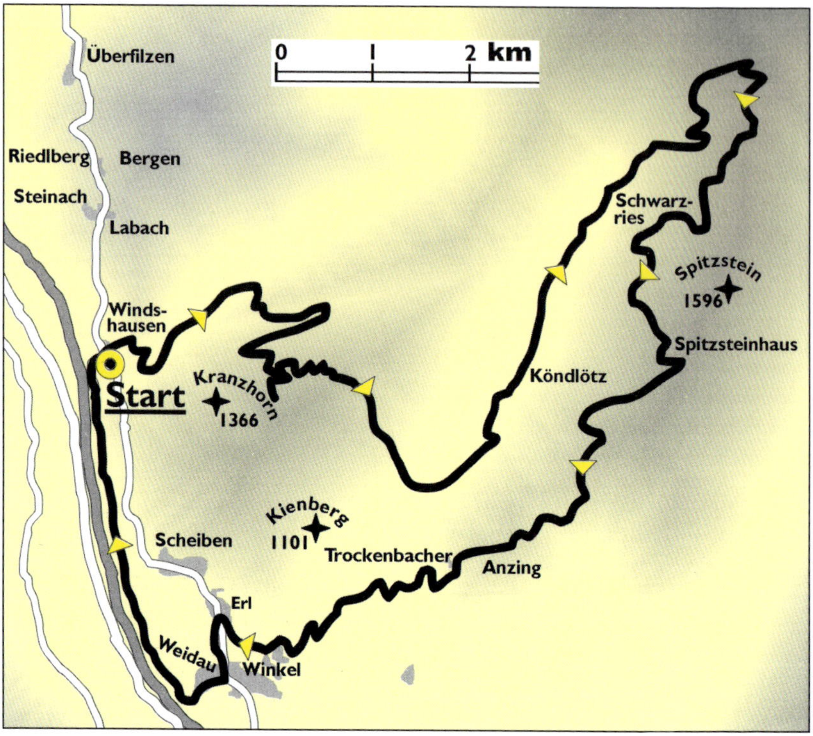

km 0,0 / 468 m (Höhe über NN) Ab Zollhaus zunächst auf Straße retour Richtung »Nußdorf«. Nach 100 m rechts und durch Neubaugebiet dem Hinweis »Kranzhorn« folgen.

0,4 / 470 m Am Ortsende des Weilers 90° rechts an Abzweig, Brücke queren, dann auf Schotter bald recht steil bergan Richtung »Kranzhorn«.

2,1 / 705 m Trailabzweig rechts Richtung Kranzhorn ignorieren, weiter auf Hauptweg.

2,6 / 720 m Im Bachtälchen an Abzweig rechts. Nach 10 m an T wieder 90° rechts und weiter auf breiter Schotterpiste bergan (Hauptweg). Bei km 2,8 an Wege-T 90° rechts Hinweis »Kranzhorn« auf zunächst breitem Weg folgen (links führt Tourbeschreibung 2 weiter).

3,1 / 800 m An Abzweig links Richtung »Kranzhorn«.

4,6 / 980 m An Landesgrenze rechts weiter.

5,7 / 1072 m An Abzweig hart links, weiter bergan Richtung »Kranzhorn«.

6,2 / 1100 m Kurz nach Überfahren der Landesgrenze rechts in Serpentinen bergan bis zur Schutzhütte unter dem

Kranzhorngipfel. Dort bei km 7,1 zunächst auf gleichem Weg retour.
8,0 / 1100 m Wieder nahe der Grenze rechts halten und erst auf Serpentinen, dann durch den Geißgraben immer auf Hauptweg bergab.
11,0 / 820 m Kurz nach Parkplatz an Gabelung links und durch das Trockenbachtal bergan.
15,8 / 970 m Nahe Schweiberer-Alm rechts auf Forststraße »Klausen« abbiegen und erst einmal auf Hauptweg bleiben.
18,2 / 1260 m An Kreuzung rechts halten, Hinweis »Klausen« hier ignorieren. Etwas weiter an T links halten.
21,7 / 1200 m Am Ende des breiten Weges geradeaus Richtung »Nesselbrand-Alm«. Von dort wieder auf breiterem Weg Richtung »Spitzstein«.
22,8 / 1235 m Links bergan zum »Unterkunftshaus Spitzstein« (Einkehr). Dort auf gleichem Weg retour und dann links auf Hauptweg, bald geteert, bergab Richtung »Erl«.
24,9 / 1100 m An Teer-T rechts. Nach 500 m wieder rechts, weiter auf Teer bergab.
27,4 / 740 m Im Trockenbachtal links auf Teer bergab Richtung »Erl«.
30,1 / 476 m In Erl links auf Straße nach Weidau. Dort rechts zum Inn. Am Fluss rechts und auf Inndamm flussabwärts.
34,7 / 465 m Kurz nach Brücke rechts an Wasserlauf entlang zur Straße. Dort rechts zurück zum Ausgangspunkt (km 35,0 / 468 m).

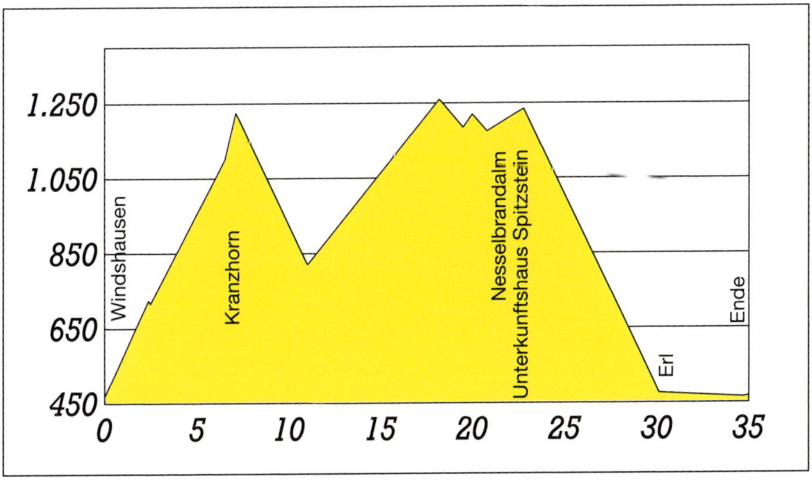

4 Von Frasdorf zur Hochries

infos

Gesamtstrecke: *31 Kilometer.*
Anstiege: *1175 Höhenmeter.*
Schwierigkeit: *mittel bis schwer.*
Reine Fahrzeit: *2,5 bis 4 Stunden.*

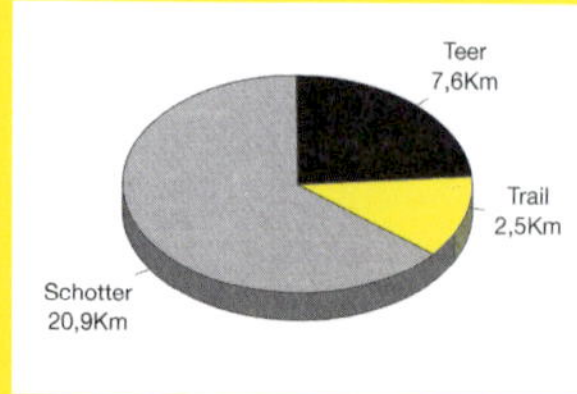

Karte: *Topographische Karte 1:50.000, Blatt UK L 7 »Chiemsee und Umgebung«, Bayerisches Landesvermessungsamt.*
Anfahrt zum Startplatz: *Die A 8 München-Salzburg über die Abfahrt »Frasdorf« verlassen. Gleich danach links auf Landstrasse Richtung »Frasdorf«. 200 m weiter rechts Richtung Rosenheim abbiegen. Die Tour startet an der Kirche in Frasdorf.*
Alternative Startorte: *Schweinsteig, Lederstube.*
Auskunft: *Verkehrsbüro Frasdorf, Schulstr. 7, 83112 D-Frasdorf, Tel: 08052/179625, E-Mail: weberknecht@frasdorf.com, Internet: http://www.frasdorf.com*
Camping: *3 Kilometer entfernt in Aschau, Camping am Moor, Innerkoy 1, D-83229 Aschau, Tel: 08052/4513.*
Geführte Touren: *Natur pur, Michael Paul, Am Beerweiher 4, D-83229 Aschau, Tel: 08052/5460, Fax: 08052/5427, Mobil: 0171/3409472. Hier gibt es neben tollen Mountainbike-Touren auch noch andere Outdooractivities wie Rafting etc. Einfach mal anfragen.*
Bikeshop: *Ebenfalls in Aschau steht der Radius-Bikeshop, Bahnhofstr. 1, Tel: 08052/743, mit Rat und Tat zur Seite.*

Von Frasdorf zur Hochries, das ist eine weitere Top-Tourenvariante hoch über Chiemsee und Inntal. Jedenfalls gibt es neben wirklich starken Trails hier wiederum Aussichten von Feinsten, die garantiert vom Hocker hauen. Also, warum noch warten – rauf aufs Mountainbike und ab zur Hochries.

Routenverlauf

Bitte gehen Sie niemals ohne die angegebene topographische Karte auf Tour, und beachten Sie die Hinweise auf den Seiten 8 und 9.

km 0,0 / 598 m (Höhe über NN)
Von der Kirche retour auf Strasse Richtung »Autobahn«. Nach 100 m rechts auf »Sagbergstraße« Richtung »Lederstube«.
0,9 / 620 m Rechts ab Richtung »Lederstube«. 300 m weiter geradeaus Richtung »Mühlberg« halten.
1,7 / 655 m Parkplatz »Lederstube« queren und auf Teer an Hütten entlang.

Nach 150 m an Abzweig zur »Frasdorfer Hütte« auf geteertem Hauptweg Richtung »Mühlbach«. 150 m weiter in Rechtskurve geradeaus auf Feldweg Richtung »Kranzl«.

2,8 / 710 m Beim Weiler »Kranzl« links auf Teer bergan. Nach 800 m an Teerende geradeaus auf Schotter Richtung »Winterstube«.

4,4 / 890 m An Abzweig rechts und auf Hauptweg Richtung »Kräuterwiese«.

6,5 / 875 m An Kreuzung »Kräuterwiese« geradeaus. 200 m weiter an Abzweig rechts Richtung »Ebenwald-Alm«.

8,0 / 900 m An der »Ebenwald-Alm« rechts auf Fahrweg. Nach 150 m an Gabelung rechts bergab halten, bald unter Trasse von Hochriesbahn entlang.

8,7 / 860 m Nach Rechtskehre links auf Forstweg Richtung »Spatenau«, bald auf Trail.

9,7 / 888 m An Gabelung (hier trifft man kurzzeitig auf Tourverlauf 2) rechts auf breiter Schotterpiste, bald Betonplatten Richtung »Duftbräu«.

10,9 / 780 m An T bei Parkplatz links auf Straße. Nach 800 m an Gabelung (rechts ist Abstecher zur Einkehr im Gasthaus »Duftbräu«) links Richtung »Käs-Alm«, »Hochries«.

13,0 / 875 m An Waldparkplatz links auf Forstweg bergan. Nach 500 m rechts halten.

14,3 / 985 m An T links ab Richtung »Käs-Alm«. 500 m weiter, an nächstem T wieder links, nun bergan den Hinweisen Richtung »Feichteck«, »Pölcher-Alm«, »Hochries« folgen.

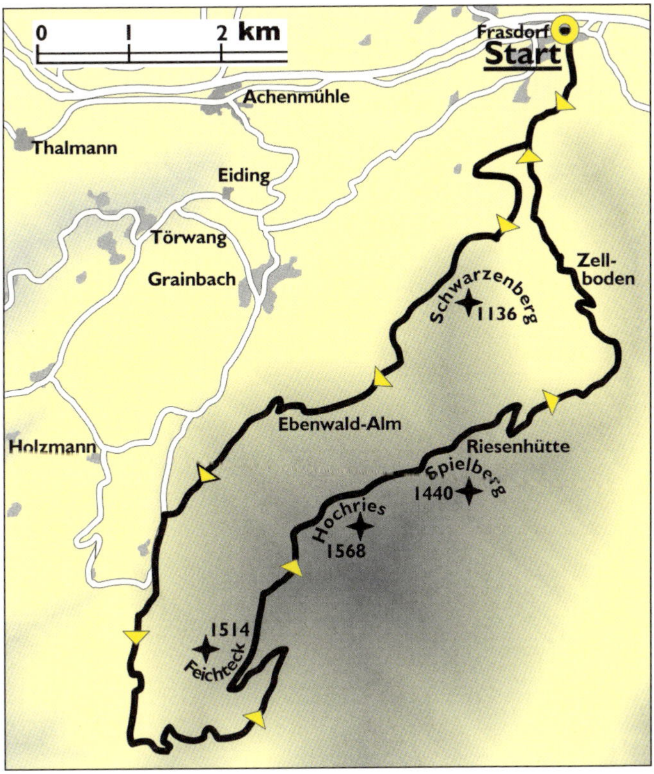

15,4 / 1020 m Kurz vor Wagner-Alm rechts herum und nun auf Hauptweg bergan.
18,0 / 1220 m An Abzweig links auf Teer steil bergan. Bei Feichteck-Alm rechts halten.
20,2 / 1380 m An Kreuzung auf dem Sattel oberhalb der Pölcher-Alm geradeaus Richtung »Hochries«.
21,0 / 1421 m Unterhalb Karkopf links durch ein Gatter, bergab Richtung »Seiten-Alm«.
21,6 / 1340 m Achtung! An der Seiten-Alm rechts über kleine Kuppe, dann rechts auf fast ebenem Singletrail (in Gegenrichtung von Tour 2) durch die Nordwand der Hochries, Hinweise Richtung »Riesenhütte« beachten.
24,1 / 1360 m Geradeaus bergan Richtung »Riesenhütte«. Nach 50 m am Sattel links halten und auf Pfad, später Karrenweg und zuletzt Schotterpiste bergab zur Riesenhütte (Einkehr möglich).
26,4 / 1180 m Ab Wendeplatz von Forstpiste auf Hauptweg bergab Richtung »Frasdorfer Hütte«.
28,4 / 980 m An Gabelung links Richtung »Zellboden«, bald an »Frasdorfer Hütte« (Supereinkehr!) entlang und auf Hauptweg bergab.
30,0 / 820 m In Zellboden rechts halten Richtung »Lederstube, Frasdorf«. Nach 2500 m in Lederstube rechts, nächste links und auf gleichem Weg wie bei Auffahrt retour zum Ausgangspunkt (km 31,0 / 598 m).

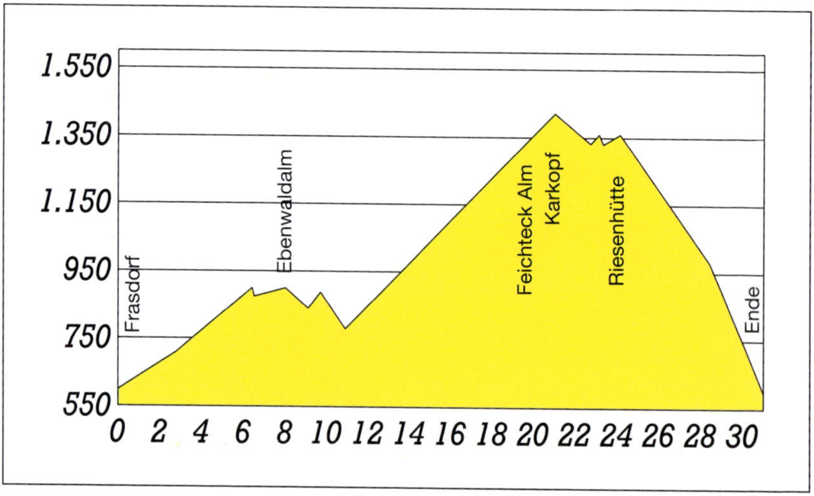

5 Die Walchsee-Geigelstein-Tour

infos

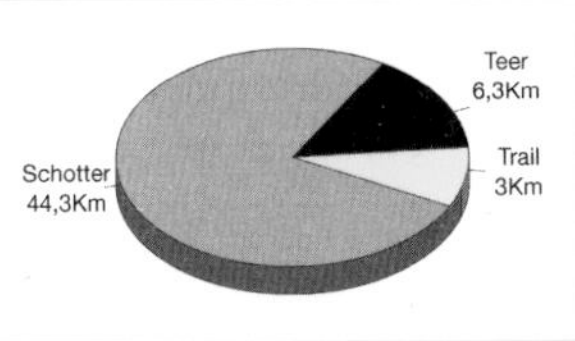

Gesamtstrecke: *53,6 Kilometer.*
Anstiege: *1910 Höhenmeter.*
Schwierigkeit: *schwer.*
Reine Fahrzeit: *4 bis 6 Stunden.*

Karte: *Topographische Karte 1:50.000, Blatt UK L 7 »Chiemsee und Umgebung«, Bayerisches Landesvermessungsamt.*
Anfahrt zum Startplatz: *Die Inntalautobahn über die Abfahrt »Oberaudorf«, dann über die Innbrücke und auf österreichischer B 172 Richtung »Kössen« bis in den Ort Walchsee. Den Ort fast queren und vor Ortsende auf Parkplatz am Walchseeufer diese wunderschöne Tour starten.*
Alternative Startorte: *Kössen, Ettenhausen, Schleching, Mühlau, Hainbach, Sachrang.*
Auskunft: *Tourismusverband Walchsee, Dorfplatz 10, A-6344 Walchsee, Tel: (0043)5374/5223, Fax: (0043)5374/5135, E-Mail: dvb.walchsee@netway.at, Internet: http://www.walchsee.at*
Camping: *Campingfans können unter 3 Plätzen wählen. Direkt am Walchsee bietet der Platz Sonnencamping Seespitz, A-6344 Walchsee, Tel: (0043)5374/5359, Fax: (0043)5374/5845, eine überdurchschnittliche Ausstattung. Außerdem kann man seine Zelte auch auf dem ADAC-prämierten Platz Terrassencamping Südsee, Seestr. 76, A-6344 Walchsee, Tel: (0043)5374/5339, Fax: (0043)5374/5529, E-Mail: campingwalchsee@aon.at, Internet: http://www.camp-sud-see.com aufstellen. Preiswert und gut ist es auf dem Campingplatz Seemühle, Am See 3, A-6344 Walchsee, Tel: (0043)5374/5458.*
Geführte Touren: *Im nahen Kössen bietet der Adventure Club Kaiserwinkl geführte Touren an – Friedl Blattner, An der Hüttwirtsbrücke, A-6345 Kössen, Tel + Fax: (0043)5375/2607, E-Mail: adventurekoessen@aol.at*
Bikeshop: *Happy Shop, Johannesstr. 1, A-6344 Walchsee, Tel: (0043)5374/860.*

Biken und Baden, das ist zumindest sommertags der Hit. Vor allem auch, wenn man nach der Tour, die es in sich hat, die müden Knochen im kristallklaren Walchsee abspülen kann. Anschließendes »Seele-baumeln-lassen« auf der Uferwiese am Strand ist dabei natürlich auch nicht ausgeschlossen. So schaut Relaxing pur aus.

Routenverlauf

Bitte gehen Sie niemals ohne die angegebene topographische Karte auf Tour, und beachten Sie die Hinweise auf den Seiten 8 und 9.

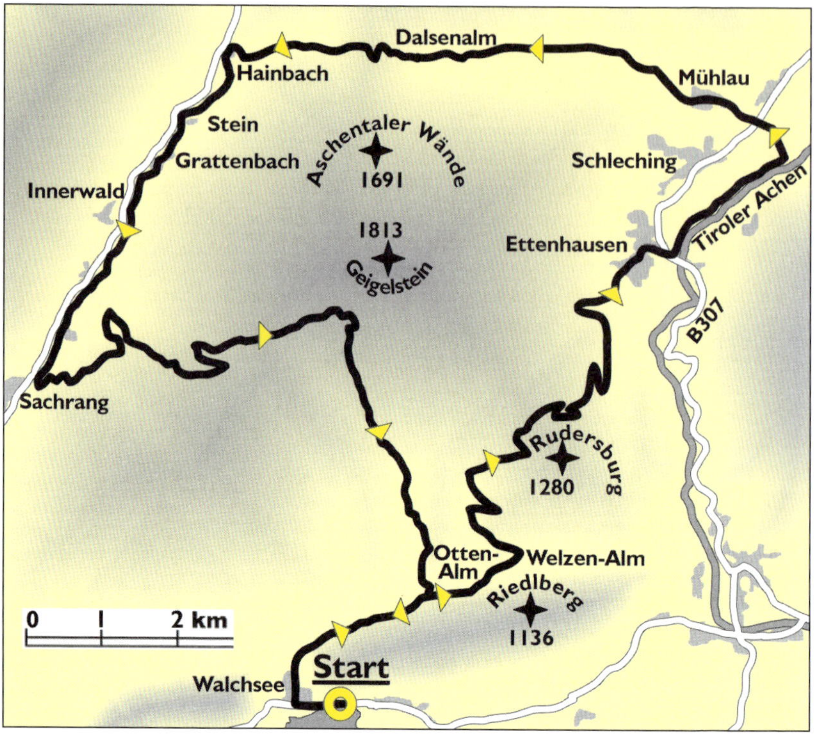

km 0,0 / 658 m (Höhe über NN) Vom Parkplatz am Walchsee auf B 172 retour durch den Ort. Bei km 0,4 am Hotel »Schick« rechts auf »Hausbergstr.« Richtung »Minigolf«.

1,4 / 685 m An Gabelung auf rechtem Weg geradeaus. 400 m weiter dann rechts ab und auf Schotter den Hinweisen Richtung »Priener Hütte« folgen. (Wer sich links hält, fährt eine schöne Bergstrecke zur »Priener Hütte« und kürzt so diese Runde erheblich ab).

3,1 / 850 m An Gabelung rechts Richtung »Otten-Alm«. Nach 1600 m an Gabelung links dem Hinweis »Kar-Alm« folgen.

5,7 / 900 m An T vor »Welzen-Alm« links, wieder bergan Richtung »Kar-Alm«.

8,1 / 1200 m An Abzweig rechts. 300 m an Hütte geradeaus über den Sattel (»230«) unterhalb des Gipfels Rudersburg. Dann bald auf Trail, teils heftig bergab.

9,1 / 1210 m An der Staatsgrenze links halten und auf schlecht erkennbarem Weg (»230«) Richtung »Ettenhausen«.

9,8 / 1080 m Nun geradeaus auf breitem Weg bergab. Nach 2200 m hart

rechts abzweigen, weiter auf breitem Weg bergab.
14,5 / 615 m An Parkplatz von Geigelsteinbahn geradeaus bergab durch Ettenhausen. Bald links halten.
15,5 / 568 m Mitten im Ort rechts. Nach 250 m bei B 307 rechts, bald links und auf Dammweg von Tiroler Ache flussabwärts.
18,2 / 565 m An Mündung des Mühlbachs in Tiroler Ache links. Ab Bundesstraße dann auf Straße geradeaus durch den Ort Mühlau. Dort wiederum geradeaus und durch das Tal des Dalsenbachs auf Hauptweg Richtung »Dalsen-Alm«.
24,2 / 1040 m Ab »Hinterer Dalsen-Alm« links auf Pfad bergan über den Sattel. Dort bergab Richtung »Hainbach« und bald auf breitem Weg durch den Klausgraben bergab.
29,1 / 662 m Direkt vor Straße Aschau-Sachrang links über Parkplatz. Dann dem markierten »Prientalweg« oft an Straße entlang bis nach »Sachrang« folgen.
36,3 / 735 m In Sachrang links über den Parkplatz und dann den Hinweisen Richtung »Prienhütte« über Forstweg bergan folgen. Dabei alle Abzweige ignorieren und immer auf Hauptweg bleiben.
45,3 / 1400 m 200 m vor »Prienhütte« rechts Richtung »Walchsee«. Man bleibt in der Folge erst einmal auf dem Hauptweg durch das Baumgartental.
50,5 / 850 m An T rechts Richtung »Walchsee« und entgegengesetzt wie beim Touranfang nach Walchsee. Im Ort links und auf Straße retour zum Parkplatz am Walchsee (km 53,6 / 658 m).

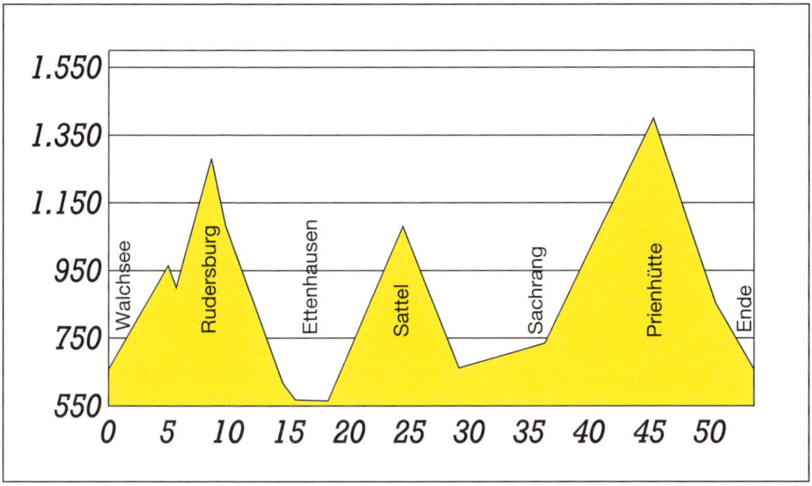

6 Zum Wilden Kaiser

infos

Gesamtstrecke: *21,7 Kilometer.*
Anstiege: *930 Höhenmeter.*
Schwierigkeit: *leicht.*
Reine Fahrzeit: *2 bis 4 Stunden.*

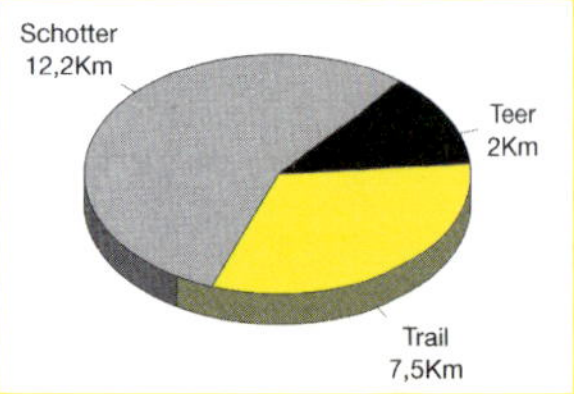

Karte: *Mayr-Wanderkarte 1:35.000, Blatt 53 »Erpfendorf« oder Freytag & Berndt 1:50.000, WK 301 »Kaisergebirge«.*
Anfahrt zum Startplatz: *Von Kitzbühel oder Lofer auf der Bundesstraße nach Kirchdorf. Dort links Richtung Kirche abbiegen. Dann wieder links und auf dem Parkplatz der Tourismusinformation am Gasthof »Wintersteller« diese Tour starten.*
Alternative Startorte: *Gasteig.*
Auskunft: *Tourismusverband Kirchdorf, Litzlfeldenerstr. 2, A-6382 Kirchdorf, Tel: (0043)5352/6933, Fax: (0043)5352/65208.*
Camping: *Campingfans finden im nahen St. Johann den Campingplatz Leitner, Weiberndorf 6, A-6380 St. Johann, Tel: (0043)5352/62584.*
Geführte Touren: *Geführte Biketouren über Schotterpisten hinauf zu den Almen bietet der Gasthof Neuwirt, Wengerstr. 10, A-6382 Kirchdorf. Das Wochenprogramm kostet ab etwa 500 Mark und beinhaltet Übernachtung, Frühstücksbuffet und Abendessen, sowie zwei geführte Touren, Saunabenutzung und eine Raftingtour auf der Großache. Info unter Tel: (0043)5352/63120, Fax: (0043)5352/6375220. Geführte Touren bietet auch die Sportschule Fankhauser an: Dorfstr. 17, A-6382 Kirchdorf, Tel: (0043)5352/62587.*
Bikeshop: *Im Schadensfall bekommt man Hilfe im Radsportfachgeschäft Schwabegger, Dorfstr. 9, A-6382 Kirchdorf, Tel: (0043)5352/63105.*

Wild und mächtig steht er da, der Wilde Kaiser. Er überragt mit seinen bizarren Felstürmen die umliegenden Gebirgsstöcke von Chiemgauer und Kitzbüheler Alpen. Klar, dass bei so einem Anblick auch die Herzen der Alpinradler schneller schlagen. Ab der Touristinfo Kirchdorf geht es dabei ein kurzes Stück erst einmal gemächlich zum Warmfahren bergan. Doch bald wartet der recht harte Anstieg über die Forstmeile hinauf nach Gasteig. Allerdings kann man sich da schon mal auf den Rückweg freuen, wenn dieser kräftezehrende Uphill zum Spaßdownhill wird. Zwischendurch passiert allerdings noch einiges. Da wären rund sieben Kilometer Schotteranstieg hinauf zur Kaiser-Niederalm, teils recht steiles Terrain. Danach kurbelt man weiter auf einem nur für Cracks und bei Trockenheit fahrbarem Trail. Ab der Höhe wird der Trail dann wieder meistens fahrbar, allerdings sollte man auch einen Stopp einplanen, denn man ist in-

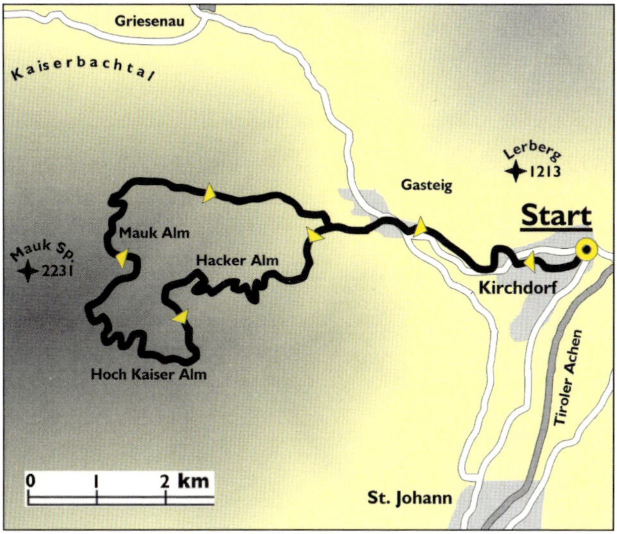

zwischen kurz unter dem Felsenturm der Maukspitze, und da bietet sich eine fantastische Aussicht ringsum. Anschließend geht es dann auf breitem Schotterweg flott bergab. Ganz zum Schluss bildet die schon angesprochene Forstmeile das abschließende Sahnehäubchen zum Dessert dieser Genießerrunde.

Tipp: Recht preiswert und gemütlich wohnt es sich in der Pension Marliesenhof, Kaiserstr. 25, A-6382 Kirchdorf am Ortsrand von Kirchdorf. Für rund 60 Mark bekommt man morgens ein bikegerechtes Frühstück und abends ein schmackhaftes Abendessen samt akkuratem Zimmer, Tel: (0043)5352/62591, Fax: (0043)5352/6523530, Internet: *marliesenhof@netwing.at*

Routenverlauf

Bitte gehen Sie niemals ohne die angegebene topographische Karte auf Tour, und beachten Sie die Hinweise auf den Seiten 8 und 9.

km 0,0 / 640 m (Höhe über NN)

Ab dem Parkplatz an der Touristinformation von Kirche weg auf Straße Richtung »St. Johann«. Nach 400 m vor kleiner Bachbrücke 90° rechts und auf Singletrail am Bach entlang Richtung »Gasteig«. Bei km 0,6 am Abzweig geradeaus weiter auf dem Damm am Bach entlang auf Grastrail.

1,1 / 652 m Links über Holzbrücke. Anschließend an Gabelung geradeaus auf Teerweg Richtung »Gasteig« über »Forstmeile«. 200 m weiter am Ortsrand von Kirchdorf rechts, Brücke queren und sofort links auf schmalem Singletrail »Forstmeile« an Bächlein entlang bergan, immer WW »Gasteig« steil bergan folgen.

1,9 / 730 m Nach teilweise knüppelhartem Anstieg an Trailgabelung 90° links. Einige Meter weiter wieder links bergab zum Stausee und an ihm weiter auf »Forstmeile« entlang.

2,9 / 730 m Geradeaus auf Straße weiter. Nach 100 m an Straßen-T rechts »Schwendter Str.«. Bei km 3,4 am »Club Wildbach« (Radverleih) links (»6«) Richtung »Kaiser-Almen« zunächst auf Teer.

3,5 / 745 m An Teergabelung vor Ferienhaus »Lercheneck« rechts auf Schotter weiter. Nach 200 m an Kreuzung bei

Tümpel mit Springbrunnen geradeaus auf Schotterpiste immer talaufwärts auf Hauptweg. Bei km 4,1 kurz nach Grillplatz an Wegedreieck links (»weiß-rot-weiß«) Richtung »Kaiser-Almen« (»6«).

5,0 / 800 m An Gabelung bei größerem Ahornbaum mit Bank rechts halten, Viehgatter passieren und weiter Richtung »Kaiser-Alm«, »Hacker-Alm« (»6«). Nach 500 m an nächster Gabelung rechts.

7,6 / 1097 m Exakt vor der »Hacker-Alm« links herum, weiter auf breitem Schotterweg bergan. Bei km 8,9 an Gabelung links, dann um Serpentine herum und weiter auf holprigem Schotterweg bergan.

9,6 / 1320 m An Wege-T direkt an der »Nieder-Kaiseralm« 90° links und auf Steig (bis zur Mauk-Alm ist der Weg je nach Witterung und Bodenfeuchtigkeit nur streckenweise fahrbar) bergan Richtung »Kaiser-Hochalm«. Nach 200 m auf der Höhe an Wegweiser rechts über Wiesenweg/Singletrail (»rot-weiß«), (»6«) Richtung »Mauk-Alm«.

10,4 / 1434 m Exakt vor der »Kaiser-Hochalm« 90° rechts und der WW »Mauk-Alm« (»6«) auf Wiesentrail folgen.

12,1 / 1290 m An Trail-T links zur »Mauk-Alm«. Dort dann Viehsperre passieren und rechts auf breitem Schotterweg bergab.

16,7 / 904 m Am Abzweig Richtung »Griesenau« weiter auf Hauptweg bergab. Nach 200 m gabelt der Weg wieder. Weiter geradeaus bergab (»weiß-rot-weiß«).

17,6 / 760 m Auf Holzplatz an Kreuzung rechts auf Schotter zur Straße in Gasteig. Hier rechts, nächste links und dann auf Spaßtrail »Forstmeile« bergab bis nach Kirchdorf. Wieder auf dem Damm am Graben entlang, diesmal bergab. Anschließend auf Straße zurück zum Ausgangspunkt (km 21,7 / 640 m).

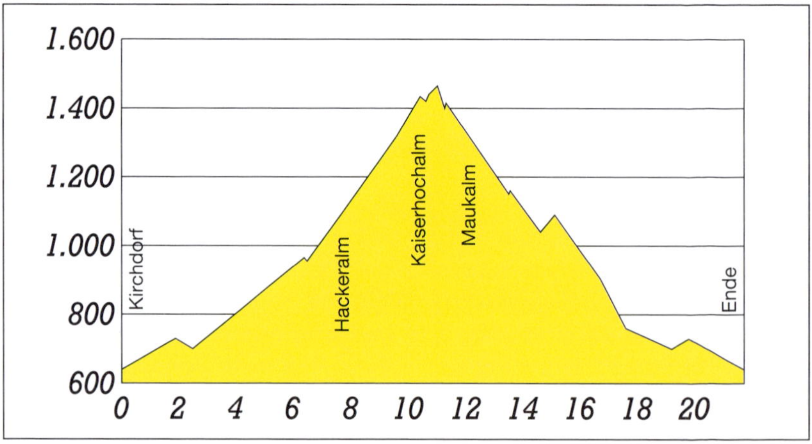

7 Prost-Alm

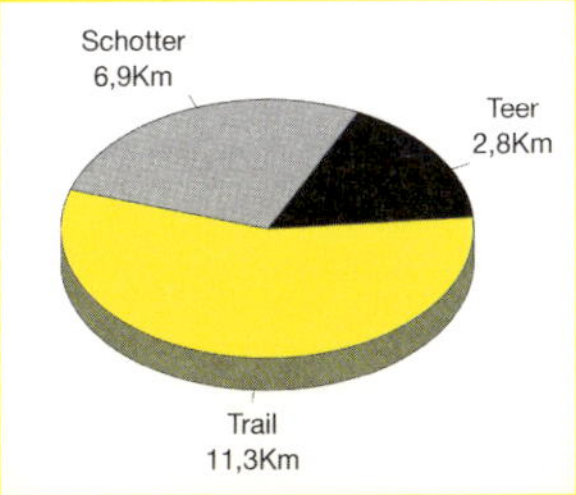

infos

Gesamtstrecke: *21 Kilometer.*
Anstiege: *700 Höhenmeter.*
Schwierigkeit: *mittel.*
Reine Fahrzeit: *2 bis 4 Stunden.*

Karte: *Mayr-Wanderkarte 1.35.000, Blatt 53 »Erpfendorf« oder Freytag & Berndt 1:50.000, WK 301 »Kaisergebirge«.*
Anfahrt zum Startplatz: *Von der Bundesstraße Kitzbühel-Lofer auf Höhe Kirchdorf Richtung Kirche abbiegen. Dort links und auf dem Parkplatz der Tourismusinformation am Gasthof »Wintersteller« auch diese Tour starten.*
Alternative Startorte: *Gasteig, Erpfendorf.*
Auskunft: *Tourismusverband Kirchdorf, Litzlfeldenerstr. 2, A-6382 Kirchdorf, Tel: (0043)5352/6933, Fax: (0043)5352/65208.*
Camping: *Campingplatz Leitner, Weiberndorf 6, A-6380 St. Johann, Tel: (0043)5352/62584.*
Geführte Touren: *Sportschule Fankhauser, Dorfstr. 17, A-6382 Kirchdorf, Tel: (0043)5352/62587. Nur für Hausgäste bietet der Gasthof Neuwirt, Wengerstr. 10, A-6382 Kirchdorf ab etwa 500 Mark ein Wochenprogramm mit Frühstücksbuffet, Abendessen sowie zwei geführten Touren, Saunabenutzung und einer Raftingtour auf der Großache. Info unter Tel: (0043)5352/63120, Fax: (0043)5352/6375220.*
Bikeshop: *Radsportfachgeschäft Schwabegger, Dorfstr. 9, A-6382 Kirchdorf, Tel: (0043)5352/63105.*

Im Gegensatz zu Tour 6 kämpft man sich hier nicht hinauf zu den Felstürmen des Wilden Kaiser, sondern kurbelt auf der anderen Talseite der Großen Ache hinauf zur Prost-Alm. Allerdings beginnt der Anstieg wieder auf der Forstmeile. Wem das zu hart ist, der kann auch auf der recht wenig befahrenen Straße hinauf nach Gasteig rollen und erst dort das Offroadvergnügen aufnehmen. Das beginnt mit einem Singletrail, der nicht nur Panoramaweg heißt, sondern auch Gleiches vor allem Richtung Wilder Kaiser bietet. Danach geht's auf Schotterpiste hinauf über Sprißler- und Marcher-Alm zur Prost-Alm. Der Name hat mit dem passenden Trinkspruch eigentlich nichts zu tun, die Alm bietet aber dennoch Speis' und Trank. Danach wartet der Downhill mit einem tollen Singletrail, durchgehend fahrbar, aber trotzdem nicht ganz ohne. Einige Stellen sind einigermaßen verblockt und vor allem bei Nässe eine kleine Herausforderung. Zu guter

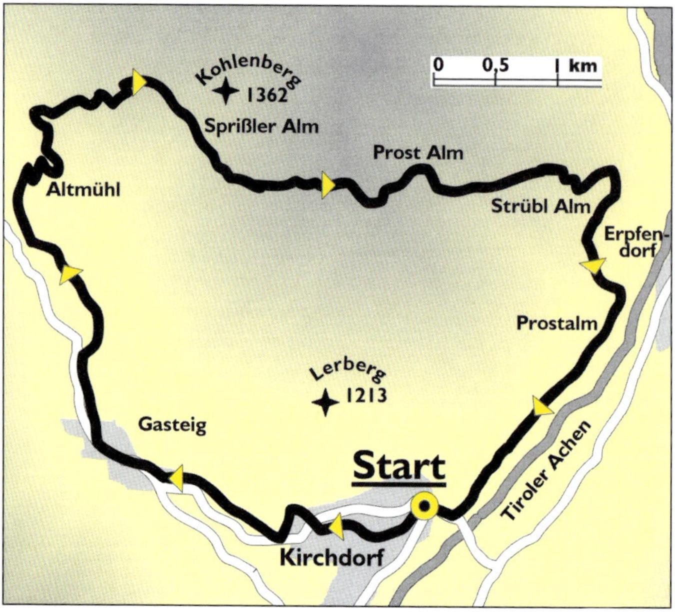

Letzt rollt man dann auf dem Singletrail über den Achendamm zurück ins nette Kirchdorf.

Routenverlauf

Bitte gehen Sie niemals ohne die angegebene topographische Karte auf Tour, und beachten Sie die Hinweise auf den Seiten 8 und 9.

km 0,0 / 640 m (Höhe über NN)

Wie bei Tour 6 ab dem Parkplatz an der Touristinformation von Kirche weg auf Straße Richtung »St. Johann«. Nach 400 m 90° rechts und auf Singletrail am Bach entlang Richtung »Gasteig«. Bei km 0,6 am Abzweig geradeaus weiter auf dem Damm am Bach entlang auf Grastrail.

1,1 / 652 m Links über Holzbrücke. Anschließend an Gabelung geradeaus auf Teerweg Richtung »Gasteig« über »Forstmeile«. 200 m weiter am Ortsrand von Kirchdorf rechts, Brücke queren und sofort links auf schmalem Singletrail »Forstmeile« an Bächlein entlang bergan, immer WW (Wegweiser) »Gasteig« steil bergan folgen.

1,9 / 730 m Nach teilweise knüppelhartem Anstieg an Trailgabelung 90° links. Einige Meter weiter wieder links bergab zum Stausee und an ihm weiter auf »Forstmeile« entlang.

2,9 / 730 m Geradeaus auf Straße weiter. Nach 100 m an Straßen-T rechts auf »Schwendter Str.«, bald am »Club Wildbach« (Radverleih) entlang.

4,5 / 744 m Rechts auf Teerweg Richtung »Hinterberg«. Nach 300 m links halten und auf Singletrail Richtung »Altmühl«.

5,8 / 732 m An Wege-T rechts Richtung »Altmühl« (»5«) bergan. 300 m weiter rechts auf breitem Schotterweg »Sandeltalsstr.« weiter bergan.

10,3 / 1156 m An Gabelung rechts Richtung »Sprißler-Alm« auf breitem Schotterweg weiter bergan. Nach 900 m rechts auf Singletrail, weiter Richtung »Sprißler-Alm« (»5«).

12,4 / 1200 m An »Sprißler-Alm« auf breitem Schotterweg leicht bergan, Weidegatter passieren und bald wieder bergab. Bei km 13,1 an T dann rechts Richtung »Prost-Alm«, weiter bergab, bald an »Marcher-Alm« geradeaus entlang.

14,7 / 1178 m An der »Prost-Alm« auf Singletrail bergab, Gatter passieren, Richtung »Strübl-Alm« (»1«), (»rot-weiß«). Nach 200 m an Gabelung 45° links, WW (»1«) Richtung »Strübl-Alm«, »Weng« folgen.

16,6 / 914 m An der »Strübl-Alm« auf Singletrail weiter bergab (»rot-weiß«). Weg wird etwas breiter. Nach 500 m Gatter passieren und auf Waldweg in den Wald hinein. Anschließend geradeaus durch den Weiler »Weng«. Bei km 18,9 an Wege-T rechts auf Teer. 200 m weiter links über Brücke, auf schmalen Wiesenweg. 200 m weiter Treppe zum Damm der Ache hinauf und auf Singletrail flussaufwärts.

20,7 / 640 m An Achenbrücke auf Straße rechts durch Kirchdorf. Bald in Sichtweite der Kirche links zum Ausgangspunkt an der Touristinformation (km 21,0 / 640 m).

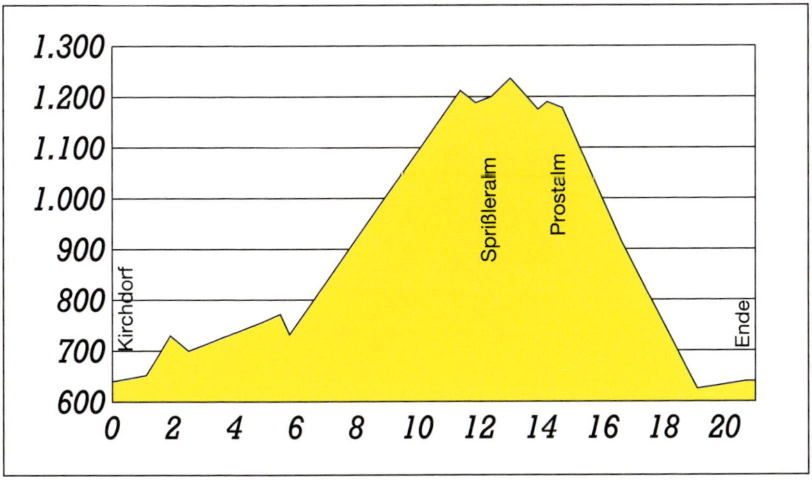

8 Adlerspoint

infos

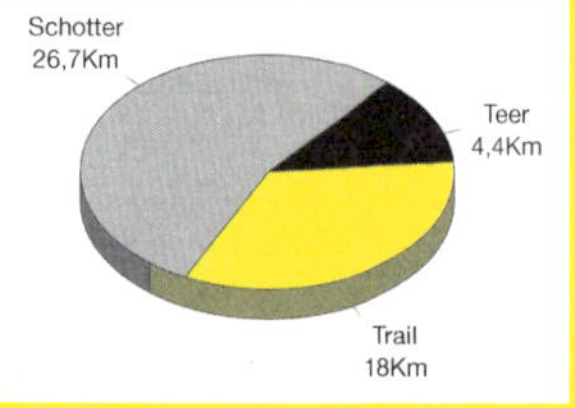

Gesamtstrecke: *49,1 Kilometer.*
Anstiege: *1050 m Höhenmeter.*
Schwierigkeit: *mittel.*
Reine Fahrzeit: *2,5 bis 5 Stunden.*

Karte: *Freytag & Berndt 1:50.000, WK 301 »Kaisergebirge«.*
Anfahrt zum Startplatz: *Wie bei Tour 6 und 7 von der Bundesstraße Kitzbühel-Lofer auf Höhe Kirchdorf Richtung Kirche abbiegen. Dort links und auf dem Parkplatz der Tourismusinformation am Gasthof »Wintersteller« auch diese Tour starten.*
Alternative Startorte: *St. Ulrich, Waidring, Erpfendorf.*
Auskunft: *Tourismusverband Kirchdorf, Litzlfeldenerstr. 2, A-6382 Kirchdorf, Tel: (0043)5352/6933, Fax: (0043)5352/65208.*
Camping: *Campingplatz Leitner, Weiberndorf 6, A-6380 St. Johann, Tel: (0043)5352/62584.*
Geführte Touren: *Sportschule Fankhauser, Dorfstr. 17, A-6382 Kirchdorf, Tel: (0043)5352/62587. Gasthof Neuwirt, Wengerstr. 10, A-6382 Kirchdorf bietet ab etwa 500 Mark für Hausgäste ein Wochenprogramm inklusive Frühstücksbuffet und Abendessen sowie zwei geführte Touren, Saunabenutzung und eine Raftingtour auf der Großache. Info unter Tel: (0043)5352/63120, Fax: (0043)5352/6375220.*
Bikeshop: *Radsportfachgeschäft Schwabegger, Dorfstr. 9, A-6382 Kirchdorf, Tel: (0043)5352/63105.*

Bei dieser Tour bieten sich zwei Varianten an, die völlig unterschiedliche Touren entstehen lassen. Wer kurz nach der saugemütlichen Angerl-Alm bei km 13,7 den Downhill auf breiter Schotterpiste wählt, hat genau die richtige Runde zum Schnuppern ins Tourengebiet am Wilden Kaiser gewählt. Allerdings düst er dabei, außer am Achendamm, fast ausnahmslos über breite Schotterpisten. Wer etwas mehr erleben will, kurbelt über »Adlerspoint« hinüber ins Pillerseetal. Beim Downhill kann man es da mal wieder krachen lassen, allerdings werden selbst Cracks bergab nicht um eine kurze Schiebepassage herumkommen. Im Tal wartet bei warmen Temperaturen dann nicht nur eine willkommene Abkühlung im Pillersee, sondern auch ein schöner Trail an der Teufelsklamm entlang nach Waidring und durch das Tal der Großen Ache über Erpfendorf zurück.

Routenverlauf

Bitte gehen Sie niemals ohne die angegebene topographische Karte auf Tour, und beachten Sie die Hinweise auf den Seiten 8 und 9.

km 0,0 / 640 m (Höhe über NN) Ab dem Parkplatz an der Touristinformation zunächst zur Kirche. Dort rechts an Sparkasse entlang zur »Achenbrücke«. Hier links auf Singletrail über den »Großacher Damm« flussabwärts. Nach 3,4 km rechts auf Straße über Brücke nach Erpfendorf. Dort an Straßen-T rechts. 20 m weiter links, B 312 queren und auf Teerweg dem »Radwanderweg 1« durch Erpfendorf Richtung Kirche folgen.

5,1 / 625 m Am Stoppschild geradeaus über Straßenkreuzung und an der Volksschule entlang auf Teerweg leicht bergan, Hinweisen »Angerl-Alm« folgen. Nach 800 m am Haus Nr. 48 an Wegedreieck hart rechts auf Teerweg, weiter Richtung »Angerl-Alm«.

7,1 / 775 m An Gabelung rechts herum auf breitem Schotterweg Richtung »Angerl-Alm«. 300 m weiter an Gabelung geradeaus. Links ist auch möglich: als steile Abkürzung.

11,4 / 1102 m Direkt an urgemütlicher Angerl-Alm (bewirtschaftet) links, Viehgatter passieren und weiter auf Schotter bergan. Nach 400 m an Gabelung bei kleinem Tümpel geradeaus, WW »Gröding-Alm« auf Grastrail folgen.

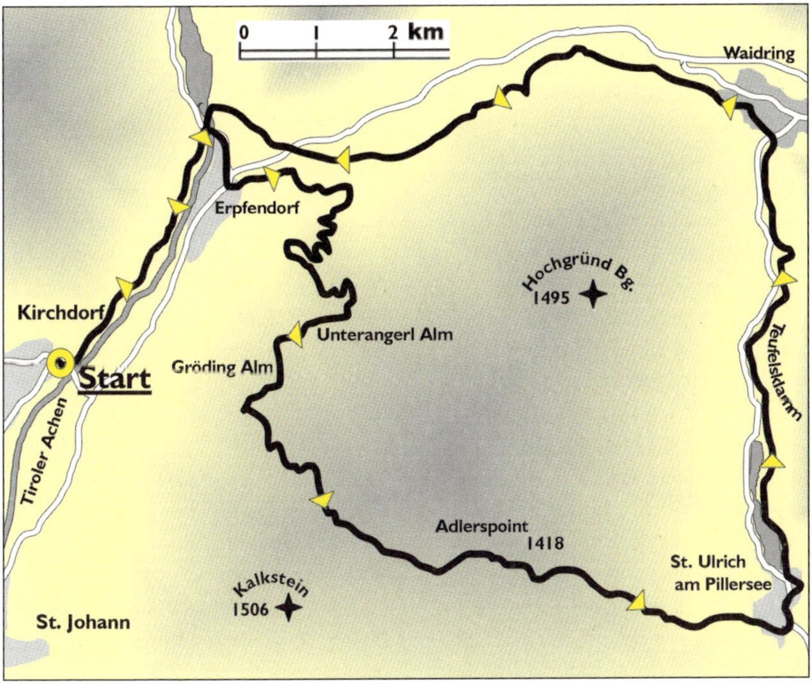

12,0 / 1135 m In scharfer Linkskurve des Schotterweges geradeaus auf Grasweg. Dann Viehzaun queren und Hinweis Richtung »Kirchdorf« auf Grastrail, bald schönem Singletrail folgen. Ab km 12,7 geradeaus weglos durch grasige Mulde schieben! Anschließend nach der »Gröding-Alm« rechts auf breitem Schotterweg weiter.
13,7 / 1150 m An Wege-T nach Wildgitter 90° links und auf breiter Schotterpiste immer bergan Richtung »Adlerspoint«. Dabei Hauptweg nicht verlassen. Alternative: Rechts und auf breitem Schotterweg bergab zurück nach Kirchdorf. Dort ist dann die in Kirchdorf so beliebte »Angerl-Almrunde« komplett.
17,1 / 1348 m An der »Bruckwirts-Alm« an Abzweig geradeaus Richtung »Adlerspoint« (»611«). Dort am ehemaligen Gasthaus geradeaus auf breitem Schotterweg weiter.
20,2 / 1501 m An der »Gerstberg-Alm« hart rechts auf Singletrail Richtung »St. Ulrich«, Markierung (»rot-weiß«) beachten! Nach vorübergehender kurzer Schiebestrecke bei km 21,5 an Gabelung links auf Singletrail bergab zur »Wintersteller-Alm«. Dort an Gabelung hart links und auf breitem Schotterweg bergab, alle Abzweige ignorieren, bis ins Tal.
26,9 / 840 m An T auf Teer links durch St. Ulrich Richtung »Pillersee«. Am Café »Birnbacher« an T links auf Hauptstraße durch den Ort. Bei km 28,3 bei »Glasmalerei« rechts. Dann Parkplatz nach rechts queren und WW »Pillersee« auf Teerweg folgen. Anschließend an Kreuzung 90° links und auf geschottertem Radweg Richtung »Waidring«, bald am Pillersee entlang Richtung »Teufelsklamm«.
32,1 / 840 m Am Parkplatz »Teufelsklamm« 45° rechts an Straße entlang, bald auf Singletrail (»3«) bergan Richtung »Waidring«. Ab km 32,5 geradeaus auf Teer bergan Richtung »Peiting«. Nach 800 m an einem Gehöft links auf Wiesenweg Richtung »Waidring«.
33,9 / 812 m Kurz vor der Landstraße an Abzweig hart rechts auf zunächst breitem Schotterweg, später auf Singletrail an Bach entlang, immer WW »Waidring« folgen. Bei km 35,6 an einem Sägewerk rechts auf Hauptstraße durch Waidring.
36,2 / 772 m In Waidring links auf Straße Richtung »St. Johann«. Nach 700 m, kurz vor der Brennerei »Grandner« links auf breiten Schotterweg (»2«) und immer der WW »Erpfendorf« folgen, mal auf Schotter, mal auf Wiesenweg.
39,7 / 780 m An Teerkreuzung links, weiter (»2«) Richtung »Erpfendorf«. 100 m weiter an Gabelung links auf breiten Schotterweg. Nach weiteren 50 m am Haus praktisch geradeaus über Wiese oder Betonrinne bergab. Anschließend auf Teer geradeaus über Grundstück Haus Nr. 18. Anschließend rechts auf Schotter zur Straße. Dort links halten und parallel zur Straße auf fast immer geschottertem Radweg Richtung »Erpfendorf«.

43,9 / 680 m An Gabelung geradeaus. 100 m weiter an Abzweig rechts Richtung »Sportplatz«. Bei km 44,3 links auf Landstraße Richtung »Erpfendorf«. 600 m weiter, kurz nach Straßenkreuzung, rechts an Betriebsgelände der Firma Steinbach entlang. Anschließend links auf Damm der »Großen Ache« zurück nach Kirchdorf. Dort an Achenbrücke rechts, an Kirche bald links zum Ausgangspunkt (km 49,1 / 640 m).

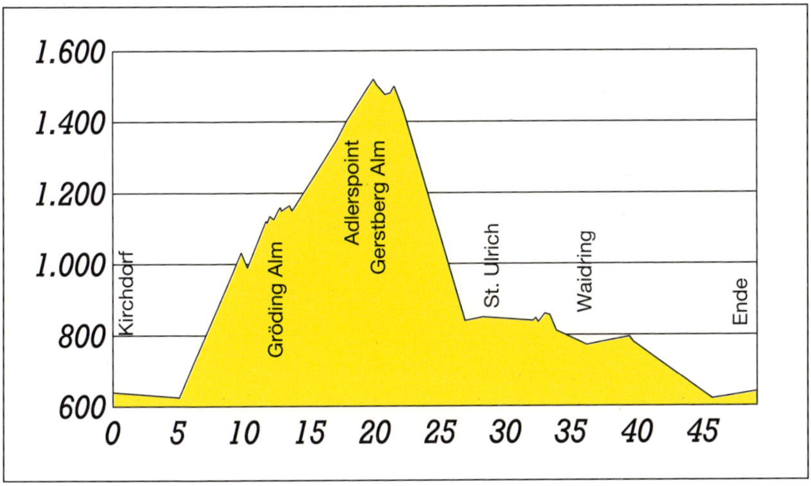

9 Kaiserpanorama

infos

Gesamtstrecke: *37 Kilometer.*
Anstiege: *1610 Höhenmeter.*
Schwierigkeit: *schwer.*
Reine Fahrzeit: *3 bis 5 Stunden.*

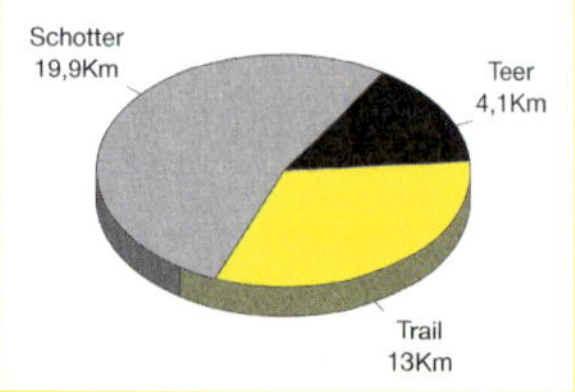

Karte: *Mayr-Wanderkarte 1:35.000, Blatt 53 »Erpfendorf« oder Freytag & Berndt 1:50.000, WK 301 »Kaisergebirge«.*
Anfahrt zum Startplatz: *Wieder von der Bundesstraße Kitzbühel-Lofer auf Höhe Kirchdorf Richtung Kirche abbiegen. Dort links und auf dem Parkplatz der Tourismusinformation am Gasthof »Wintersteller« auch diese Tour starten.*
Alternative Startorte: *Gasteig, Erpfendorf.*
Auskunft: *Tourismusverband Kirchdorf, Litzlfeldenerstr. 2, A-6382 Kirchdorf, Tel: (0043)5352/6933, Fax: (0043)5352/65208.*
Camping: *Campingplatz Leitner, Weiberndorf 6, A-6380 St. Johann, Tel: (0043)5352/62584.*
Geführte Touren: *Sportschule Fankhauser, Dorfstr. 17, A-6382 Kirchdorf, Tel: (0043)5352/62587. Gasthof Neuwirt, Wengerstr. 10, A-6382 Kirchdorf bietet ab etwa 500 Mark für Hausgäste ein Wochenprogramm inklusive Frühstücksbuffet und Abendessen sowie zwei geführten Touren, Saunabenutzung und einer Raftingtour auf der Großache. Info unter Tel: (0043)5352/63120, Fax: (0043)5352/6375220.*
Bikeshop: *Radsportfachgeschäft Schwabegger, Dorfstr. 9, A-6382 Kirchdorf, Tel: (0043)5352/63105.*

Man muss es einfach ansprechen, denn übers Stripsenjoch bietet sich eine erlebnisreiche Minitransalp an, die hier aber nur kurz vorgestellt wird: Denn es soll Einheimische geben, die einmal pro Jahr diese Tour angehen. Allerdings befindet man sich hier im hochalpinen Gelände, und die meisten Leute in Kirchdorf und Umgebung raten von diesem Turn ab. Außerdem muss man sich die teils brutal steilen Wege zudem mit reichlich Wanderern teilen. Trotzdem, das Stripsenjoch ist eine Herausforderung für Biker samt Material. Wer's probieren möchte und Trage- sowie Schiebepassagen nicht scheut, fährt ab der Mautstation Griesenau parallel zur Straße auf Schotter hinauf durch das Kaiserbachtal zur Griesner-Alm und dann steil hinauf zum Joch. Dort geht's genauso steil bergab und weit hinunter ins Inntal nach Kufstein. Wem das dann doch alles einfach zu heftig ist, dem bieten wir des Panoramas wegen hier noch eine Tour an, die sich aus Tour 6 und 7 zusammensetzt und wo man garantiert eventuellen Diskussionen hinsichtlich Biken, wie möglicherweise am Stripsenjoch, garantiert entgeht.

Routenverlauf

Bitte gehen Sie niemals ohne die angegebene topographische Karte auf Tour, und beachten Sie die Hinweise auf den Seiten 8 und 9.

km 0,0 / 640 m (Höhe über NN)
Ab dem Parkplatz an der Touristinformation von Kirche weg auf Straße Richtung »St. Johann«. Nach 400 m vor kleiner Bachbrücke 90° rechts und auf Singletrail am Bach entlang Richtung »Gasteig«. Bei km 0,6 am Abzweig geradeaus weiter auf dem Damm am Bach entlang auf Grastrail.
1,1 / 652 m Links über Holzbrücke. Anschließend an Gabelung geradeaus auf Teerweg Richtung »Gasteig« über »Forstmeile«. 200 m weiter am Ortsrand von Kirchdorf rechts, Brücke queren und sofort links auf schmalem Singletrail »Forstmeile« an Bächlein entlang bergan, immer WW (Wegweiser) »Gasteig« steil bergan folgen.
1,9 / 730 m Nach teilweise knüppelhartem Anstieg an Trailgabelung 90° links. Einige Meter weiter wieder links bergab zum Stausee und an ihm weiter auf »Forstmeile« entlang.
2,9 / 730 m Geradeaus auf Straße weiter. Nach 100 m an Straßen-T rechts »Schwendter Str.«. Bei km 3,4 am »Club Wildbach« (Radverleih) links (»6«) Richtung »Kaiser-Almen« zunächst auf Teer.

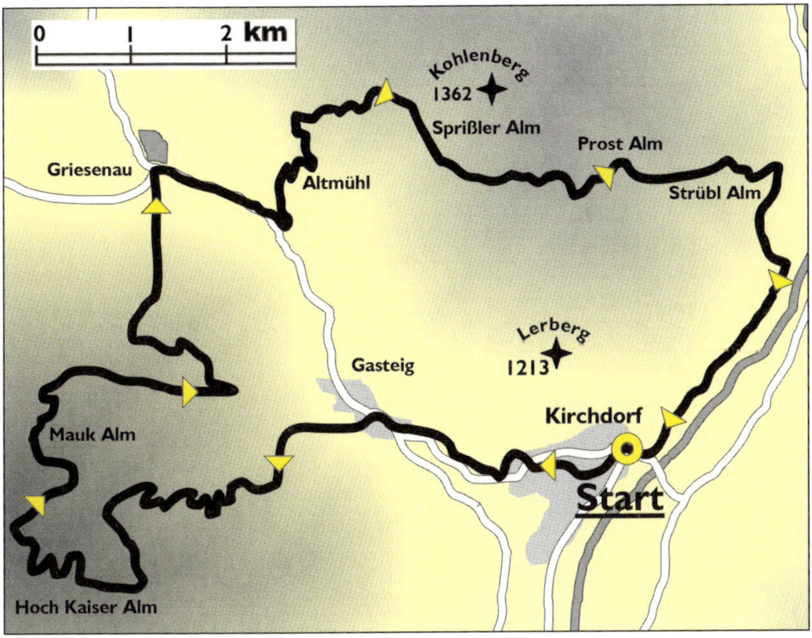

3,5 / 745 m An Teergabelung vor Ferienhaus »Lercheneck« rechts auf Schotter weiter. Nach 200 m an Kreuzung bei Tümpel mit Springbrunnen geradeaus auf Schotterpiste immer talaufwärts auf Hauptweg. Bei km 4,1 kurz nach Grillplatz an Wegedreieck links (»weiß-rot-weiß«) Richtung »Kaiser-Almen« (»6«).
5,0 / 800 m An Gabelung bei größerem Ahornbaum mit Bank rechts halten, Viehgatter passieren und weiter Richtung »Kaiser-Alm«, »Hacker-Alm« (»6«). Nach 500 m an nächster Gabelung rechts.
7,6 / 1097 m Exakt vor der »Hacker-Alm« links herum, weiter auf breitem Schotterweg bergan. Bei km 8,9 an Gabelung links, dann um Serpentine herum und weiter auf holprigem Schotterweg bergan.
9,6 / 1320 m An Wege-T direkt an der »Nieder-Kaiseralm« 90° links und auf Steig (bis zur Mauk-Alm ist der Weg je nach Witterung und Bodenfeuchtigkeit nur streckenweise fahrbar) bergan Richtung »Kaiser-Hochalm«. Nach 200 m auf der Höhe an Wegweiser rechts über Wiesenweg/Singletrail (»rot-weiß«), (»6«) Richtung »Mauk-Alm«.
10,4 / 1434 m Exakt vor der »Kaiser-Hochalm« 90° rechts und der WW »Mauk-Alm« (»6«) auf Wiesentrail folgen.
12,1 / 1290 m An Trail-T links zur »Mauk-Alm«. Dort dann Viehsperre passieren und rechts auf breitem Schotterweg bergab.
16,7 / 904 m Am Abzweig Richtung »Griesenau« Hauptweg verlassen, links (»7«) auf Schotter bis zur Mautstelle »Griesenau«.
19,2 / 727 m An Mautstation Griesenau rechts auf Straße Richtung »Gasteig«.
20,5 / 744 m Rechts auf Teerweg Richtung »Hinterberg«. Nach 300 m links halten und auf Singletrail Richtung »Altmühl«.
21,8 / 732 m An Wege-T rechts Richtung »Altmühl« (»5«) bergan. 300 m weiter rechts auf breitem Schotterweg »Sandeltalstr.« weiter bergan.
26,3 / 1156 m An Gabelung rechts Richtung »Sprißler-Alm« auf breitem Schotterweg weiter bergan. Nach 900 m rechts auf Singletrail, weiter Richtung »Sprißler-Alm« (»5«).
28,4 / 1200 m An »Sprißler-Alm« auf breitem Schotterweg leicht bergan, Weidegatter passieren und bald wieder bergab. Bei km 29,1 an T dann rechts Richtung »Prost-Alm«, weiter bergab, bald an »Marcher-Alm« geradeaus entlang.
30,7 / 1178 m An der »Prost-Alm« auf Singletrail bergab, Gatter passieren, Richtung »Strübl-Alm« (»1«), (»rot-weiß«). Nach 200 m an Gabelung 45° links, WW (»1«) Richtung »Strübl-Alm«, »Weng« folgen.
32,6 / 914 m An der »Strübl-Alm« auf Singletrail weiter bergab (»rot-weiß«). Weg wird etwas breiter. Nach 500 m Gatter passieren und auf Waldweg in den Wald hinein. Anschließend geradeaus durch den Weiler »Weng«. Bei km 34,9 an Wege-T rechts auf Teer. 200 m

weiter links über Brücke, auf schmalen Wiesenweg. 200 m weiter Treppe zum Damm der Ache hinauf und auf Singletrail flussaufwärts.

36,7 / 640 m An Achenbrücke auf Straße rechts durch Kirchdorf. Bald in Sichtweite der Kirche links zum Ausgangspunkt an der Touristinformation (km 37,0 / 640 m).

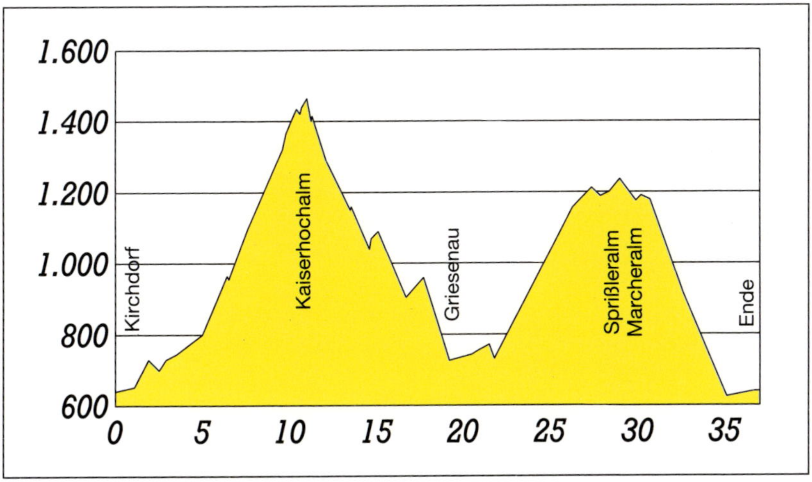

10 Rund um die Hohe Salve

infos

Gesamtstrecke: *56,2 Kilometer.*
Anstiege: *570 Höhenmeter.*
Schwierigkeit: *sehr leicht.*
Reine Fahrzeit: *2 bis 4 Stunden.*

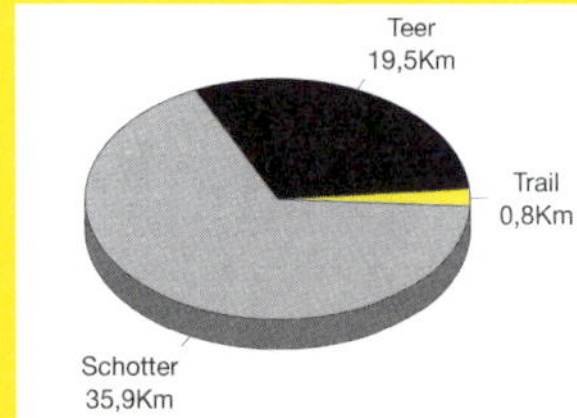

Karte: *Freytag & Berndt, 1:50.000, WK 301 »Kitzbühel«.*
Anfahrt zum Startplatz: *Von Kitzbühel Richtung »Brixental«. Man startet dann direkt am Schwarzsee auf größerem Parkplatz.*
Alternative Startorte: *Kirchberg, Brixen, Westendorf, Hopfgarten, Söll, Scheffau, Ellmau, Going, Reith.*
Auskunft: *Tourismusverband Kitzbühel-Reith-Aurach, Hinterstadt 18, A-6370 Kitzbühel, Tel: 0043/5356/621550, Fax: (0043)5356/62307, E-Mail: info@kitzbuehel.com, Internet: http://www.kitzbuehel.com*
Camping: *Camping am Schwarzsee (also direkt am Startpunkt von Tour 10 und 11), Postfach 118, A-6370 Kitzbühel, Tel: (0043)5356/62806, Fax: (0043)5356/6447930, E-Mail: hotel.bruggerhof@camping.netwing.at*
Geführte Touren: *Auf Anfrage beim Tourismusverband Kitzbühel, s. oben.*
Bikeshop: *Kitz Sport GmbH, Jochbergerstr. 7, A-6370 Kitzbühel, Tel: (0043)5356/62204, Fax: (0043)5356/6220433.*

Solche Touren muss es auch in einem MTB-Führer geben, familylike und einsteigergerecht. Denn nicht jeder, der das Mountainbike völlig zu Recht als optimales Freizeit- und Spaßgerät entdeckt hat, wird ja nicht gleich zum Höhenmeterfresser. Man braucht halt auch mal Runden, wo es ein wenig ruhiger zur Sache geht und das Erleben der Landschaft im Vordergrund steht, wobei wir dann wieder am Anfang dieses Textes wären.

Routenverlauf

Bitte gehen Sie niemals ohne die angegebene topographische Karte auf Tour, und beachten Sie die Hinweise auf den Seiten 8 und 9.

km 0,0 / 800 m (Höhe über NN)
Wie bei Tour 11 ab Parkplatz Schwarzsee zunächst auf Fahrweg bergab. 200 m weiter kurz nach Moorbad etwas links, sofort rechts auf Schotter (»Radweg«) Richtung »Kirchberg«. Bei km 0,6 links auf Schotter, Straßenunterführung passieren.
0,9 / 800 m Links auf Teer Richtung »Kirchberg«. Nach 300 m etwas rechts. Anschließend geradeaus auf Schotter Richtung Kirchberg an Bahngleisen entlang.
2,0 / 795 m Nach Bahnunterführung rechts auf Schotterweg weiter. Bei km 2,6 an Brücke rechts (»Radmarkierung«). 100 m weiter nach Bahnunterführung

links weiter auf Schotter an Bahngleisen entlang.
3,8 / 805 m Links Gleise passieren, dann sofort rechts auf Teer durch Kirchberg.
4,7 / 830 In Kirchberg am Dorfplatz Hauptstraße geradeaus Richtung »Aschau« queren, dann halb rechts der (»Radmarkierung«) Richtung »Brixen« folgen. Bei km 5,0 links auf Teer. Etwas weiter links auf Schotter.
6,9 / 835 m Links, bei Scheune rechts Richtung »Westendorf«.
8,6 / 840 m An Wege-T rechts zum Weiler. 500 m weiter an Teergabelung rechts durch Brixen. Bei km 9,4 an Bahngleisen links, sofort wieder rechts auf Teer Richtung »Westendorf«.
10,1 / 815 m An Tennisplatz etwas nach links halten und auf Schotterradweg geradeaus weiter.
12,4 / 790 m Auf Teer geradeaus durch Westendorf-Bichling. Bei km 13,6 links auf Straße durch Westendorf.
14,3 / 780 m Rechts ab Richtung »Hopfgarten«. 400 m weiter am Freibad Westendorf geradeaus.
15,3 / 760 m An Tümpel rechts auf Teerweg am Waldrand entlang.
16,0 / 775 m An »Aunerhof« geradeaus durch den Wald. Bei km 17,1 geradeaus an »Thalerhof« entlang.
17,4 / 756 m Links abbiegen und auf Schotter, bald Trail bergab zur Bundesstraße. Auf der links 200 m weiter, dann Straße verlassen, rechts über Holz-

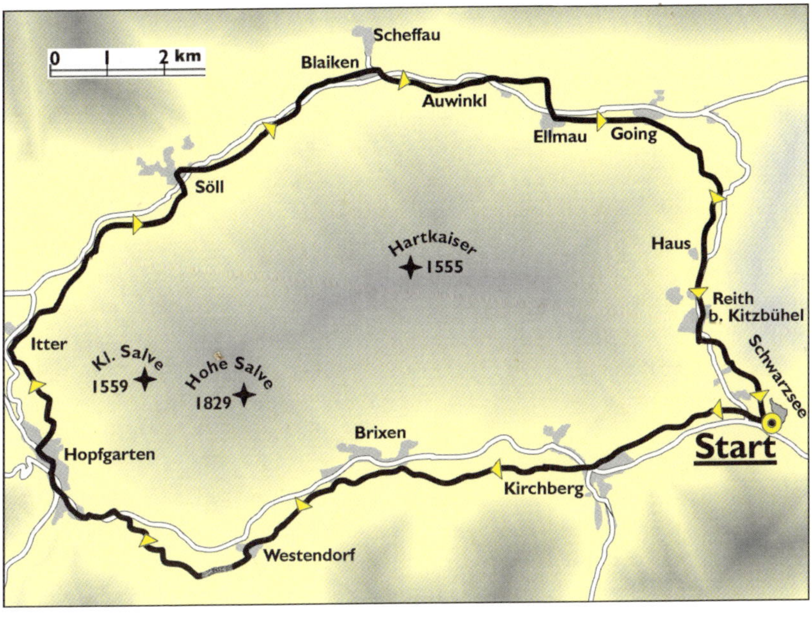

brücke. Anschließend links auf Schotter am Bach entlang.
18,3 / 700 m An Gabelung auf rechtem Strang geradeaus.
18,5 / 720 m Links auf Teer weiter. Nach 300 m an Teergabelung geradeaus auf oberem Weg.
19,1 / 700 m An Teergabelung links bergab ins Tal. Nach 700 m an Talstation der Bergbahn »Hohe Salve« links bergab. Bald an Parkplatz rechts und dann auf Hauptstraße durch den Ort.
21,4 / 609 m Am Bahnhof Hopfgarten rechts auf »Itterer Str.«.
23,6 / 650 m An der Kirche in Itter links auf Hauptstraße. Am Gasthof »Ittererwirt« dann links ein Stück Richtung »Schwendt« (»8«).
24,1 / 700 m Gegenüber Gasthaus »Schüpflinger« Straße nach rechts verlassen und den Hinweisen »Schwendt«, »Söll« folgen.
24,8 / 698 m Geradeaus durch den Ort, auf Teerweg immer Richtung »Söll«.
25,5 / 705 m Kurz vor Häusern rechts auf Schotterweg Richtung »Söll« abbiegen (»8«).
27,1 / 710 m Rechts ein Stück auf vielbefahrener Straße. Bei km 27,2 dann links, Straßenseite wechseln und auf Radweg Richtung »Söll«.
27,5 / 720 m In Ried rechts und auf markiertem Radweg Richtung »Söll«.
28,5 / 750 m Nach kleiner Kapelle rechts auf Teer bergab nach Söll.
29,5 / 710 m Im Ort rechts am Bauhof entlang. Nach 400 m rechts Straßenunterführung passieren und geradeaus auf Teerradweg an Straße entlang.
30,2 / 720 m An Skicenter Söll links auf Teerweg. Nach 400 m an Panoramabad rechts auf Schotter. Bei km 30,7 gleich nach Brücke links auf schmalerem Schotterweg weiter.
30,9 / 710 m Links auf Teer. An der Brücke dann wieder 90° rechts und auf Fahrradweg Richtung »Scheffau«.
31,2 / 694 m Links, Autoviadukt passieren, Schotter.
32,6 / 645 m Rechts auf Teerweg weiter Richtung »Scheffau«.
35,4 / 690 m An Wege-T links auf Teer Richtung Scheffau-Dorf. In Blaiken dann rechts. Bei km 35,8 Straßenunterführung passieren und auf Schotter Richtung Seilbahnstation. Ab dort den Radhinweisen Richtung »Ellmau« folgen.
36,4 / 715 m Am Campingplatz auf Teer Richtung »Ellmau«, Teer.
37,7 / 734 m Rechts auf Schotterweg an Bach entlang.
38,7 / 765 m An Brennerei links auf Schotter. 400 m weiter rechts, sofort links. Nach Straßenröhre wieder rechts.
39,4 / 774 m Links, rechts, sofort wieder rechts, (»Radweg«).
40,2 / 720 m Geradeaus auf Teer. Nach 400 m an Kreuzung rechts nach »Ellmau«.
41,8 / 804 m In Ellmau links, nächste rechts, Hinweisen Richtung »Going« folgen.
42,0 / 805 m An Gabelung rechts auf schmalen Schotterweg.
42,8 / 825 m An Teerstraße links ab. Nach 100 m rechts ab und auf Schotter

durch den Wald. Bei km 43,1 dann an Kreuzung rechts auf Schotter Richtung »Going«.

44,5 / 795 m An Straße rechts. 100 m weiter Brücke queren und auf Kreuzung anschließend geradeaus weiter. Bei km 44,6 an Gabelung rechts auf geteertem »Söllnerweg«, ab km 45,1 geschottert.

46,0 / 810 m Geradeaus auf Teerweg weiter bergan.

46,8 / 835 m An Gabelung rechts weiter auf Teer.

47,5 / 855 m An Gabelung links auf Teer weiter.

48,6 / 765 m Nach Brücke an Straße links. 400 m weiter rechts halten, weiter Teer.

49,3 / 770 m Rechts auf Radweg parallel zur Straße, dann Reith durchfahren.

50,9 / 775 m Von Hauptstraße rechts auf Schotterweg. Nach 300 m links und auf geteertem Radweg Richtung »Münichau«.

51,7 / 780 m An Gabelung links weiter auf Radweg.

52,0 / 780 m Vor Bachbrücke rechts ab auf Schotterweg Richtung »Hennleiten«. Ab km 53,3 dann parallel zur Bahnlinie Richtung »Kitzbühel«.

53,4 / 800 m Links Bahnunterführung passieren. Nach 100 m Bachbrücke queren, dann links auf geschottertem Radweg weiter. Bei km 54,0 links, wieder Bahnunterführung passieren und dem Radweg Richtung »Kitzbühel« folgen.

55,3 / 805 m Kurz vor Straße rechts ab und auf geschottertem Radweg weiter. Nach 200 m an Gabelung wieder rechts Richtung »Kitzbühel«. Bei km 55,8 geradeaus zum Ausgangspunkt auf dem Parkplatz »Schwarzsee« (km 56,2 / 800 m).

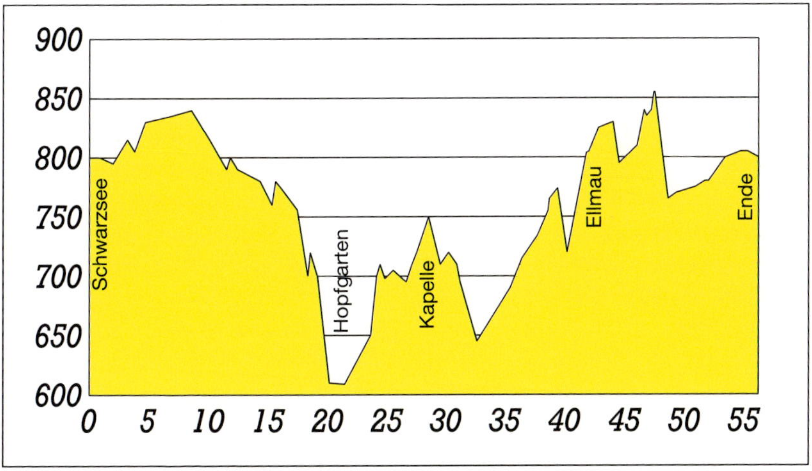

11 Hartkaiser

infos

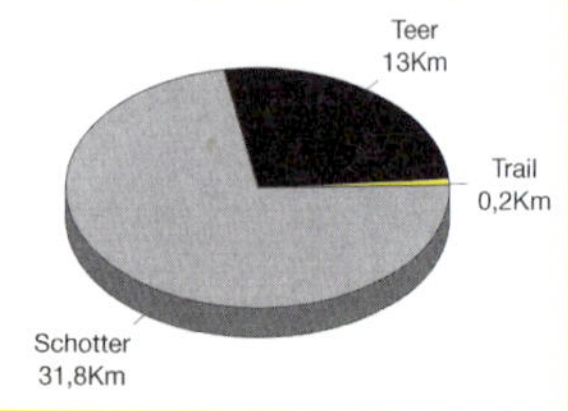

Gesamtstrecke: *45 Kilometer.*
Anstiege: *1085 Höhenmeter.*
Schwierigkeit: *mittel.*
Reine Fahrzeit: *2,5 bis 4 Stunden.*

Karte: *Freytag & Berndt, 1:50.000, WK 301 »Kitzbühel«.*
Anfahrt zum Startplatz: *Von Kitzbühel Richtung »Brixental«. Man startet dann direkt am Schwarzsee auf größerem Parkplatz.*
Alternative Startorte: *Kirchberg, Ellmau, Going, Reith.*
Auskunft: *Tourismusverband Kitzbühel-Reith-Aurach, Hinterstadt 18, A-6370 Kitzbühel, Tel: (0043)5356/621550, Fax: (0043)5356/62307, E-Mail: info@kitzbuehel.com, Internet: http://www.kitzbuehel.com*
Camping: *Camping am Schwarzsee, Postfach 118, A-6370 Kitzbühel, Tel: (0043)5356/62806, Fax: (0043)5356/6447930, E-Mail: hotel.bruggerhof@camping.netwing.at*
Geführte Touren: *Auf Anfrage beim Tourismusverband Kitzbühel, s. oben.*
Bikeshop: *Kitz Sport GmbH, Jochbergerstr. 7, A-6370 Kitzbühel, Tel: (0043)5356/62204, Fax: (0043)5356/6220433.*

Wem Tour 10 dann doch etwas zu wenig in die Waden geht, hat hier gleich die passende Alternative. Ab Kirchberg beginnt die lange Auffahrt hinauf zum aussichtsreichen Hartkaiser, 800 Höhenmeter inklusive. Nach überstandenem Schotterrutsch bergab, trifft man in Ellmau dann wieder auf den Verlauf von Tour 10. Da kann man sich ja mit den im Tal Gebliebenen wieder treffen. Tour 10 und 11 bieten also beste Voraussetzungen dafür, dass jeder nach seiner Fasson glücklich wird.

Routenverlauf

Bitte gehen Sie niemals ohne die angegebene topographische Karte auf Tour, und beachten Sie die Hinweise auf den Seiten 8 und 9.

km 0,0 / 800 m (Höhe über NN)

Wie bei Tour 10 ab Parkplatz Schwarzsee zunächst auf Fahrweg bergab. 200 m weiter kurz nach Moorbad etwas links, sofort rechts auf Schotter (»Radweg«) Richtung »Kirchberg«. Bei km 0,6 links auf Schotter, Straßenunterführung passieren.

0,9 / 800 m Links auf Teer Richtung »Kirchberg«. Nach 300 m etwas rechts. Anschließend geradeaus auf Schotter Richtung Kirchberg an Bahngleisen entlang.

2,0 / 795 m Nach Bahnunterführung rechts auf Schotterweg weiter. Bei km 2,6 an Brücke rechts (»Radmarkierung«). 100 m weiter nach Bahnunterführung links weiter auf Schotter an Bahngleisen entlang.

3,8 / 805 m Links Gleise passieren, dann sofort rechts auf Teer durch Kirchberg.

4,7 / 830 m Mitten in Kirchberg kurz nach Gasthof »Karlswirt« rechts ab und auf Teer weiter, bald Gleise queren.

5,2 / 835 m Kurz nach Bachbrücke an Gabelung bei Gasthaus »Sonnenheim« links weiter auf Teer.

5,7 / 885 m An Gabelung links bergab. Nächste geradeaus, dann bei km 5,9 an Gabelung auf Teer links leicht bergab.

6,0 / 860 m In Spertendorf rechts ab auf geteertem »Hinteren Sonnenbergweg«. Jetzt erst einmal auf diesem Hauptweg bleiben.

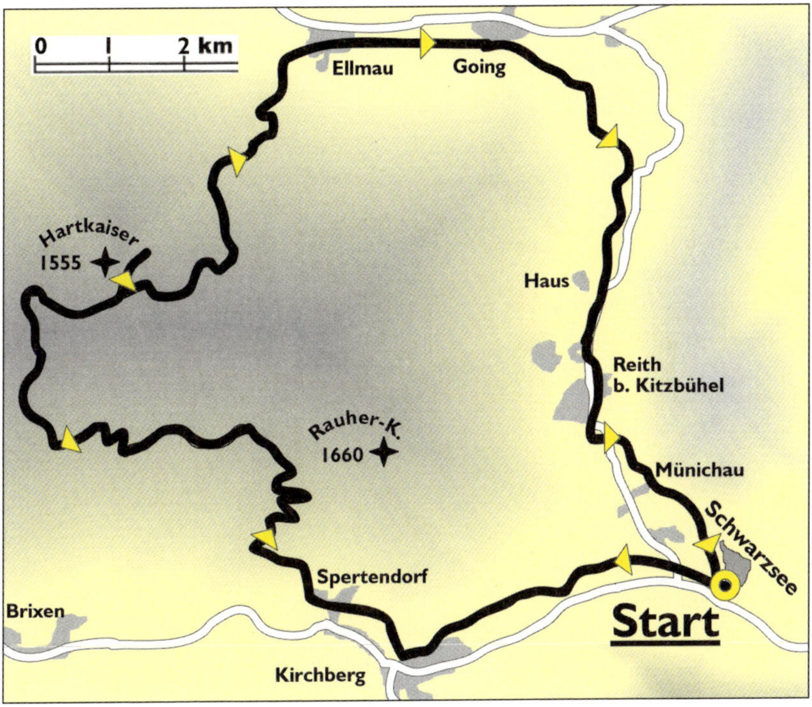

7,9 / 1075 m Unterhalb Gasthaus »Ruezen« geradeaus auf Teer. Ab km 8,0 auf dann geschottertem Hauptweg bergan den Hinweisen »Rauer Kopf« folgen.

11,2 / 1310 m Kurz vor der »Auer-Alm« links auf Singletrail über Wiese bergab Richtung »Brixen« (»11«), teilweise nicht fahrbar.

11,4 / 1318 m An »Boten-Alm« links auf breitem Schotterweg weiter (»11«).

12,6 / 1390 m An Singletrailabzweig geradeaus auf breitem Schotterweg (»F«) Richtung »Brixen«.

13,6 / 1375 m An Gabelung rechts auf Schotter bergan (»11«) Richtung »Hartkaiser«.

15,3 / 1510 m Am Ende des geschotterten Fahrweges geradeaus auf Singletrail (»X, 11«), teils nicht fahrbar.

16,0 / 1615 m Rechts ab auf breiten Schotterweg. Nach 200 m an Gabelung rechts (»11«) Richtung »Bergstation Hartkaiser«.

17,8 / 1590 m An Kreuzung bei Skiliften rechts auf Schotter Richtung »Hartkaiser«.

17,9 / 1585 m Links auf schmalerem Schotterweg (»6«) Richtung »Hartkaiser«, (»11«) vorübergehend verlassen.

19,4 / 1525 m Links auf geschotterter Forststraße weiter, wieder (»11«).

19,8 / 1550 m Ab Bergstation Hartkaiserbahn zunächst auf gleichem Weg retour. Nach 700 m an Schotterabzweig hart links (»11«) und (»2«) folgen.

20,9 / 1500 m An Gabelung geradeaus auf rechtem Strang bergab Richtung »Talstation Ellmau« (»2«).

21,4 / 1445 m Rechts auf Schotter (»2«) weiter Richtung »Talstation Hartkaiser«, »Ellmau«. Nach 100 m an Stall links (»blauer Pfeil«) Richtung »Ellmau«.

22,9 / 1300 m Hart links Richtung »Rahnhart-Alm«, »Talstation Hartkaiser«, »Staumauer«, »Ellmau Dorf« (»2«) auf breitem Schotterweg.

25,0 / 1080 m An Gabelung links auf Teer Richtung »Talstation Ellmau« (»2«).

28,5 / 830 m An Talstation Hartkaiserbahn rechts auf Teer per Brücke über Bach Richtung »Großsportplatz«. In der Folge auf geradeaus nach Ellmau.

29,5 / 804 m Kurz nach Kirche Ellmau an Kreuzung geradeaus dem (»Radhinweis«) Richtung »Going« folgen. 100 m weiter wieder geradeaus über Kreuzung, Autounterführung passieren.

29,9 / 800 m An Abzweig nach rechts. Geradeaus auf Radweg.

30,8 / 805 m An Gabelung rechts auf schmalen Schotterweg.

31,6 / 825 m An Teerstraße links ab. Nach 100 m rechts ab und auf Schotter durch den Wald. Bei km 31,9 dann an Kreuzung rechts auf Schotter Richtung »Going«.

33,3 / 795 m An Straße rechts. 100 m weiter Brücke queren und auf Kreuzung anschließend geradeaus weiter. Bei km 33,4 an Gabelung rechts auf geteertem »Söllnerweg«, ab km 33,9 geschottert.

34,8 / 810 m Geradeaus auf Teerweg weiter bergan.

35,6 / 835 m An Gabelung rechts weiter auf Teer.

36,3 / 855 m An Gabelung links auf Teer weiter.

37,4 / 765 m Nach Brücke an Straße links. 400 m weiter rechts halten, weiter Teer.

38,1 / 770 m Rechts auf Radweg parallel zur Straße, dann Reith durchfahren.

39,7 / 775 m Von Hauptstraße rechts auf Schotterweg. Nach 300 m links und auf geteertem Radweg Richtung »Münichau«.

40,5 / 780 m An Gabelung links weiter auf Radweg.

40,8 / 780 m Vor Bachbrücke rechts ab auf Schotterweg Richtung »Hennleiten«. Ab km 42,1 dann parallel zur Bahnlinie Richtung »Kitzbühel«.

42,2 / 800 m Links Bahnunterführung passieren. Nach 100 m Bachbrücke queren, dann links auf geschottertem Radweg weiter. Bei km 42,8 links, wieder Bahnunterführung passieren und dem Radweg Richtung »Kitzbühel« folgen.

44,1 / 805 m Kurz vor Straße rechts ab und auf geschottertem Radweg weiter. Nach 200 m an Gabelung wieder rechts Richtung »Kitzbühel«. Bei km 44,6 geradeaus zum Ausgangspunkt auf dem Parkplatz »Schwarzsee« (km 45,0 / 800 m).

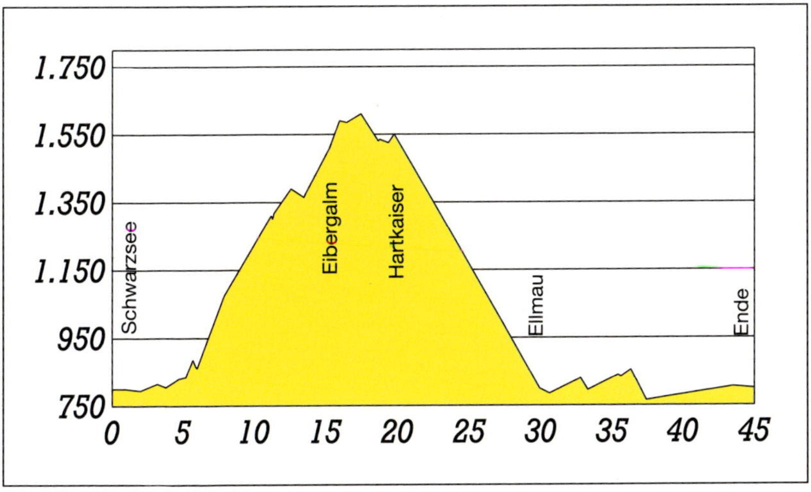

12 Wildschönau

infos

Gesamtstrecke: *27,7 Kilometer.*
Anstiege: *710 Höhenmeter.*
Schwierigkeit: *bis auf Teilstück nach Jausenstation »Schrofen« leicht.*
Reine Fahrzeit: *1,5 bis 3 Stunden.*

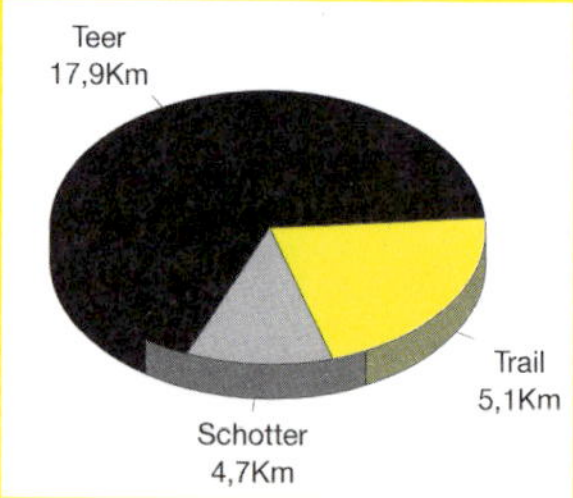

Karte: *Spezialkarte Nr. 32 »Wildschönau«, 1:25.000, Wanderland Verlag, Innsbruck.*
Anfahrt zum Startplatz: *Auf der Inntalautobahn bis zum Knoten Wörgl. Dort die Autobahn verlassen und über die österreichische B 171 Richtung Innenstadt. Dann den Hinweisen »Bahnhof« folgen und dort diese Tour starten.*
Alternative Startorte: *Kirchdörfl, Hopfgarten, Penningdörfl, Nierderau.*
Auskunft: *Tourismusverband Wörgl-Angerberg-Mariastein, Bahnhofstr. 4a, A-6300 Wörgl, Tel: (0043)(0)5332/76007, Fax: (0043)(0)5332/71680, E-Mail: tvb-woergl@netwing.at, Internet: http://www.tiscover.com/woergl*
Camping: *In Wörgl selbst gibt es keinen Platz, dafür aber in der näheren Umgebung, wie Buffet Schlossberg, Nr. 161, A-6361 Itter/Tirol, Tel: (0043)(0)5332/2183, oder Camping Panorama, Mühltal 26, A-6363 Westendorf/Tirol, Tel: (0043)(0)5334/6166, Fax: (0043)(0)5334/6843.*
Geführte Touren: *Gibt es in Wörgl so nicht.*
Bikeshops: *Mitterer Sport- und Zweiradcenter GesmbH & Co KG, Bahnhofstr. 2a, A-6300 Wörgl, Tel: (0043)(0)5332/72796, oder Hervis Sport & Mode GesmbH, Bahnhofstr. 37, A-6300 Wörgl, Tel: (0043)(0)5332/71213, Fax: (0043)(0)5332/71215, sowie Intersport Avanzini, Speckbacherstr. 3, A-6300 Wörgl, Tel: (0043)(0)5332/72245, Fax: (0043)(0)5332/70453.*

Das absolute Highlight dieser sonst eher gemütlichen Runde stellt der kniffelige Singletrail ab der Jausenstation Schrofen dar. Wer mit reichlich Fahrtechnik gesegnet ist, der wird, auch wenn es hier oft glitschig ist, seinen Spaß haben. Versprochen! Weniger Ambitionierte sollten es eher ruhig angehen lassen. Denn: Ohne absolute Bikebeherrschung kann es einem hier recht übel mitspielen, latente Absturzgefahr inklusive. Aber was macht das schon, wenn man auf einer tollen Bikerunde durch wunderschöne Landschaft, das geliebte Bike mal ein paar Meter schiebend bewegt? Hat auch seine Vorteile. Vor allem, wenn Zeit bleibt, auch mal den Blick neben das Vorderrad zu richten, und man sich blaue Flecken oder gar mehr erspart.

Routenverlauf

Bitte gehen Sie niemals ohne die angegebene topographische Karte auf Tour, und beachten Sie die Hinweise auf den Seiten 8 und 9.

km 0,0 / 513 m (Höhe über NN) Vom Eingangsportal des Bahnhofs in Wörgl/Inntal geradeaus durch eine Einbahnstraße. Nach 700 m an einer Kirche, geradeaus auf Straße bis »Wörgeler Boden«. Bei km 4,3 am Ortsende rechts auf Radweg Richtung »Hopfgarten«.

7,3 / 580 m An der Straße rechts Richtung »Ittergries« bzw. auf Radweg Richtung »Hopfgarten«. Nach 300 m wieder an der Straße rechts.

8,7 / 590 m Rechts über Brücke, dann links an Ache bergan, an Hopfgarten entlang und weiter ein Stück auf Radweg in Richtung »Westendorf«.

10,9 / 610 m An der Brücke rechts, dann auf »Penningbergstraße« ständig bergan.

14,4 / 850 m Am Gasthof »Leamhof« rechts Richtung »Penningdörfel«. Dort an der Kapelle links bergan Richtung »Markbachjoch«.

15,1 / 910 m Rechts, Markierung »Wildschönau« folgen. Man bleibt dann auf diesem Schotterweg bis km 17,0.

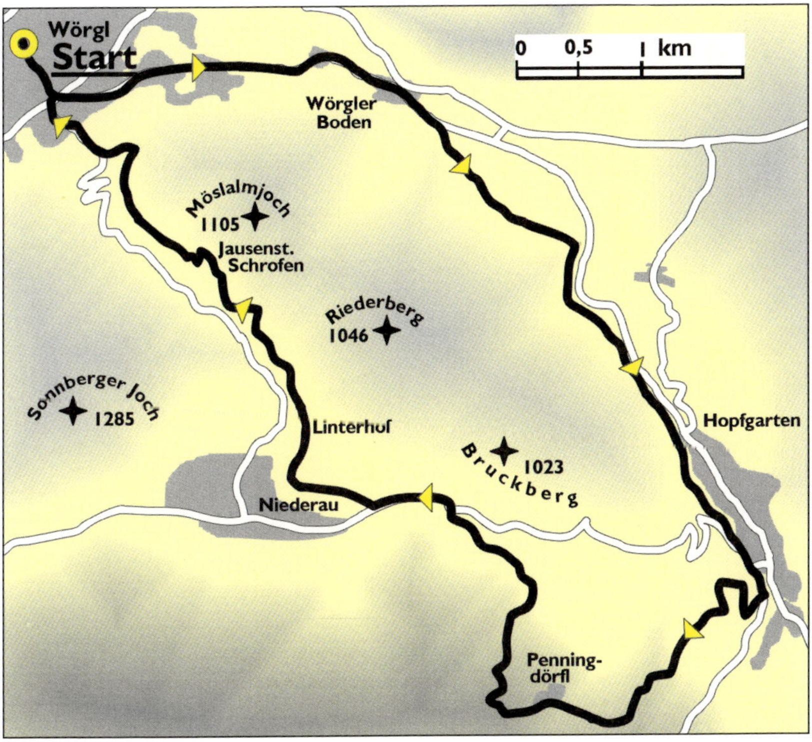

Dort dann geradeaus auf Teer weiter.
17,7 / 900 m Kurz vor der Straße links, Tor passieren und auf Trail weiter. Nach 600 m rechts, sofort links und auf Straße bergab.
19,1 / 875 m Kurz vor Ortsschild »Niederau« rechts auf Schotter bergab. Nach 200 m geradeaus auf Teer bis zum Gasthaus, dort 90° links. Nach weiteren 100 m rechts Richtung »Jausenstation Schrofen«.
19,8 / 855 m An Teer-T links. Nach 500 m etwas links. Danach am »Linterhof« links auf Teer bergab. Nach weiteren 500 m links auf Teerweg bergab.
20,9 / 860 m Am Haus »Bergheimat« rechts auf Schotter, dann auf Singletrail weiter. Bei km 21,5 erreicht man einen Bauernhof, hier links auf Schotter weiter. 100 m weiter rechts auf Teer Richtung »Schrofen«.
23,1 / 875 m Vor der Jausenstation »Schrofen« etwas links, dann scharf links um das Gebäude herum und auf fahrbarem, aber oft recht gefährlichem Singletrail (Absturzgefahr – sicherheitshalber stellenweise schieben) bergab Richtung »Wörgl«. Nach 700 m auf breiterem Schotterweg links bergab.
24,7 / 720 m An T links Richtung »Wörgl« bergab.
25,9 / 585 m Auf Teer geradeaus zur Straße. Am Cafe »Berghäusel« rechts auf Straße weiter. Nach 900 m rechts, dann links durch die »Bahnhofstraße«. Am Stadtamt noch mal links und zurück zum Ausgangspunkt (km 27,7 / 513 m).

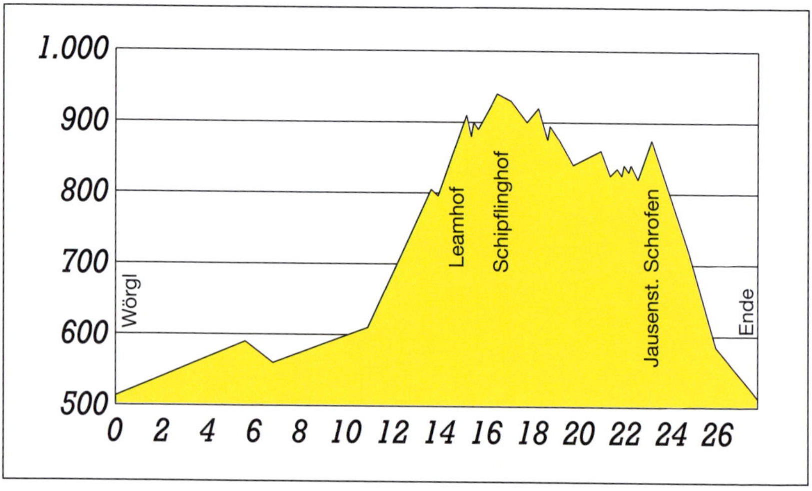

13 Hahnenkamm und Pengelstein

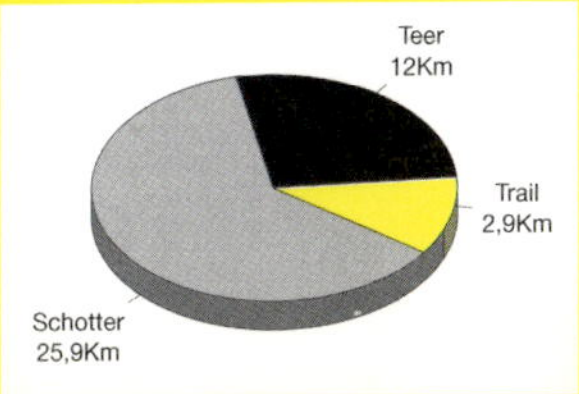

infos

Gesamtstrecke: *40,8 Kilometer.*
Anstiege: *1345 Höhenmeter.*
Schwierigkeit: *mittel.*
Reine Fahrzeit: *3 bis 5 Stunden.*

Karte: *Freytag & Berndt, 1:50.000, WK 301 »Kitzbühel«.*
Anfahrt zum Startplatz: *In Kitzbühel den Hinweisen zum Bahnhof folgen und dort diese Tour starten.*
Alternative Startorte: *Kirchberg.*
Auskunft: *Tourismusverband Kitzbühel-Reith-Aurach, Hinterstadt 18, A-6370 Kitzbühel, Tel: (0043)5356/621550, Fax: (0043)5356/62307, E-Mail: info@kitzbuehel.com, Internet: http://www.kitzbuehel.com*
Camping: *Camping am Schwarzsee, Postfach 118, A-6370 Kitzbühel, Tel: (0043)5356/62806, Fax: (0043)5356/6447930, E-Mail: hotel.bruggerhof@camping.netwing.at*
Geführte Touren: *Auf Anfrage beim Tourismusverband Kitzbühel, s. oben.*
Bikeshop: *Kitz Sport GmbH, Jochbergerstr. 7, A-6370 Kitzbühel, Tel: (0043)5356/62204, Fax: (0043)5356/6220433.*

Gleich nach dem noblen Kitzbühel, in der Promiszene fast besser als Kitz bekannt, geht es bergan. Und wie! Eine schier unendliche Schotterpiste windet sich über den vom Skisport weltbekannten Hahnenkamm hinauf zum 1938 m hohen Pengelstein. Da der Start mal gerade auf 750 m liegt, hat man so knapp 1200 Höhenmeter am Stück in den Waden, wenn man vom Pengelstein den Rundumblick über die wunderschöne Umgebung Kitzbühels genießt. Und allein der ist diese Traumtour, die sich mangels fahrtechnischer Gimmicks eher an konditionsstarke Bergfexe mit Lust auf Schotterfressen wendet, schon wert.

Routenverlauf

Bitte gehen Sie niemals ohne die angegebene topographische Karte auf Tour, und beachten Sie die Hinweise auf den Seiten 8 und 9.

km 0,0 / 750 m (Höhe über NN)
Ab dem Bahnhof Kitzbühel erst mal retour zur Bundesstraße. Dort links Richtung »Pass Thurn« ab. Nach 700 m rechts Richtung »Gendarmerie«. Nach weiteren 100 m links. Vor der Gendarmeriestation dann rechts abbiegen.
1,1 / 760 m Zweite nach links (Einbahn). Nach 100 m scharf rechts abbiegen. Bei km 1,8 kurz vor einem Tor links abbiegen.

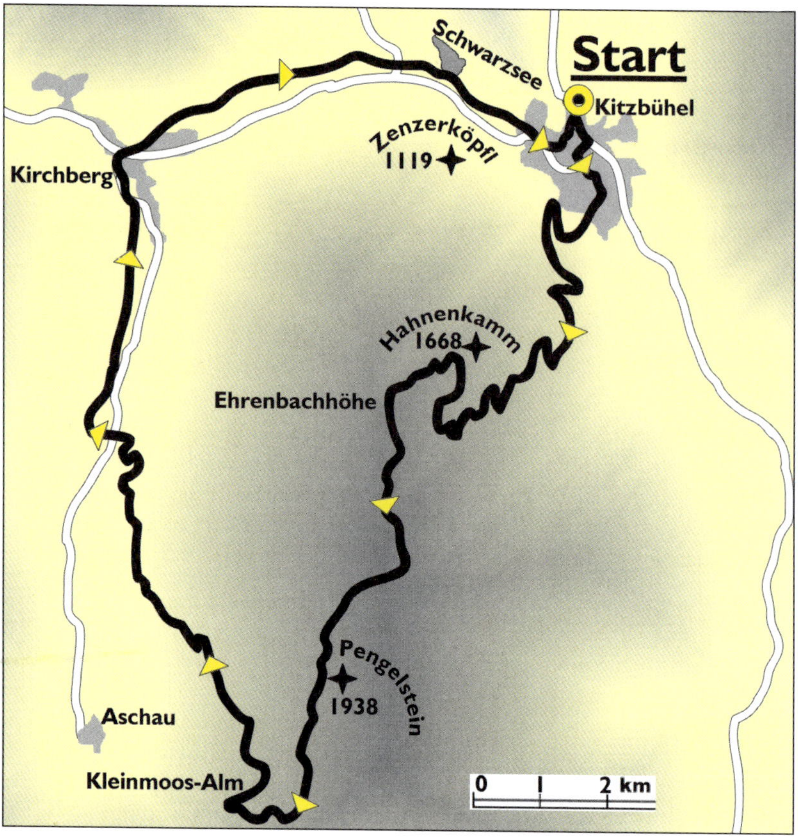

2,0 / 770 m Geradeaus, bald an Talstation der Hahnenkammbahn entlang. 500 m weiter links auf ausgeschilderter MTB-Strecke Richtung »Hahnenkamm«.
4,4 / 965 m Links, auf Hauptweg bergan. Nach 400 m rechts, dann noch 200 m weiter und links (»MTB«) auf »Ehrenbachweg« bergan.
7,6 / 1400 m Links, auf Hauptweg weiter bergan. Nach 1000 m rechts bis zum Gasthaus »Ehrenbachhöhe«, dort wieder rechts.
10,6 / 1650 m Scharf links, nächste dann rechts Richtung »Berghaus Tirol«. Nach 1000 m rechts halten (»MTB«) Richtung »Hochbrunn«.
13,5 / 1720 m Auf linkem Weg weiter Richtung »Pengelstein«. Nach 800 m bei Wegespinne geradeaus.

14,5 / 1690 m An Gabelung links bergan.
15,9 / 1775 m An Gabelung rechts, dann am Silberstubenlift entlang. Nach 500 m geradeaus.
16,9 / 1875 m An Gabelung links bis Gipfel »Pengelstein«. Dort Richtung »Schwarzkogel«. An nächster Gabelung links. Bald auf schwierigem Trail weiter.
19,5 / 1840 m An Gabelung nun rechts Richtung »Aschau« abbiegen.
20,5 / 1610 m An der Kleinmoos-Alm rechts auf Schotterweg über »Skirast« und »Hieslegg-Alm« Richtung »Kirchberg«. An der Usterkaar-Alm links, auf breitem Weg weiter bergab.
23,1 / 1440 m An Talstation von Skilift geradeaus. An der Hieslegg-Alm links auf breitem Weg bergab. Nach 1900 m Richtung »Gasthaus Schroll«. Dort geradeaus, auf Teer weiter bis ins Tal.
28,2 / 905 m Straße nach links queren und dann rechts auf markiertem Radweg Richtung »Kirchberg«. Nach 250 m rechts.
30,1 / 850 m Brücke passieren und auf »Uferweg« weiter. Bei km 31,5 geradeaus auf Teerstraße weiter bis zur Straße nach Kitzbühel. Hier rechts ab. Bei km 33,5 dann links, Straße verlassen und auf markiertem Radweg Richtung »Kitzbühel«.
34,2 / 800 m Gleise queren und weiter auf Radweg bis nach »Kitzbühel«. Dort (km 38,3 / 770 m) geradeaus auf Straße weiter. An Kreuzung bei McDonalds rechts zur Hauptstraße. Dort rechts auf Straße, bald rechts ab zum Bahnhof (km 40,8 / 750 m).

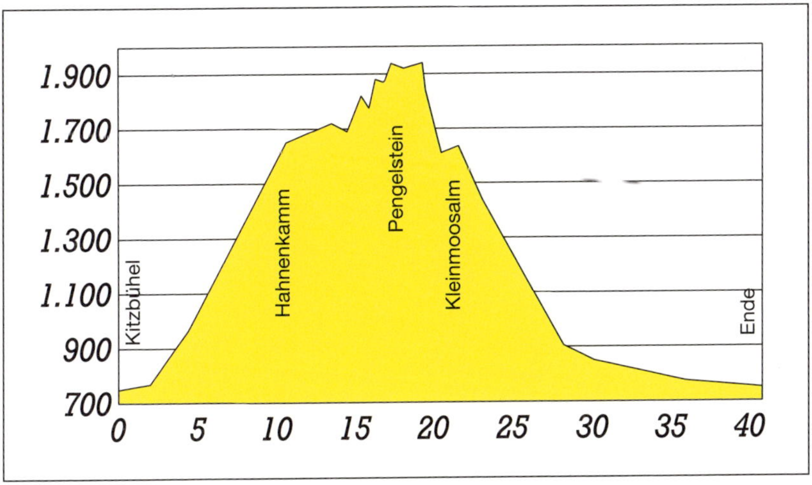

14 Rund ums Kitzbüheler Horn

infos

Gesamtstrecke: *48,5 Kilometer.*
Anstiege: *900 Höhenmeter.*
Schwierigkeit: *mittel.*
Reine Fahrzeit: *3 bis 5 Stunden.*

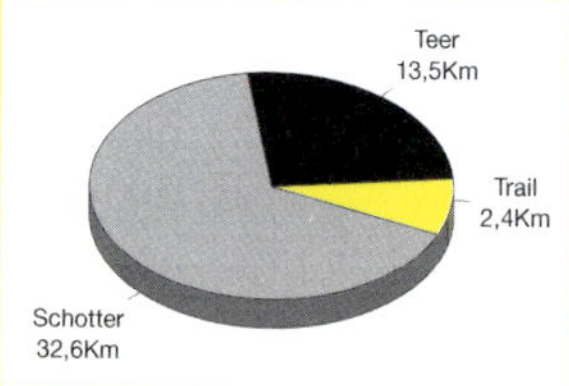

Karte: *Freytag & Berndt, 1:50.000, WK 301 »Kitzbühel«.*
Anfahrt zum Startplatz: *In Kitzbühel den Hinweisen zum Bahnhof folgen und dort diese Tour starten.*
Alternative Startorte: *Oberndorf, St. Johann, Fieberbrunn.*
Auskunft: *Tourismusverband Kitzbühel-Reith-Aurach, Hinterstadt 18, A-6370 Kitzbühel, Tel: (0043)5356/621550, Fax: (0043)5356/62307, E-Mail: info@kitzbuehel.com, Internet: http://www.kitzbuehel.com*
Camping: *Camping am Schwarzsee, Postfach 118, A-6370 Kitzbühel, Tel: (0043)5356/62806, Fax: (0043)5356/6447930, E-Mail: hotel.bruggerhof@camping.netwing.at*
Geführte Touren: Auf Anfrage beim Tourismusverband Kitzbühel, s. oben.
Bikeshop: *Kitz Sport GmbH, Jochbergerstr. 7, A-6370 Kitzbühel, Tel: (0043)5356/62204, Fax: (0043)5356/6220433.*

Hier wird nun noch eine tolle Tour vorgestellt, die in der Schickimicki-Zentrale Kitzbühel startet und sich insgesamt als recht sanft präsentiert. Denn nach kurzem, fiesem Anstieg auf den Ölberg hinauf bestimmt für über 20 Kilometer ein Radweg total normal den Charakter dieses Turns. Mal Schotter, mal Asphalt, mal rauf, dann wieder runter, insgesamt keine besonderen Vorkommnisse. Jedenfalls bis zum Pletzergraben, wo es dann erst locker, ab der Schlinach-Alm recht knackig bergan geht. Nach Gipfelfeeling in Sichtweite des Kitzbüheler Horns wartet dann der Downhill, mal als Rüttelpiste, dann als Schotterpiste, und zwischendurch mal – sozusagen zur Auflockerung – als Singletrail: also insgesamt Spaß pur, bei dem keiner so richtig aus der Puste kommen sollte.

Routenverlauf

Bitte gehen Sie niemals ohne die angegebene topographische Karte auf Tour, und beachten Sie die Hinweise auf den Seiten 8 und 9.

km 0,0 / 750 m (Höhe über NN)

Ab Bahnhof Kitzbühel rechts an Bahngleisen entlang Richtung »Güterabfertigung«. Nach 500 m an Stellwerk II links Bahnübergang passieren, sofort wieder links und am »Rainhof« auf schmalem Teerweg weiter. Bei km 0,9 dann rechts auf »Ölbergweg« steil bergan. An der Ölbergkapelle dann links halten.

1,4 / 805 m Nach Singletrailpassage über Wiese links auf geteertem »Römerweg« (»2«) Richtung »St. Johann«.
2,8 / 785 m An Kreuzung etwas rechts, Brücke queren, dann links auf Radweg in Richtung »Oberndorf«.
4,6 / 728 m An Bauernhof rechts auf Schotter (»Römerweg«) Richtung »Oberndorf«.
6,1 / 700 m Am Ortsrand links auf Teer weiter. Nach 300 m wieder etwas links. Nach weiteren 300 m rechts Richtung »St. Johann«.
10,9 / 659 m An Kirche im Zentrum St. Johann rechts. 200 m weiter auf Straße links Richtung »Salzburg«. Nach weiteren 100 m rechts über die Ache.
11,4 / 680 m An »Wieshofermühle« rechts an Pillersee-Ache entlang auf markiertem Radweg (geteert) Richtung »Reitham«.
13,4 / 685 m Links, im Weiler Reitham dann wieder links und auf geteertem Radweg Richtung »Fieberbrunn«.
13,8 / 670 m An Bahnhof rechts, sofort wieder rechts.
16,0 / 735 m Etwas links auf »Radweg« bergan. Nach 900 m rechts Richtung »Fieberbrunn«.
17,0 / 715 m Nach Brücke links.

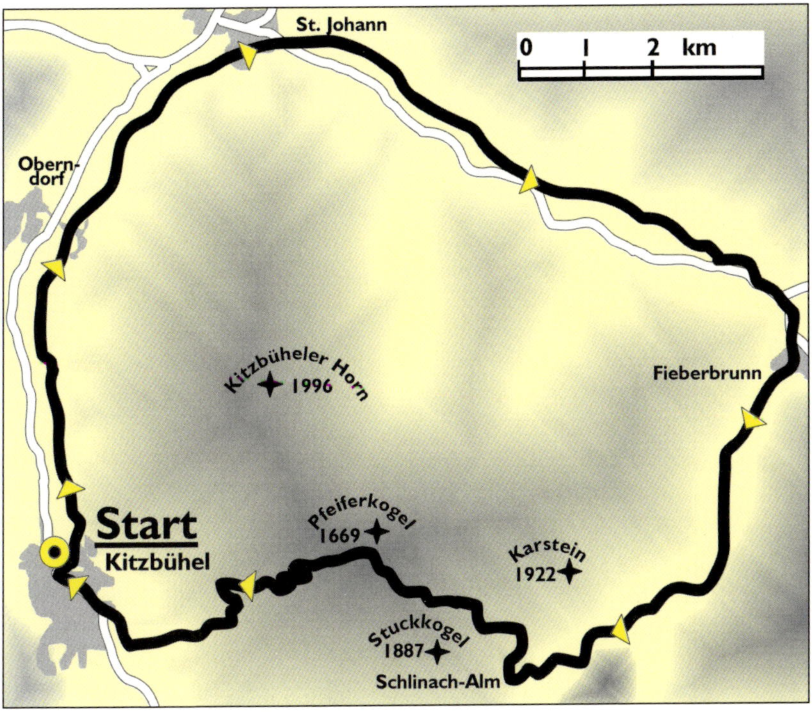

18,5 / 765 m Nach Bauernhof geradeaus auf Teer weiter.
19,8 / 780 m Rechts, Bahnunterführung passieren, bergab. Nach 300 m rechts auf Hauptstraße. Nächste links. 200 m weiter, nach einer Brücke dann auf »Achenweg« an Flüsschen entlang.
21,8 / 765 m In Fieberbrunn rechts für 100 m auf Hauptstraße weiter. Dann rechts Richtung »Pletzergraben« abbiegen.
28,1 / 1040 m An einem Marterl rechts auf »Fieberbrunner Höhenweg«.
29,3 / 1125 m An Gabelung rechts über die Brücke Richtung »Schlinach-Alm«.
30,7 / 1220 m Rechts, auf breitem Schotterweg bis Schlinach-Alm bleiben.
33,1 / 1400 m Kurz nach Schlinach-Alm rechts ab. Dann auf Schotterweg bergan (WW »Fieberbrunner Höhenweg« verlassen).
36,3 / 1625 m An Gabelung geradeaus, an Hütte entlang. Nach 250 m links herum und auf Schotter bis zum Kamm. Dort bei Gabelung sichtbaren Weg geradeaus verlassen, Stacheldrahtzaun passieren. Dann sofort rechts auf Rütteltrail bergab.
38,1 / 1550 m An Lämmerbichl-Alm am Stall rechts auf Schotterweg. Nächste links. Dann auf Hauptweg bergab.
43,9 / 1024 m Nach Schranke rechts auf Teer bergab. 200 m weiter scharf links und auf Singletrail bergab. 600 m weiter rechts auf Schotter, bald Teer, Richtung »Kitzbühel«. Bei km 46,0 passiert man den Golfplatz. 500 m weiter biegt man am Tennisstadion rechts ab und rollt auf Straße durch Kitzbühel.
47,8 / 750 m Rechts auf Straße zurück zum Bahnhof (km 48,5 / 750 m).

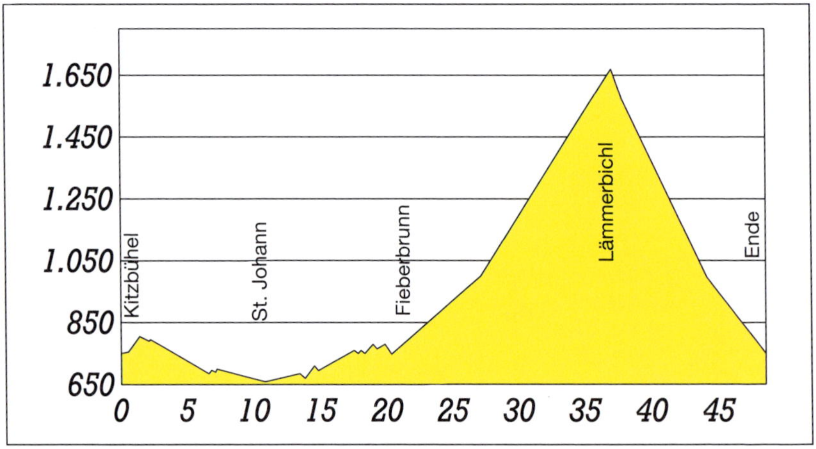

15 Maurer Eck

infos

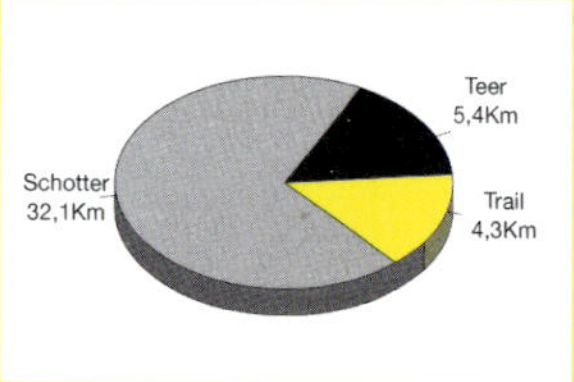

Gesamtstrecke: *41,8 Kilometer.*
Anstiege: *1840 Höhenmeter.*
Schwierigkeit: *schwer.*
Reine Fahrzeit: *4 bis 6 Stunden.*

Karte: *Freytag & Berndt, 1:50.000, WK 121 »Oberpinzgau«.*
Anfahrt zum Startplatz: *Auf B 161 von Kitzbühel Richtung »Jochberg«. Mitten im Ort bei der Kirche (Parkmöglichkeit) diese Tour starten.*
Alternative Startorte: *Pass Thurn.*
Auskunft: *Tourismusverband Jochberg, Dorf 21, A-6373 Jochberg, Tel: (0043)5355/5229, Fax: 5821, E-Mail: jochberg@netway.at, Internet: http://www.jochberg.com*
Camping: *Den nächsten Platz gibt es bei Kitzbühel, Camping am Schwarzsee, Postfach 118, A-6370 Kitzbühel, Tel: (0043)5356/62806, Fax: (0043)5356/6447930, E-Mail: hotel.bruggerhof@camping.netwing.at*
Geführte Touren: *Auf Anfrage beim Tourismusverband Kitzbühel-Reith-Aurach, Hinterstadt 18, A-6370 Kitzbühel, Tel: (0043)5356/621550, Fax: (0043)5356/62307, E-Mail: info@kitzbuehel.com, Internet: http://www.kitzbuehel.com*
Bikeshop: *Auch den nächsten Bikeshop findet man in Kitzbühel, Kitz Sport GmbH, Jochbergerstr. 7, A-6370 Kitzbühel, Tel: (0043)5356/62204, Fax: (0043)5356/6220433.*

Jochberg präsentiert sich keinesfalls so mondän wie das benachbarte Kitzbühel. Aber dennoch ist es allerbestens geeignet als Ausgangspunkt für einen Super-Bikeurlaub. Mitten in den Kitzbüheler Alpen gelegen finden Pedalritter hier wirklich garantiert alles, was man braucht. Neben lässigen Familytouren, wie beispielsweise zum Pass Thurn und retour, bietet sich die wunderschöne Tour zum Gauxjoch (s. Tour 16) oder natürlich auch der hier beschriebene Bikehammer über das Maurer Eck an: Steilanstiege, kurze Tragestücke, eine Megaabfahrt für absolute Könner, alles drin. Herz, was willst du mehr?

Routenverlauf

Bitte gehen Sie niemals ohne die angegebene topographische Karte auf Tour, und beachten Sie die Hinweise auf den Seiten 8 und 9.

km 0,0 / 938 m (Höhe über NN)

Ab der Kirche Jochberg zunächst auf Bundesstraße Richtung »Pass Thurn«.

Nach 200 rechts auf geteertem »Gauxweg« Richtung »Brugger-Alm« abbiegen. 100 m weiter am »Jagahäusl« rechts, weiter Teer.
1,4 / 1080 m An T rechts.
2,2 / 1140 m An Gabelung bei Bauernhof rechts halten. Ab km 3,3 dem geschotterten »Gauxweg« weiter Richtung »Brugger-Alm« (»7«) folgen.
8,8 / 1735 m Am Gauxjoch (Einkehrmöglichkeit) zweite rechts, Tunnel passieren und weiter Richtung »Trattenbach-Alm«.
9,9 / 1610 m Kurz nach der Trattenbach-Alm auf mittlerem Weg geradeaus.
14,2 / 1080 m Bis hierher Hauptweg folgen. Nun rechts auf Grasweg, bald Trail Richtung »Pass Thurn« (»Römerweg 1«).
14,7 / 1160 m Rechts auf Schotter, sofort links und auf knackigem Pfad bergan.
15,5 / 1235 m Nach Kreuzung geradeaus auf Schotter. Bald rechts auf Bundesstraße. Am Hotel »Pass Turn« links (»MTB«) auf Schotterpiste bergab.

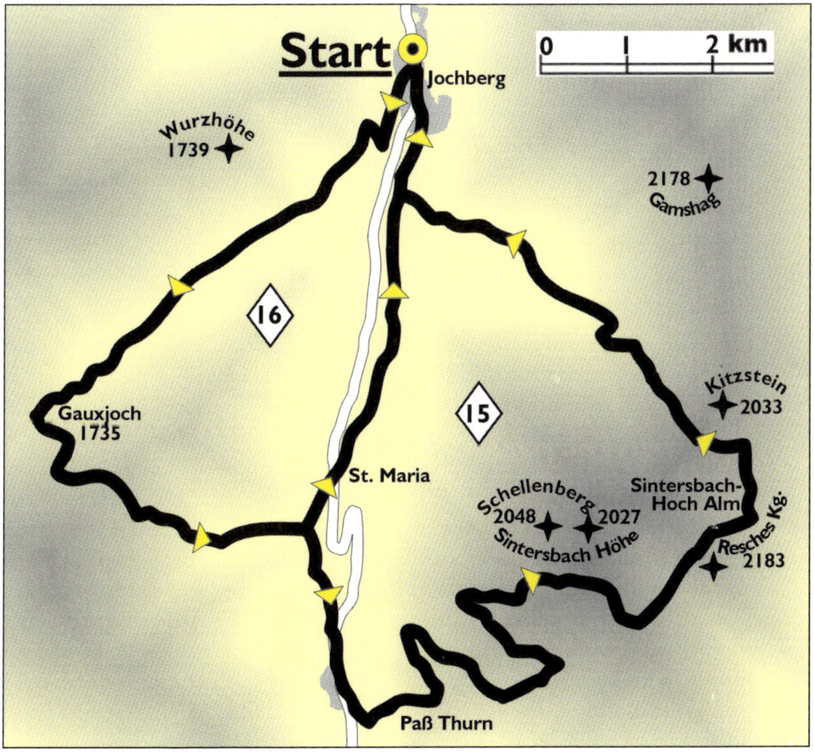

17,0 / 1215 m An T scharf links Richtung »Schellenberg«.
18,7 / 1342 m An Gabelung rechts.
20,0 / 1328 m Links weiter Richtung »Schellenberg«, jetzt bergan.
21,0 / 1385 m Am »Wetterkreuz« an T links weiter Richtung »Schellenberg«.
23,8 / 1710 m An Gabelung scharf rechts, auf Hauptweg weiter. Nach 400 m, an »Schellenberg-Alm« wieder rechts.
26,1 / 1766 m An »Hörger-Alm« links auf Schotter weiter. Nach Bachquerung etwas links. Ab km 27,1 folgt ein 26%-Anstieg.
28,1 / 1980 m Am Maurer Eck auf schlecht sichtbarem Weg geradeaus durch die Senke. Dann bald über den Kamm Richtung »Sintersbach-Hochalm«, die man schon von weitem erkennen kann.
29,0 / 1940 m An »Sintersbach-Hochalm« links auf Schotterpiste bergab.
31,2 / 1651 m An »Sintersbach-Niederalm« geradeaus am Bach entlang.
32,6 / 1645 m An Gabelung rechts bergab auf Schotter Richtung »Jochberg«. Bei km 33,7 Hinweis Jochberg ignorieren. 100 m weiter links auf Supertrail an Sintersbacher Wasserfällen entlang Richtung »Wild-Alm«.
34,9 / 1355 m Ab Almhütte geradeaus auf breitem Schotterweg, in der Folge erst mal alle Abzweige ignorieren. Nach insgesamt 320 m links auf Schotterweg bergab durchs Sintersbachtal.
38,9 / 1000 m Links. 700 m weiter rechts auf Teerweg Richtung »Jochberg«.
40,1 / 920 m Rechts auf Teer. Nach 600 m an Gabelung links bergan. Dann rechts auf Straße zurück zum Ausgangspunkt (km 41,8 / 938 m).

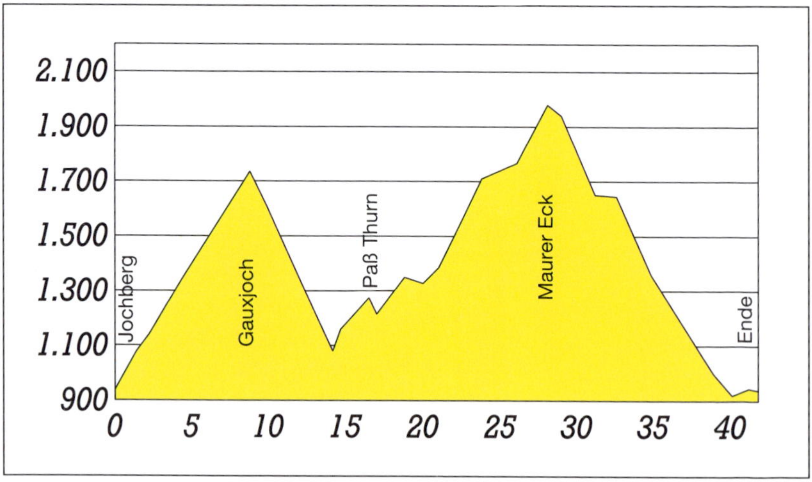

16 Über das Gauxjoch

Gesamtstrecke: *22,7 Kilometer.*
Anstiege: *890 Höhenmeter.*
Schwierigkeit: *leicht.*
Reine Fahrzeit: *1,5 bis 3 Stunden.*

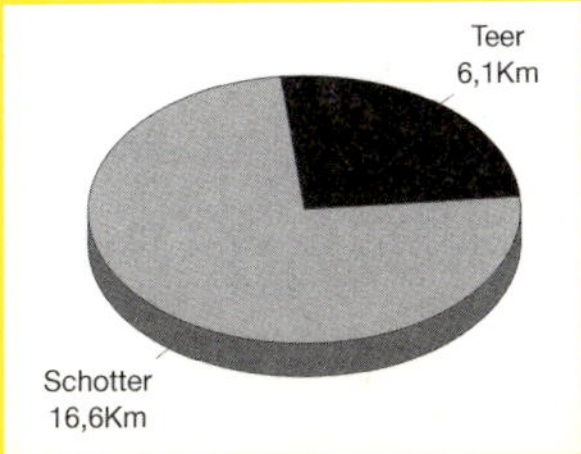

Karte: *Freytag & Berndt, 1:50.000, WK 121 »Oberpinzgau«.*
Anfahrt zum Startplatz: *Wie bei Tour 15 auf B 161 von Kitzbühel Richtung »Jochberg«. Mitten im Ort bei der Kirche diese Tour starten.*
Alternative Startorte: *Pass Thurn.*
Auskunft: *Tourismusverband Jochberg, Dorf 21, A-6373 Jochberg, Tel: (0043)5355/5229, Fax: 5821, E-Mail: jochberg@netway.at, Internet: http://www.jochberg.com*
Camping: *Den nächsten Platz gibt es bei Kitzbühel, Camping am Schwarzsee, Postfach 118, A-6370 Kitzbühel, Tel: (0043)5356/62806, Fax: (0043)5356/6447930, E-Mail: hotel.bruggerhof@camping.netwing.at*
Geführte Touren: *Auf Anfrage beim Tourismusverband Kitzbühel-Reith-Aurach, Hinterstadt 18, A-6370 Kitzbühel, Tel: (0043)5356/621550, Fax: (0043)5356/62307, E-Mail: info@kitzbuehel.com, Internet: http://www.kitzbuehel.com*
Bikeshop: *Auch den nächsten Bikeshop findet man in Kitzbühel, Kitz Sport GmbH, Jochbergerstr. 7, A-6370 Kitzbühel, Tel: (0043)5356/62204, Fax: (0043)5356/6220433.*

Wem nun die Charakterisierung von Tour 15 leichtes Unwohlsein beschert, der kann hier erst mal eine kleinere Variante probieren. Als Konditionscheck sozusagen. Denn bis zum Abzweig »Römerweg 1« bei km 14,2 präsentiert sich die hier beschriebene Route deckungsgleich mit der Hammertour über das Maurer Eck. Wer dann noch genug Dampf in den Waden hat, kann ja weiter zum Pass Thurn hinaufkurbeln und schließlich doch Tourbeschreibung 15 folgen. Wem es aber hier schon reicht, der fährt geradeaus und düst auf Schotter ruckzuck retour nach Jochberg und erlebt so weder technische Schmankerl noch Schweißausbrüche.

Routenverlauf

Bitte gehen Sie niemals ohne die angegebene topographische Karte auf Tour, und beachten Sie die Hinweise auf den Seiten 8 und 9.

km 0,0 / 938 m (Höhe über NN)

Ab Kirche Jochberg auf Bundesstraße Richtung »Pass Thurn«. Nach 200 m rechts auf geteertem »Gauxweg« Richtung »Brugger-Alm« abbiegen. 100 m weiter am »Jagahäusl« rechts, weiter Teer.

1,4 / 1080 m An T rechts.

2,2 / 1140 m An Gabelung bei Bauernhof rechts halten. Ab km 3,3 auf geschottertem »Gauxweg« weiter Richtung »Brugger-Alm« (»7«).

8,8 / 1735 m Am Gauxjoch (Einkehrmöglichkeit) zweite rechts, Tunnel passieren und weiter Richtung »Trattenbach-Alm«.

9,9 / 1610 m Kurz nach »Trattenbach-Alm« auf mittlerem Weg geradeaus.

14,2 / 1080 m Wo Tour 15 rechts auf (»Römerweg 1«) abbiegt, weiter geradeaus auf Schotter Richtung »Jochberg«.

14,9 / 1040 m Rechts ab Richtung »Jochbergwald«. Dann auf Teer steil bergan zur Straße. Dort erst links, dann rechts dem Hinweis »Zum Radweg« folgen. Ab Kirche »St. Maria« dann auf (»Radweg«) am Trattenbach entlang.

21,1 / 920 m Rechts auf Teer weiter. Nach 600 m an Gabelung links bergan zur Landstraße. Dort rechts zurück zum Ausgangspunkt (km 22,7 / 938 m).

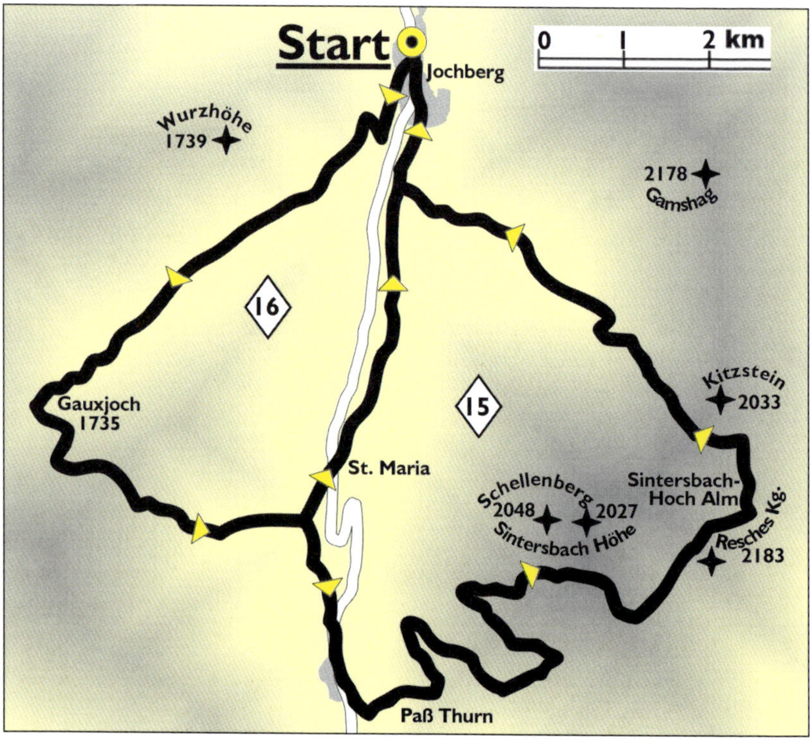

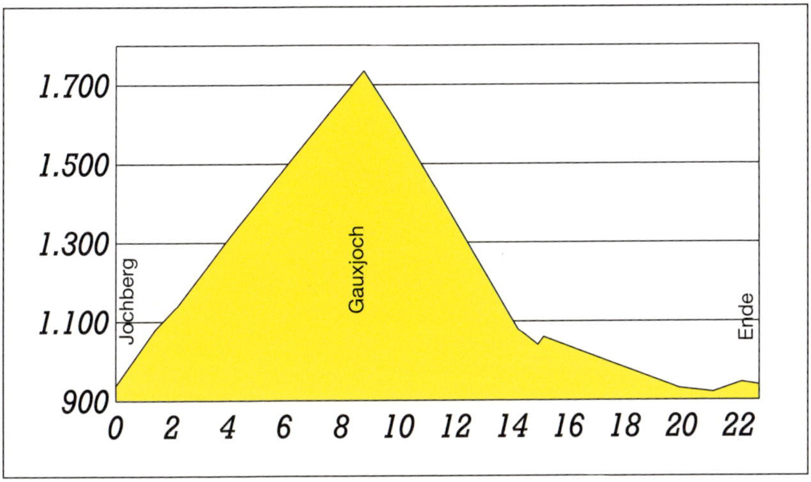
1.700
1.500
1.300
1.100
900
0
2
4
6
8
10
12
14
16
18
20
22
Jochberg
Gauxjoch
Ende

17 Zweitausender

infos

Gesamtstrecke: *41,5 Kilometer.*
Anstiege: *1405 Höhenmeter.*
Schwierigkeit: *mittel.*
Reine Fahrzeit: *3 bis 5 Stunden.*

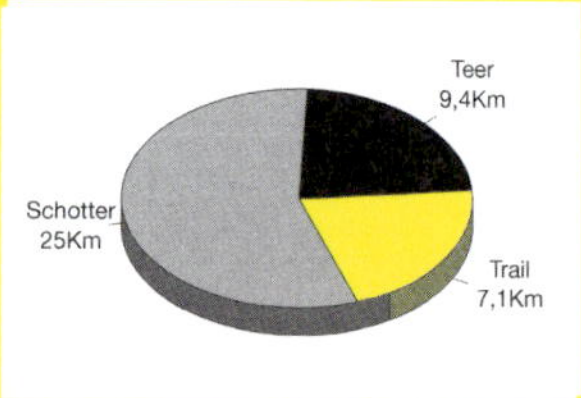

Karte: *Freytag & Berndt, 1:50.000, WK 121 »Oberpinzgau«.*
Anfahrt zum Startplatz: *Von München auf der A 8 bis zum Inntaldreieck. Weiter über die A 93 bis zur Abfahrt Kufstein-Süd. Nun folgt man dem Hinweis »Felbertauern« und kommt über Kitzbühel und den Pass Thurn nach Mittersill. Dort die Tour am Bahnhof der Schmalspurbahn starten.*
Alternative Startorte: *Pass Thurn, Mühlbach, Dorf, Hollersbach.*
Auskunft: *Fremdenverkehrsverband Mittersill-Pass Thurn, Marktplatz 4, A-5730 Mittersill, Tel: (0043)(0)6562/4292, Fax: (0043)(0)6562/5007, E-Mail: fvv@mittersill.at, Internet: www.mittersill.at*
Camping: *Comfort Camp, Klausgasse 49, Tel: (0043)(0)6562/4811, Fax: (0043)(0)6562/481110, E-Mail: www.braurup.at*
Geführte Touren: *Geführte Touren für Gruppen bietet der Fremdenverkehrsverband (s. oben) auf Anfrage.*
Bikeshop: *Leihbikes und diverse Ersatzteile bekommt man bei Sport Breitfuß, Marktplatz 13, Tel: (0043)(0)6562/5858, Fax: (0043)(0) 5858-5, E-Mail: breitfuss@sbg.at oder bei Sport Olympia, Koglerplatz, Tel: (0043)(0)6562/6440, Fax: (0043)(0)6562/6440.*

Mittersill-Bahnhof, Pass Thurn, Zweitausender, das sind kurz gesagt die Eckpunkte einer wunderschönen Tour, für die allerdings wegen ordentlicher Höhenmeter auch etwas Schmalz im »Waderl« nicht schaden kann. Zwar präsentiert sich die gleichmäßige Auffahrt zum Zweitausender meist als recht human und ohne längere Brutalanstiege, aber die Höhendifferenz von 1200 Metern bergan will erst einmal erstrampelt sein. Ab dem Gipfel muss das Bike dann für die ersten Meter bergab geschultert werden. Danach allerdings saust man auf einem Wahnsinnsdownhill, der auch schon mal von engagierten Motocrossern benutzt wird, bergab nach Mühlbach. Und dann wird's gemütlich, denn der Tauernradweg beschließt eine Runde, die inzwischen sicher schon zum Alpenklassiker geworden ist.

Routenverlauf

Bitte gehen Sie niemals ohne die angegebene topographische Karte auf Tour, und beachten Sie die Hinweise auf den Seiten 8 und 9.

km 0,0 / 789 m (Höhe über NN) Ab Bahnhof Mittersill auf Straße Richtung »Stuhlfelden«. Nach 750 m an einer Tankstelle links auf »Passweg«. 20 m weiter, am Bauhof, wieder links und auf schmalem Teerweg bergan. Bei km 1,6 geradeaus Straße queren. 250 m weiter rechts auf geschotterte »Alte Passstr.« in Richtung »Pass Thurn«.

2,1 / 928 m Am Hof »Klammern« Straßenunterführung passieren. Dann links bergan. Bei km 2,5 rechts, sofort links, weiter auf »Passweg, Alte Passstr.«.

3,2 / 1000 m Rechts ab. 800 m weiter wieder rechts und auf Teer am Hof »Unterfilzbach« entlang.

5,1 / 1160 m Am Abzweig »Pflüglerbauer« links auf Teer. Nach 1100 m dann Viehgatter passieren und auf Schotter auf Hauptweg bergan.

9,6 / 1274 m Am Pass Thurn rechts auf Bundestraße Richtung »Kitzbühel«. 850 m weiter, an zweitem Abzweig nach Hotel »Holzer« links über Holzbohlen.

9,8 / 1300 m An Abzweig links Richtung »Resterhöhe« bergan.

11,7 / 1336 m An T rechts bergan. Bei km 12,8 links, ständig den Hinweisen »Resterhöhe« folgen.

15,4 / 1730 m An Linksabzweig zum Gasthof »Resterhöhe« (gute Einkehr), rechts weiter Richtung »Moser-Alm«.

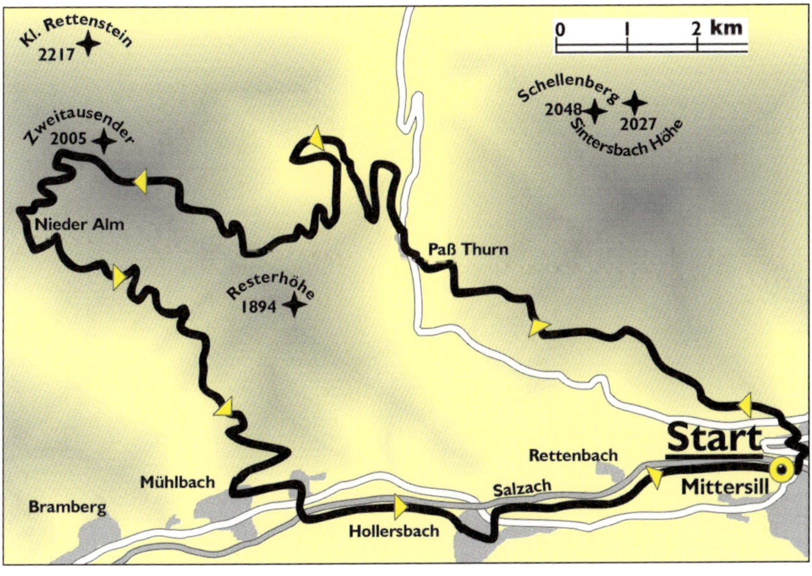

500 m weiter an der Bergstation der Sesselbahn links und an »Panorama-Alm« entlang.

20,3 / 2005 m Am Gipfel des »Zweitausender« zunächst geradeaus. Dann links über Weidezaun und per Pedes weglos bergab zum schon sichtbaren Schotterweg.

20,6 / 1890 m Links auf Schotter über »Erlschlief-Hinteralm« (km 21,3) Richtung »Mühlbach«.

22,7 / 1596 m Ab »Erlschlief-Niederalm« auf Serpentinen bergab. Unterhalb der Alm rechts auf Grasweg weiter Richtung »Mühlbach«.

28,7 / 1175 m Scharf rechts, auf Teer bergab. Bei km 30,3 an Abzweig rechts in den Ort Mühlbach. Dort erst rechts, bei der Bäckerei dann links. 250 m weiter nach rechts halten und die Salzachbrücke passieren. Anschließend links am Fluss entlang.

33,4 / 812 m Geradeaus auf Schotter weiter, alle Hinweise ignorieren.

35,4 / 808 m Viehgatter passieren und erst auf Schotter, dann auf Teer nach Hollersbach. Dort am Gasthaus »Kaltenhausen« rechts auf Teer weiter. Nach 400 m nach Brücke links auf »Tauernradweg« bis Mittersill (km 41,5 / 789 m).

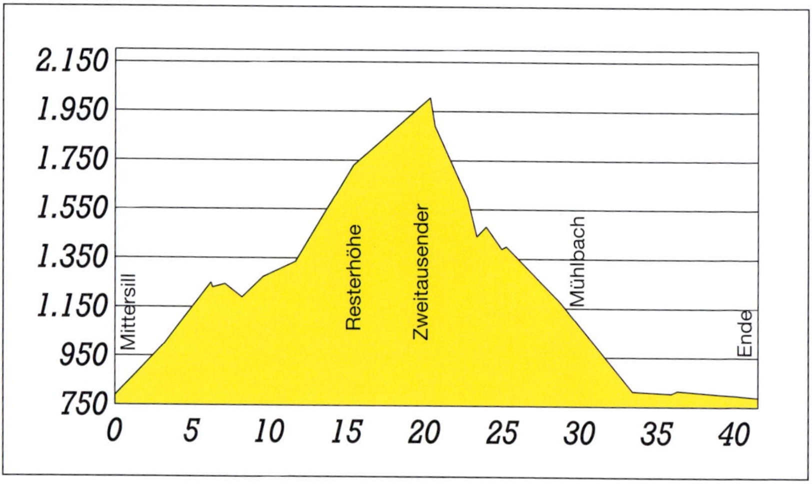

18 Krimmler Wasserfälle

infos

Gesamtstrecke: *14,7 Kilometer.*
Anstiege: *375 Höhenmeter.*
Schwierigkeit: *leicht.*
Reine Fahrzeit: *1 bis 2 Stunden.*

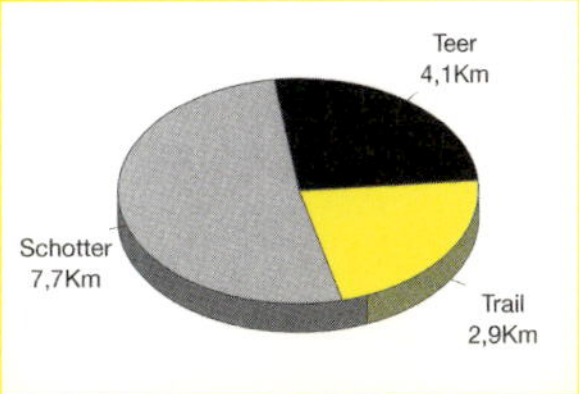

Karte: *Freytag & Berndt, 1:50.000, WK 121 »Oberpinzgau«.*
Anfahrt zum Startplatz: *Von Mittersill fährt man Richtung Gerlos. Im Örtchen Wald, kurz vorm Abzweig auf die alte Gerlosstraße, biegt man links zum Bahnhof Wald ab. Dort diese Tour starten.*
Alternative Startorte: *Krimml.*
Auskunft: *Tourismusbüro Wald-Königsleiten, Nr. 80, A-5742 Wald, Tel: (0043)(0)6565/82430, Fax: (0043)(0)6565/82435, E-Mail: wald-kgl@aon.at*
Camping: *Da gibt es gleich zwei Plätze in Wald: S.N.P.-Camping, Fam. Kaserer, Lahn Nr. 65, A-5742 Wald, Tel: (0043)(0)6565/84460, Fax: (0043)(0)6565/84464, E-Mail: snp-camping@aon.at oder Camping Victoria, Fam. Kaserer, Lahn Nr. 71, A-5742 Wald, Tel: (0043)(0)6565/8261, Fax: (0043)(0)6565/8454, E-Mail: hotel.kaserer@aon.at*
Geführte Touren: *Gibt es bei Bergführer Toni Hölzl, Almdorf-Königsleiten, A-5742 Wald, Tel: (0043)(0)6564/82210.*
Bikeshop: *Inter Sport Harms, Marktplatz, 5741 Neukirchen Tel: (0043)(0)6565/68400, Fax: (0043)(0)6565/68404.*

Am Wendepunkt dieser kleinen, aber feinen Tour präsentieren sich neben ungebändigter Urgewalt tosender Wasserfälle völlig unpassend reihenweise Andenkenbuden. Sie bieten Kitsch & Co. für Busweise heran gekarrte Tourimassen. Wer dem Megakaffeekränzchen entgehen will, sollte flugs auf der Gerlosmautstraße ein Stück bergan kurbeln, um bald auf einen Schotterweg Richtung »Achental« abzubiegen. Der Weg ist recht steil, aber einsam und führt über den Gasthof Schönangerl (wieder meist Hochbetrieb) ins Achental und von dort aus weiter übers Krimmler Tauernhaus und über den Alpenhauptkamm ins Südtiroler Ahrntal, doch das ist eine ganz andere Sache. Aber wenigstens soviel: Tolle Touren gibt es dort übrigens auch, so zum Beispiel im neuen Band aus der Reihe Mountain Bike aktiv »Südtirol«.

Routenverlauf

Bitte gehen Sie niemals ohne die angegebene topographische Karte auf Tour, und beachten Sie die Hinweise auf den Seiten 8 und 9.

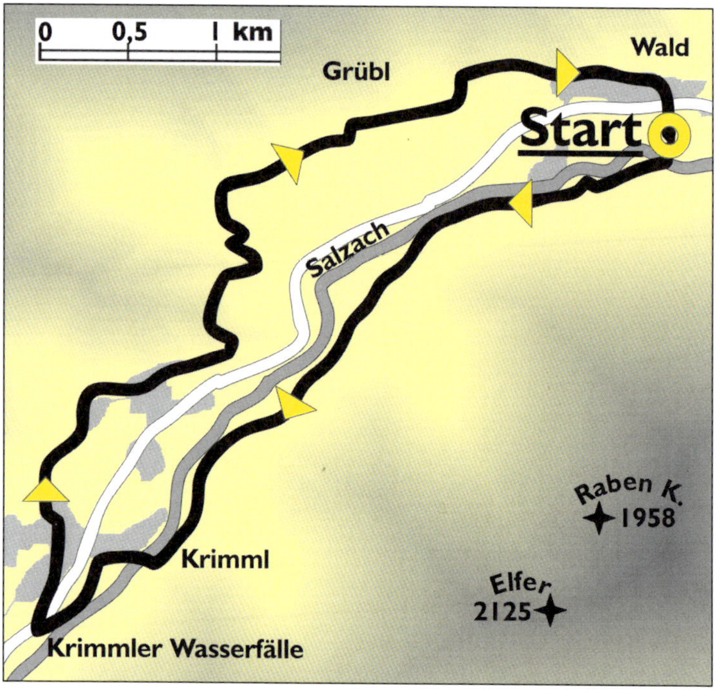

km 0,0 / 896 m (Höhe über NN) Am Bahnhof Wald Salzachbrücke und Gleise queren, sofort rechts und auf Schotterweg Richtung »Krimmler Wasserfälle«.

0,3 / 905 m An einem Haus erst auf Pfad, Tor passieren, bergab, dann auf Singletrail weiter. Nach 350 m links auf Teer dem Hinweis »Krimmler Wasserfälle« folgen.

0,8 / 890 m Nach Haus »Schösser« geradeaus auf Trail bergan. 250 m weiter am Holzschnitzer rechts Richtung »Wasserfälle«.

1,8 / 965 m An Bauernhof rechts auf breitem Schotterweg.

2,6 / 935 m Wildgatter passieren, nächste links und dem »Tauernradweg« folgen. 300 m weiter rechts halten.

5,5 / 1032 m Rechts über Brücke, sofort links bergan. Nach 500 m an Wege-T rechts.

6,2 / 1080 m Am Parkplatz der Krimmler Wasserfälle rechts auf Straße. (Links kann man auf Mautstraße den oben beschriebenen Abstecher über Schönangerl ins Krimmler Achental usw. erreichen.) Nach 150 m

links und geradeaus durch den Ort.
7,2 / 1060 m Erst geradeaus, dann am »Brosigbauer« rechts.
7,8 / 1048 m Am nächsten Hof links auf Pfad weiter. Dann rechts über Brücke. Danach rechts bergan Richtung »Falkenstein«.
8,9 / 1012 m Links auf Teer bergan. Nach 130 m wieder links, auf Trail Richtung »Wald«.
9,5 / 985 m An Bauernhof links auf Singletrail nach Vorderkrimml. Dort auf Teer bergab.
10,0 / 920 m Halbrechts dem Pfad Richtung »Alte Gerlosstr.« folgen.
10,1 / 930 m Rechts auf Schotter zur nächsten Kreuzung. Dort rechts Richtung »Wald«.
11,2 / 1030 m Geradeaus auf Trail (»13«). Nach 700 m links und heftig bergan zum Gasthof »Grübl«. Dort bei km 12,4 rechts auf »Alter Gerlosstr.« bergab.
14,6 / 896 m Im Ort Wald Bundesstraße kreuzen und zurück zum Ausgangspunkt am Bahnhof (km 14,7 / 896 m).

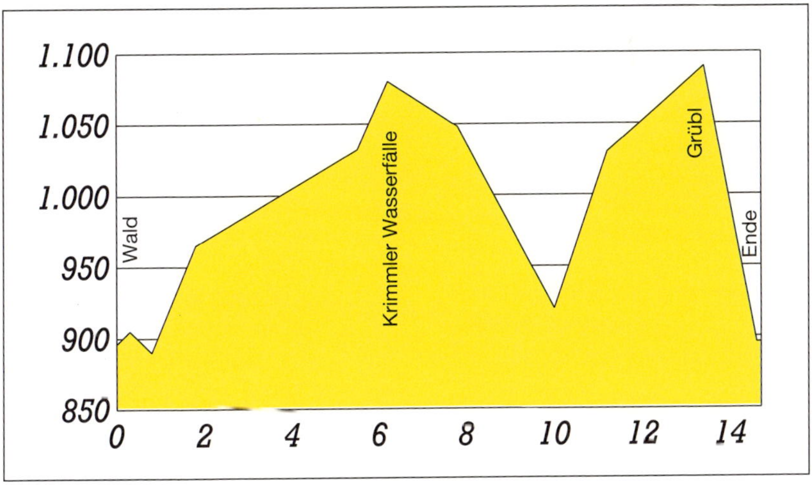

19 Wildkogel

infos

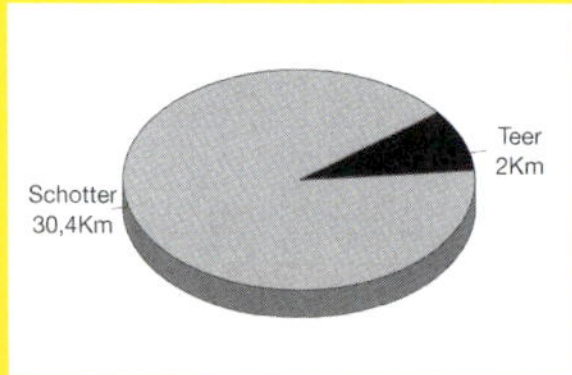

Gesamtstrecke: *32,4 Kilometer.*
Anstiege: *1355 Höhenmeter.*
Schwierigkeit: *mittel.*
Reine Fahrzeit: *2 bis 4 Stunden.*

Karte: *Freytag & Berndt, 1:50.000, WK 121 »Oberpinzgau«.*
Anfahrt zum Startplatz: *Von der B 165 zwischen Mittersill und Krimml nach Bramberg abbiegen und dort am Marktplatz diese Tour starten.*
Alternative Startorte: *Weyer, Mühlbach, Neukirchen.*
Auskunft: *Tourismusbüro Bramberg, Stoitznergasse 3, A-5733 Bramberg-Wildkogel, Tel: (0043)(0)6566/7251, Fax: (0043)(0)6566/7681, E-Mail: info@bramberg.com, Internet: www.bramberg.com*
Camping: *Im 7 Kilometer entfernten Ort Wald gibt es gleich zwei Plätze: S.N.P.-Camping, Fam. Kaserer, Lahn Nr. 65, A-5742 Wald, Tel: (0043)(0)6565/84460, Fax: (0043)(0)6565/84464, E-Mail: snp-camping@aon.at, oder Camping Victoria, Fam. Kaserer, Lahn Nr. 71, A-5742 Wald, Tel: (0043)(0)6565/8261, Fax: (0043)(0)6565/8454, E-Mail: hotel.kaserer@aon.at*
Geführte Touren: *Gibt es bei Bergführer Toni Hölzl, Almdorf-Königsleiten, A-5742 Wald, Tel: (0043)(0)6564/82210.*
Bikeshop: *Sport Günter, Dorfstr. 23, A-5733 Bramberg-Wildkogel, Tel: (0043)(0)6566/8613 oder Autohaus Kirchner, Weichseldorf 244, A-5733 Bramberg-Wildkogel, Tel: (0043)(0)6566/7234.*

Das Motto der ersten 14 Kilometer lautet: bergan! Dabei gibt es in fahrtechnischer Hinsicht allerdings keinerlei Nüsse zu knacken. Bleibt die Höhendifferenz von rund 1300 Höhenmeter am Stück. Ideale Daten also für einen richtig runden Tritt. Oben wird man dann aufs Feinste mit einer Traumaussicht belohnt: Jenseits des Salzachtales erhebt sich geradezu majestätisch die Gletscherwelt der Hohen Tauern. Nach dem Genuss folgt wieder Arbeit, wobei man dann die meiste Kraft in den Fingern benötigt, denn ungebremst wird der Downhill zum Höllentrip. Die Piste präsentiert sich dabei nicht so fest, wie der Schotterweg des Anstiegs, addiert sich letztlich aber auf knapp 18 (!) Abfahrtskilometer mit der Garantie, nicht ein einziges Mal mehr treten zu müssen: Wenn das nichts ist!

Routenverlauf

Bitte gehen Sie niemals ohne die angegebene topographische Karte auf Tour, und beachten Sie die Hinweise auf den *Seiten 8 und 9.*

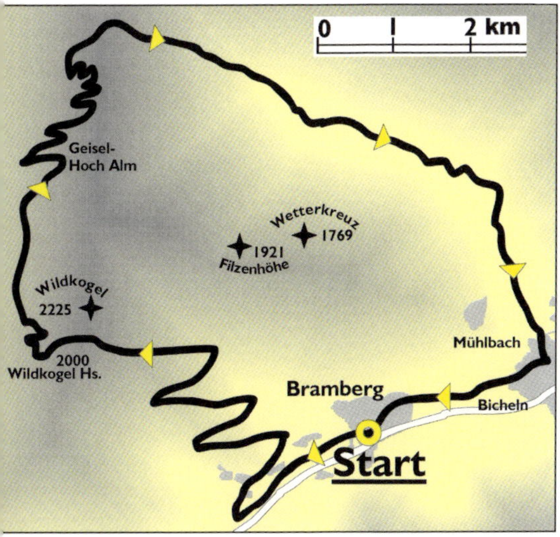

km 0,0 / 840 m (Höhe über NN)
Ab Bramberg-Marktplatz dem »Tauernradweg« nach Westen Richtung »Neukirchen« folgen. Nach rund 900 m rechts auf dem Güterweg »Leiten« weiter. Nach weiteren 300 m etwas links auf Hauptweg bleiben und weiter bergan Richtung »Wildkogel«.

2,8 / 1032 m An Wege-T rechts. Nach 200 m scharf links, weiter auf Hauptweg in Serpentinen bergan.

13,8 / 2124 m An der Bergstation der Sesselbahn etwas links halten.

14,5 / 2090 m Kurz vor Bergstation Gondelbahn rechts Richtung »Geisel-Hochalm«.

16,3 / 1900 m Nach zwei Viehsperren rechts zur »Geisel-Hochalm« (Einkehr möglich). Dort vor Scheune links bergab Richtung »Baumgarten-Alm«.

22,0 / 1388 m An Wege-T rechts, nun am Bach entlang durch das Mühlbachtal.

29,7 / 830 m Im Salzachtal rechts an Bäckerei entlang und auf Tauernradweg Richtung »Bramberg«.

32,2 / 810 m Am Gasthaus »Kaserer« rechts der Fahrstraße »Tauernradweg« bis zum Ausgangspunkt auf dem Marktplatz in Bramberg folgen (km 32,4 / 840 m).

20 Kampenwand

Gesamtstrecke: *22,4 Kilometer.*
Anstiege: *915 Höhenmeter.*
Schwierigkeit: *schwer.*
Reine Fahrzeit: *2 bis 4 Stunden.*

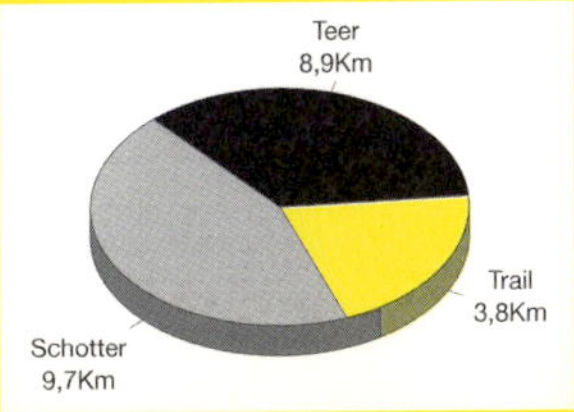

Karte: *Topographische Karte 1:50.000, Blatt UK L 7 »Chiemsee und Umgebung«, Bayerisches Landesvermessungsamt.*
Anfahrt zum Startplatz: *Die A 8 München-Salzburg über die Abfahrt »Frasdorf« verlassen. Gleich danach links auf Landstraße Richtung »Kufstein« bis nach Aschau. Im Ort links auf »Aufhamer Str.« Richtung »Kohlstatt«. Dort den Hinweisen »Kohlstatt-Parkplatz« bis zum Waldrand folgen und dort diese Tour starten.*
Alternative Startorte: *Hainbach, Bach, Aschau, Aufham.*
Auskunft: *Kurverwaltung Aschau, Kampenwandstr. 38, D-83229 Aschau, Tel: 08052/904937, Fax: 08052/904945, E-Mail: info@aschau.de, Internet: http://www.aschau.de*
Camping: *Camping am Moor, Innerkoy 1, D-83229 Aschau, Tel: 08052/4513.*
Geführte Touren: *Natur pur, Michael Paul, Am Beerweiher 4, D-83229 Aschau, Tel: 08052/5460, Fax: 08052/5427, Mobil: 0171/3409472.*
Bikeshop: *Radius Bikeshop, Bahnhofstr. 1, D-83229 Aschau, Tel: 08052/743, steht mit Rat und Tat zur Seite.*

Touren auf und um die Kampenwand gehören zum Bikeurlaub in den Chiemgauer Alpen, wie nervende Maut zu Österreich oder Fisch zu Hamburg. Punkt. Allerdings denkt die wanderbesohlte Rotsockenfraktion ähnlich und erstürmt den Berg ebenfalls in Massen. Bis 1957 per Pedes und seitdem meist modern mit der Seilbahn, um dann sportlich flott bergab von Hütte zu Hütte zu wandern. Dadurch wird es auf dem Berg nicht nur eng, sondern den Bergvagabunden zu Fuß bleibt auch immer genug Luft, um bergauf radelnden Zeitgenossen ungefragt allzeit das Beste mit auf den Weg zu geben. Wer also keinen Bock auf dumme Sprüche und Bierfahnen hat, bleibt dem Berg bei Schönwetter, am Wochenende und in den Ferien tunlichst fern und sucht sich einen Berg ohne Seilbahn. Da gibt es dann garantiert keine roten Socken, obligatorisch rot-weiß-karierten Hemden und von Stöcken zerstocherte Bodenkrume, die sich beim nächsten Regen garantiert in Wohlgefallen auflöst.

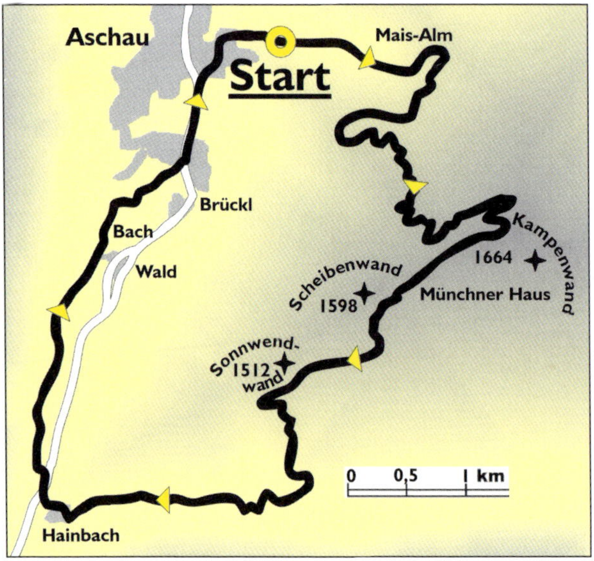

Trage- oder Schiebestrecke.

10,5 / 1360 m
Ab Hofbauern-Alm auf Wirtschaftsweg in Serpentinen bergab.

11,9 / 1160 m
An T links auf Schotterpiste. Nach 300 m hart rechts und bergab dem Hinweis »Hainbach« durch den Klausgraben folgen.

16,0 / 662 m
Landstraße kreuzen, danach rechts auf »Prientalweg« an Prien entlang. 300 m weiter links über Prienbrücke. Danach rechts weiter auf Singletrail Richtung »Bach«.

18,0 / 650 m Geradeaus über Kreuzung. Nach 150 m rechts auf Trail (»Prientalweg«) weiter Richtung »Bach«.

19,1 / 640 m In Bach rechts Brücke queren. 30 m weiter links auf »Jäger-Weg« Richtung »Aschau«. 800 m weiter rechts halten und auf Trail an Waldrand entlang.

20,4 / 620 m Unterhalb Schloss Hohenaschau rechts auf Teer zur Landstraße. Auf dieser links 800 m weiter. Kurz vor Aschau rechts auf Straße Richtung »Aufham«. Dort rechts auf Straße nach Kohlstatt. Dort bei km 22,2 den Hinweisen »Kohlstatt-Parkplatz« bis zum Waldrand folgen, wo man den Ausgangspunkt erreicht (22,4 / 660 m).

Routenverlauf

Bitte gehen Sie niemals ohne die angegebene topographische Karte auf Tour, und beachten Sie die Hinweise auf den Seiten 8 und 9.

km 0,0 / 660 m (Höhe über NN)
Ab Parkplatz auf Teerweg bergan Richtung »Kampenwand«.

2,4 / 935 m An Wegestern kurz nach Maisalm hart rechts Richtung »Kampenwand«. Nach 800 m an Abzweig weiter geradeaus und dem Hauptweg bergan bis zum Gasthof »Steinling-Alm« folgen.

6,9 / 1450 m Kurz vor Steinling-Alm rechts auf schmalem Weg bergan Richtung »Bergstation«.

7,7 / 1515 m Auf der Kampenhöhe etwas rechts halten und nun bergab bis zum »Münchner Haus«. Dort wieder rechts halten und den Hinweisen »Hofbauern-Alm, Dalsen-Alm« folgen; teils

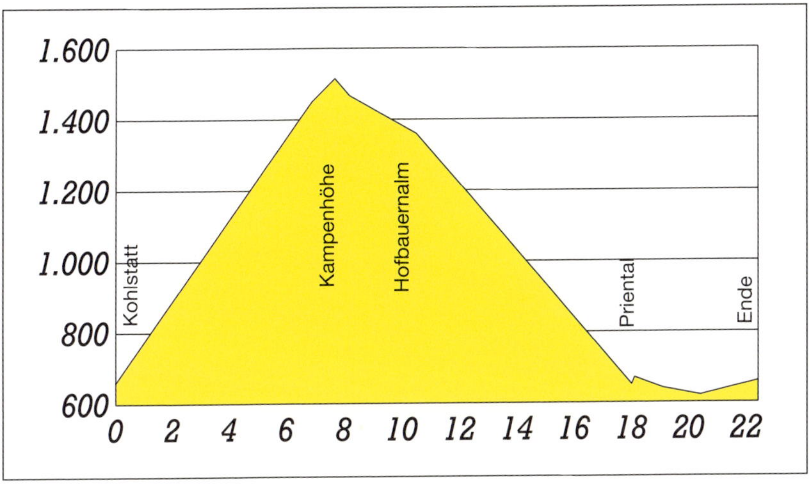
1.600
1.400
1.200
1.000
800
600
0
2
4
6
8
10
12
14
16
18
20
22
Kohlstatt
Kampenhöhe
Hofbauernalm
Priental
Ende

21 Um Hochplatte und Kampenwand

infos

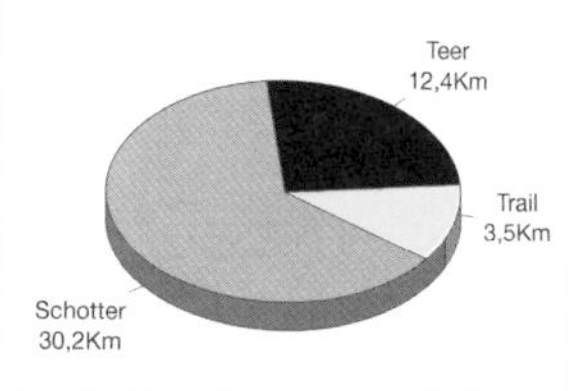

Gesamtstrecke: *46,1 Kilometer.*
Anstiege: *1150 Höhenmeter.*
Schwierigkeit: *mittel.*
Reine Fahrzeit: *3 bis 4 Stunden.*

Karte: *Topographische Karte 1:50.000, Blatt UK L 7 »Chiemsee und Umgebung«, Bayerisches Landesvermessungsamt.*
Anfahrt zum Startplatz: *Die A 8 München-Salzburg über die Abfahrt »Bernau« verlassen und dann auf der B 305 nach Grassau. Dort im Ortszentrum an der Kirche (am Straßenabzweig Richtung Marquartstein) parken und die Tour starten.*
Alternative Startorte: *Marquartstein, Unterwössen, Schleching, Mühlau, Hainbach, Bach, Aschau, Kohlstatt.*
Auskunft: *Verkehrsamt Grassau, Kirchplatz 3, D-83224 Grassau, Tel: 08641/2340, Fax: 08641/400841, E-Mail: verkehrsamt@grassau-info.de, Internet: http://www.grassau-info.de*
Camping: *In Grassau selbst gibt es keinen Platz, dafür aber etwa 7 Kilometer entfernt am Chiemsee – Chiemsee Camping, Rödlgries 1, D-82236 Übersee, Tel: 08642/470, Fax: 08642/1636, oder Chiemsee Süd, Felden, D-83233 Bernau/Chiemsee, Tel: 08051/8704. Außerdem kann man auch auf den Campingplatz Litzelau, Litzelau 4, D-83246 Oberwössen, Tel: 08640/8704, Fax: 08640/5265, Internet: http://www.camping-litzelau.de ausweichen.*
Geführte Touren: *Mountainbike-Tourenfuchs Achim Zahn bietet nicht nur Alpencross- und Korsikatouren an, sondern verleiht auch Bikes in Grassau und führt Gruppen nach Vereinbarung auf Touren durch seine Heimat. Info: Serac Joe, Hochplattenstr. 5, D-83224 Grassau, Tel: 08641/3636.*
Bikeshop: *Den nächsten Shop findet man in Marquartstein – Pro Bike Schuster, Hochlerchstr. 2, D-83250 Marquartstein, Tel: 08641/61067, Fax: 08641/61086.*

Wer gut ohne Massentourismus á la Kampenwand auskommt und in Ruhe biken will, dem sei diese Tour wärmstens empfohlen. Denn hier gibt es keine Tourischaren, die durch Seilbahn motiviert, massenhaft durch das Gelände ziehen. So lässt es sich rund treten, die wunderbare Landschaft genießen und am Ende kommt ein wunderbarer, unvergesslicher Tag auf dem Bergradl dabei heraus.

Routenverlauf

Bitte gehen Sie niemals ohne die angegebene topographische Karte auf Tour, und beachten Sie die Hinweise auf den Seiten 8 und 9.

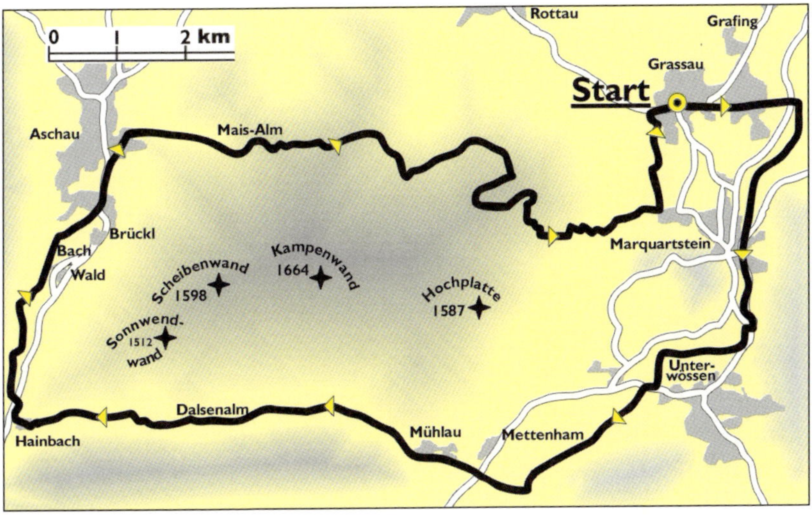

km 0,0 / 538 m (Höhe über NN) Ab Kirche Grassau auf Straße Richtung »Staudach«.

2,0 / 537 m Gleich nach Brücke über Tiroler Ache rechts und auf Radweg am Fluss entlang Richtung »Marquartstein«.

4,7 / 546 m In Marquartstein geradeaus auf Straße Richtung »Unterwössen«.

6,3 / 550 m An Straßen-T etwas rechts, gleich links und wieder auf Radweg an Tiroler Ache entlang flussaufwärts.

8,9 / 560 m Rechts auf Straße über Brücke, danach sofort links und weiter an Tiroler Ache entlang.

12,2/ 565 m An Mündung des Mühlbachs in Tiroler Ache rechts. Ab Bundestraße dann auf Straße geradeaus durch den Ort Mühlau. Dort wiederum geradeaus und durch das Tal des Dalsenbachs auf Hauptweg Richtung »Dalsen-Alm«.

18,2 / 1040 m Ab »Hinterer Dalsen-Alm« links auf Pfad bergan über den Sattel. Dort bergab Richtung »Hainbach« und bald auf breitem Weg durch den Klausgraben bergab.

23,1 / 662 m Landstraße kreuzen, danach rechts auf »Prientalweg« an Prien entlang. 300 m weiter links über Prienbrücke. Danach rechts weiter auf Singletrail Richtung »Bach«.

25,1 / 650 m Geradeaus über Kreuzung. Nach 150 m rechts auf Trail (»Prientalweg«) weiter Richtung »Bach«.

26,2 / 640 m In Bach rechts Brücke queren. 30 m weiter links auf »Jäger-Weg« Richtung »Aschau«. 800 m weiter rechts halten und auf Trail an Waldrand entlang.

27,5 / 620 m Unterhalb Schloss Hohenaschau rechts auf Teer zur Landstraße. Auf dieser links 800 m weiter.

Kurz vor Aschau rechts auf Straße Richtung »Aufham«. Dort rechts auf Straße nach Kohlstatt. Dort bei km 29,3 den Hinweisen »Kohlstatt-Parkplatz« bis zum Waldrand folgen.

29,5 / 660 m Ab Parkplatz auf Teerweg bergan Richtung »Kampenwand«.

31,9 / 935 m An Wegestern geradeaus bergan Richtung »Gasthaus Adersberg«. 500 m weiter an Wege-T links.

33,3 / 1011 m An Maurer-Alm nach links auf Pfad (zunächst schlecht sichtbar) Richtung »Adersberg« abbiegen. 400 m weiter, nach Schranke, geradeaus weiter Richtung »Adersberg«.

34,0 / 940 m An Abzweig Pfad nach links ignorieren und auf Hauptweg nun den Hinweisen »Vorder-Alm« folgen.

35,1 / 860 m Im Rottauer Tal links herum, bald rechts und bergan Richtung »Moier-Alm«.

36,5 / 1010 m An Abzweig nahe Moier-Alm rechts bergan Richtung »Hochplatte«.

38,7 / 1120 m An Kreuzung links Richtung »Marquartstein«. 900 m weiter, nahe dem Gasthof Staffn-Alm, geradeaus auf Hauptweg. 150 m weiter dem Hinweis »Niedernfels« durch Rechtskurve folgen.

41,7 / 725 m Rechts auf Forstweg bergab. Nach 1200 m an Hochplattenlift geradeaus auf Teer durch Niedernfels.

43,7 / 545 m Mitten im Ort links auf Straße (»Radmarkierung«) Richtung »Grassau«.

45,6 / 537 m Rechts auf B 305 zurück zum Ausgangspunkt in Grassau (km 46,1 / 538 m).

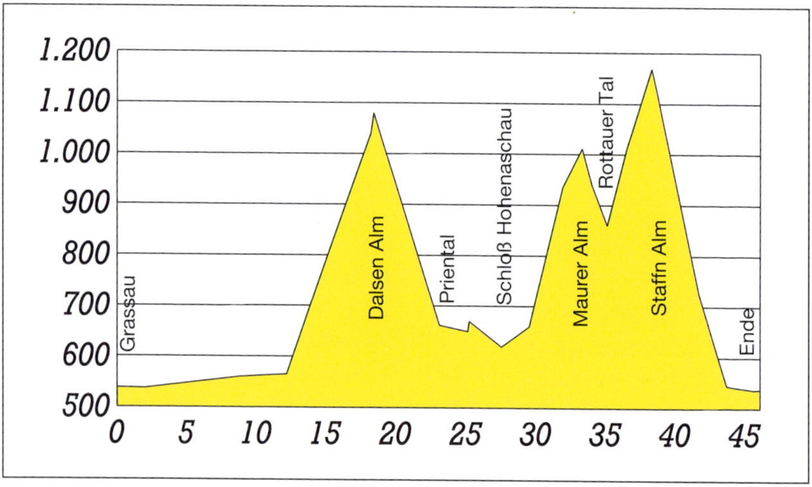

22 Gscheuerwand

infos

Gesamtstrecke: *16,1 Kilometer.*
Anstiege: *560 Höhenmeter.*
Schwierigkeit: *leicht.*
Reine Fahrzeit: *1 bis 2 Stunden.*

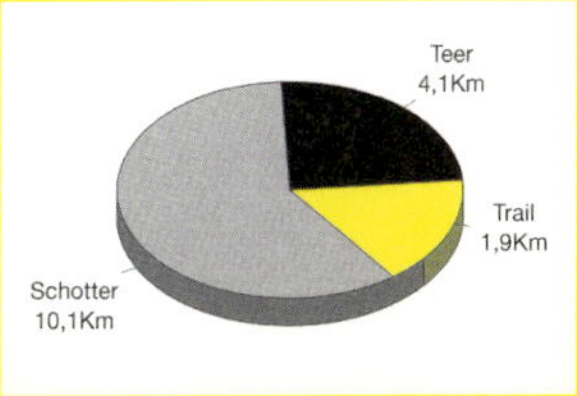

Karte: *Topographische Karte 1:50.000, Blatt UK L 7 »Chiemsee und Umgebung«, Bayerisches Landesvermessungsamt.*
Anfahrt zum Startplatz: *Die A 8 München-Salzburg über die Abfahrt »Bernau« verlassen und dann auf der B 305 über Grassau und Marquartstein nach Unterwössen. Dort am Straßenabzweig Raiten/Reit im Winkl (an der Kirche) diese Tour starten.*
Alternative Startorte: *Raiten, Schleching, Ettenhausen.*
Auskunft: *Tourismusverband Kössen, Dorf 15, A-6345 Koessen/Tirol, Tel: (0043)5375/6287, Fax: (0043)5375/6989, E-Mail: koessen@netway.at, Internet: www.tiscover.com/koessen*
Camping: *Eurocamp Wilder Kaiser, Kranebittau 18, A-6345 Koessen, Tel: (0043)5375/6444, Fax: (0043)5375/2113, E-Mail: info@eurocamp-koessen.com, Internet: http://www.eurocamp-koessen.com – oder aber auch am Ufer des nahen Walchsees (s. Info Tour 5).*
Geführte Touren: *Adventure Club Kaiserwinkl, Friedl Blattner, An der Hüttwirtsbruecke, A-6345 Koessen, Tel + Fax: (0043)5375/2607, E-Mail: adventurekoessen@aon.at*
Bikeshop: *Hilfe in der Not gibt es bei Alfred Leitner (Shell-Tankstelle Koessen), Alleestraße 34, A-6345 Koessen, Tel: (0043)5375/6282.*

Wem die Kössener Standardtour Richtung Raue Nadel (s. Tour 23) ein wenig zu eckig ist, der kann ja erst einmal mit dem Trip zur Gscheuerwand beginnen: Da hält sich nämlich die Höhendifferenz sehr in Grenzen und fordert eher weniger Tribut von den Waden, zeigt aber fahrtechnisch auch mal kurz die Zähne. Genau das Richtige also, um eine kleine MTB-Runde zu erleben.

Routenverlauf

Bitte gehen Sie niemals ohne die angegebene topographische Karte auf Tour, und beachten Sie die Hinweise auf den Seiten 8 und 9.

km 0,0 / 555 m (Höhe über NN)
Ab Kirche zunächst auf Straße Richtung »Raiten«. Nach 1100 m direkt nach Brücke links an Tiroler Ache entlang.
6,7 / 568 m Links auf B 307 Ache wieder queren. Nach 500 m dann links auf Fahrweg Richtung »Achberg«.

8,3 / 695 m An T rechts, nach 200 m hart links und bergan Richtung »Gscheuerwand«.

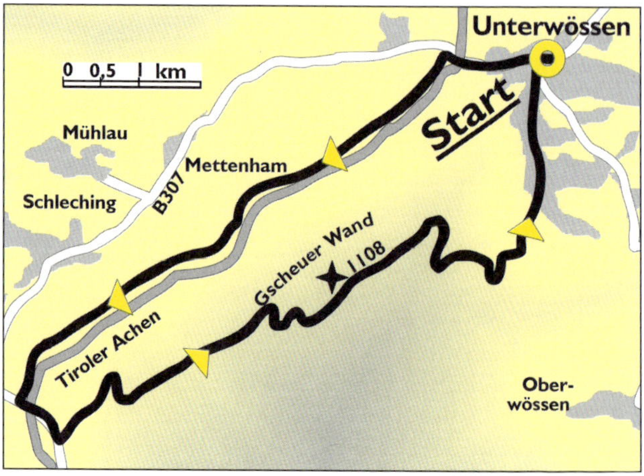

9,2 / 800 m Bei kleinem Steinbruch an Kreuzung etwas nach rechts, Hinweis »Achberg« ignorieren und weiter bergan Richtung »Gscheuerwand«.

10,7 / 1023 m An T links auf breitem Weg weiter bergan.

11,7 / 1106 m Direkt bei der Gscheuerwand an Gabelung links und auf Trail heftig bergab Richtung »Unterwössen«.

12,6 / 880 m An T rechts auf breitem Fahrweg weiter.

13,1 / 800 m An Gabelung links bergab. Nach 1200 m hart links und über »Garbmühle« retour nach Unterwössen. Dort im Ort rechts zurück zum Ausgangspunkt an der Kirche (km 16,1 / 555 m).

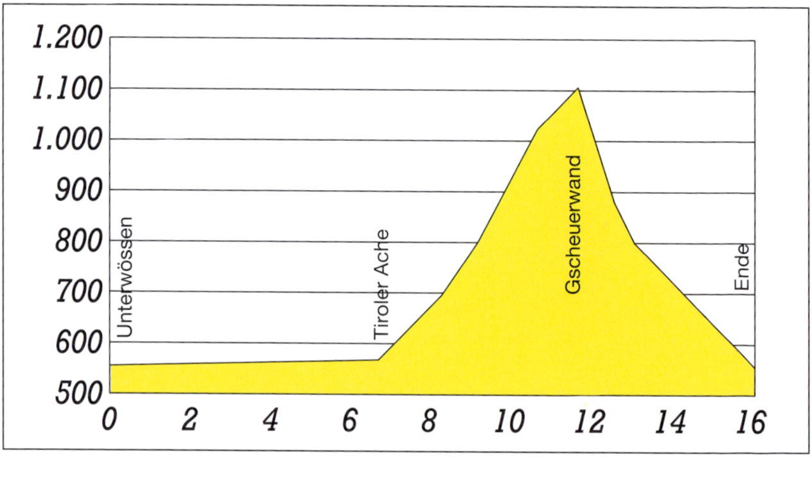

23 Rauhe Nadel

infos

Gesamtstrecke: *21,4 Kilometer.*
Anstiege: *910 Höhenmeter.*
Schwierigkeit: *schwer (nur wegen Passage oberhalb Taubensee).*
Reine Fahrzeit: *2 bis 4 Stunden.*

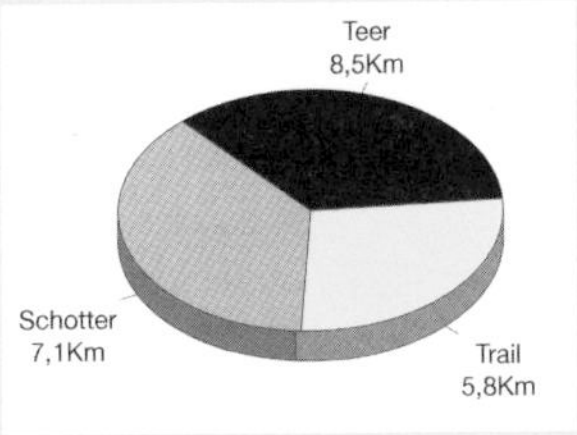

Karte: *Topographische Karte 1:50.000, Blatt UK L 7 »Chiemsee und Umgebung«, Bayerisches Landesvermessungsamt.*
Anfahrt zum Startplatz: *Von der A 8 München-Salzburg am Inntaldreieck auf die A 93 Richtung »Innsbruck« abbiegen. Diese Autobahn über die Abfahrt »Oberaudorf« verlassen, Inn queren und auf der österreichischen B 172 über Niederndorf und Walchsee nach Kössen. Dort am Straßenabzweig B 172/B 176 beim »Bruckwirt« diese Tour starten.*
Alternative Startorte: *Schleching, Ettenhausen.*
Auskunft: *Tourismusverband Kössen, Dorf 15, A-6345 Koessen/Tirol, Tel: (0043)5375/6287, Fax: (0043)5375/6989, E-Mail: koessen@netway.at, Internet: www.tiscover.com/koessen*
Camping: *Eurocamp Wilder Kaiser, Kranebittau 18, A-6345 Koessen, Tel: (0043)5375/6444, Fax: (0043)5375/2113, E-Mail: info@eurocamp-koessen.com, Internet: http://www.eurocamp-koessen.com – oder aber auch am Ufer des nahen Walchsees (s. Info Tour 5).*
Geführte Touren: *Adventure Club Kaiserwinkl, Friedl Blattner, An der Hüttwirtsbruecke, A-6345 Koessen, Tel + Fax: (0043)5375/2607, E-Mail: adventurekoessen@aon.at*
Bikeshop: *Hilfe in der Not gibt es bei Alfred Leitner (Shell-Tankstelle Koessen), Alleestraße 34, A-6345 Koessen, Tel: (0043)5375/6282.*

»Biken und Baden« kann bei dieser Tour sommertags die Devise sein. Vielleicht auch nicht schlecht, denn dieser Turn wartet hier und da schon mal mit knackigen Stellen, wo das Bike geschultert werden muss. Allerdings sorgen badetauglich-laue Lüftchen auch für andere Probleme. Vor allem jene, die rotbesockt in Scharen durch den Wald ziehen oder den Schmugglerweg füllen, der zurück nach Kössen führt. Hier ist also zumindest an Wochenenden ein gerütteltes Maß an Vorsicht und Zurückhaltung vom Bikevolk gefordert, denn: Fußgänger haben Vorrang. Logisch!

Routenverlauf

Bitte gehen Sie niemals ohne die angegebene topographische Karte auf Tour und beachten Sie die Hinweise auf den Seiten 8 und 9.

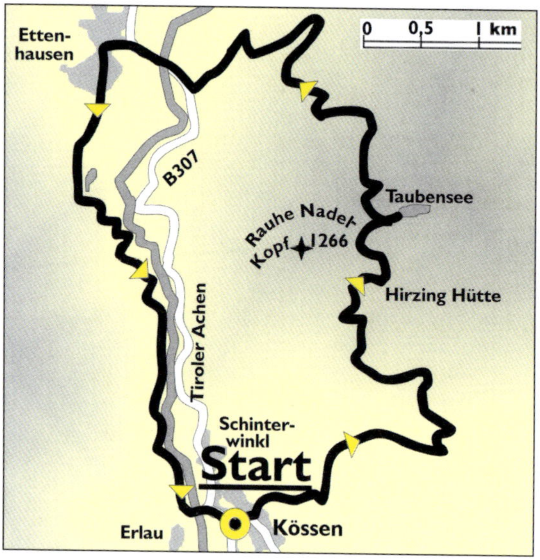

km 0,0 / 589 m (Höhe über NN) Ab Straßenabzweig beim Bruckwirt auf »Alleestr.« Richtung »Schleching«. Nach 200 m rechts auf »Mühlbergweg« Richtung »Taubensee«.

1,1 / 630 m An T links, weiter Richtung »Taubensee« auf Fahrweg.

1,7 / 665 m Am Talbach rechts auf geteertem »Fahrweg Taubensee« weiter.

2,7 / 705 m An Abzweig Talbach verlassen und links bergan Richtung »Taubensee«, weiter dem geteerten Fahrweg folgen.

4,7 / 820 m An Abzweig rechts halten, weiter Hinweisen Richtung »Taubensee« folgen. 150 m weiter links auf Schotter weiter.

6,8 / 1030 m An Hirzinghütte links halten, steil bergan.

7,5 / 1165 m An Wirtshaus »Taubensee« etwas rechts, weiter zum »Taubensee«.

7,7 / 1142 m Am Taubensee für 100 m auf gleichem Weg retour. Dann rechts Richtung »Schleching«. Tour wird nun äußerst kernig, mit Tragepassagen.

9,0 / 1038 m An T auf Fahrweg links.

10,5 / 880 m An Abzweig geradeaus Richtung »Achberg«. 150 m weiter an Gabelung links weiter.

11,5 / 800 m Bei kleinem Steinbruch hart links bergab. 900 m weiter erst rechts, nächste links, weiter bergab.

13,5 / 575 m Rechts auf B 307, bald Brücke über Tiroler Ache passieren. Nach 800 m dann links ab nach »Ettenhausen«.

14,6 / 570 m In Ettenhausen an Straßen-T links. 100 m weiter an Abzweig geradeaus auf »Schmugglerweg« (»KK«).

16,4 / 620 m Nahe Wasserfall Brücke queren, dann rechts auf Trail »Schmugglerweg«, alle Abzweige in der Folge ignorieren.

20,7 / 600 m An T links. 200 m weiter an nächstem T wieder links, (»KK«) verlassen. Anschließend rechts auf Straße durch Kössen zum Ausgangspunkt (km 21,4 / 589 m).

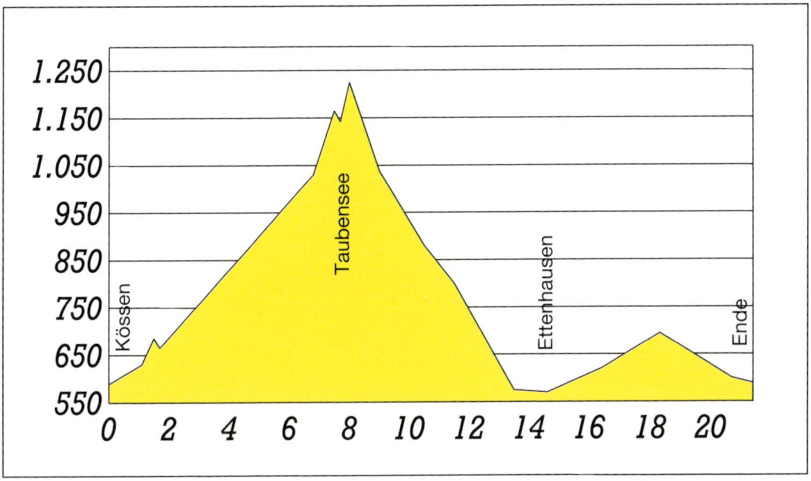
1.250
1.150
1.050
950
850
750
650
550
0
2
4
6
8
10
12
14
16
18
20
Kössen
Taubensee
Ettenhausen
Ende

24 Von Marquartstein um den Hochgern

infos

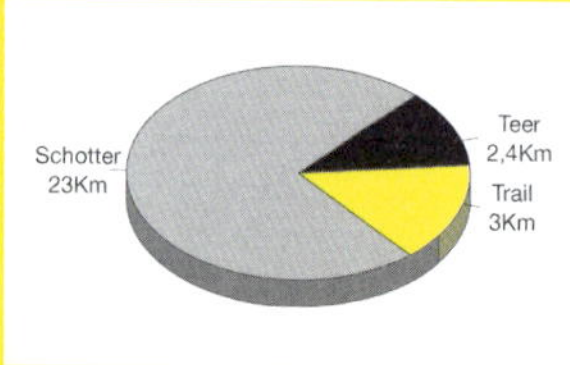

Gesamtstrecke: *28,4 Kilometer.*
Anstiege: *1280 Höhenmeter.*
Schwierigkeit: *mittel.*
Reine Fahrzeit: *2 bis 4 Stunden.*

Karte: *Topographische Karte 1:50.000, Blatt UK L 7 »Chiemsee und Umgebung«, Bayerisches Landesvermessungsamt.*
Anfahrt zum Startplatz: *Die A 8 München-Salzburg über die Abfahrt »Bernau« verlassen und dann auf der B 305 über Grassau nach Marquartstein. Dort kurz vor dem Ortsende links und auf der Brücke über die Tiroler Ache diese Tour starten.*
Alternative Startorte: *Unterwössen.*
Auskunft: *Verkehrsamt Marquartstein, Bahnhofstr. 3, D-83250 Marquartstein, Tel: 08641/8236, Fax: 08641/61701.*
Camping: *Im nahen Oberwössen bietet der Campingplatz Litzelau, Litzelau 4, D-83246 Oberwössen, Tel: 08640/8704, Fax: 08640/5265, Internet: http://www.camping-litzelau.de Stellplätze für Frischluftfanatiker.*
Geführte Touren: *In Grassau bietet Mountainbike-Tourenfuchs Achim Zahn auf Anfrage für Gruppen Trips in die nähere Umgebung an: Serac Joe, Hochplattenstr. 5, D-83224 Grassau, Tel: 08641/3636.*
Bikeshop: *Pro Bike Schuster, Hochlerchstr. 2, D-83250 Marquartstein, Tel: 08641/61067, Fax: 08641/61086.*

Ob man nun auf den Hochgern hinauf möchte oder nicht, das bleibt bei diesem Tourenvorschlag jedem selbst überlassen. Auf jeden Fall sollte auch ein nervendes und eigentlich völlig überflüssiges Verbotsschild für Fahrräder in die jeweiligen Planungen mit einbezogen werden. Aber das ist nicht der eigentliche Grund, warum der Gipfelsturm in diesem Buch nicht beschrieben wird. Denn zum Gipfel gibt es nur einen biketauglichen Weg: Der ist dann nicht nur leicht zu finden, sondern man muss auf gleicher Piste auch wieder bergab. Da reicht für die Planung locker die oben angegebene Karte.

Routenverlauf

Bitte gehen Sie niemals ohne die angegebene topographische Karte auf Tour, und beachten Sie die Hinweise auf den Seiten 8 und 9.

km 0,0 / 540 m (Höhe über NN)

Nach Brücke über Tiroler Ache rechts. 100 m weiter links bergan auf »Burgstr.« und bald auf Teer bis zum letzten Parkplatz folgen.

0,7 / 635 m Links über Parkplatz und nach 50 m rechts auf Schotterweg bergan. 40 m weiter rechts halten und den Hinweisen Richtung »Schnappenberg« folgen.
0,9 / 670 m An T links bergan, nächste wieder links, weiter Richtung »Schnappenberg«.
1,2 / 700 m Geradeaus Richtung »Schnappenberg«. Wenn man sich rechts hält, kann man hier auf breitem Wirtschaftsweg bergan zum Hochgern kurbeln, muss dann aber auf gleichem Weg wieder zurück.
1,4 / 735 m Auf Hauptweg weiter den Hinweisen Richtung »Schnappenberg« folgen. Bei km 1,8 an Abzweig links herum.
4,6 / 1100 m Kurz vor »Schnappenkirche« rechts auf teils verblocktem Trail Richtung »Staudacher-Alm«.
6,1 / 1140 m Auf Forstweg bergab Richtung »Staudach«.
7,8 / 980 m Nach Abfahrt links auf Forstweg bergan Richtung »Vorder-Alm«.
9,3 / 1110 m An Abzweig rechts. 250 m weiter geradeaus Richtung »Bergen«.
10,3 / 1080 m An Abzweig rechts Richtung »Bergen«.
12,0 / 805 m Im Tal der Weißen Ache hart rechts den Hinweisen »Wasserfall«, später »Eschlmoos« folgen.
14,7 / 1090 m Kurz nach Weidegatter an höchstem Punkt links bergab. Nach 300 m nahe der »Eschelmoos-

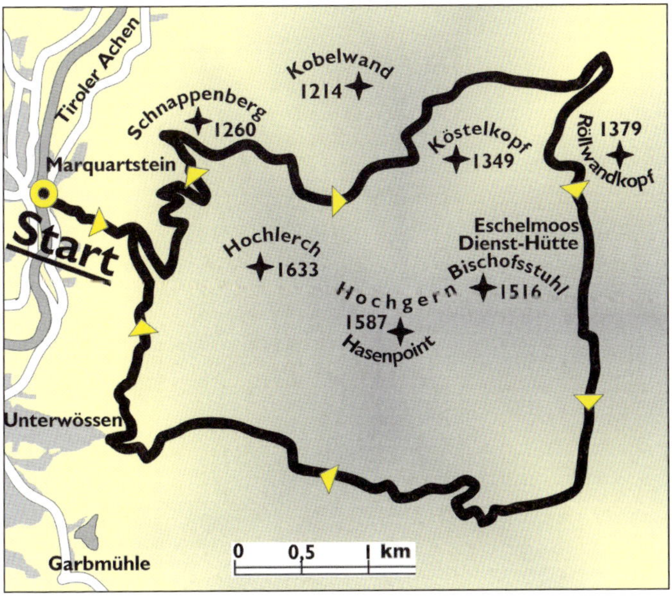

Diensthütte« rechts auf breitem Weg Richtung »Röthelmoos«.

16,4 / 1020 m An Abzweig rechts zunächst bergab.

18,6 / 1090 m An Abzweig geradeaus bergan Richtung »Jochberg-Alm«.

19,7 / 1200 m Am höchsten Punkt des Schotterweges links auf unmarkierten Trail abbiegen.

20,5 / 1270 m Sattel queren. Kurz danach bei der »Jochberg-Alm« Weg kreuzen und auf Trail, später Forstweg Richtung »Unterwössen« durch das »Kaltenbachtal«.

24,9 / 940 m An Abzweig geradeaus Richtung »Marquartstein«.

27,2 / 700 m An Abzweig links halten und an den Parkplätzen entlang bergab nach Marquartstein (km 28,4 / 540 m).

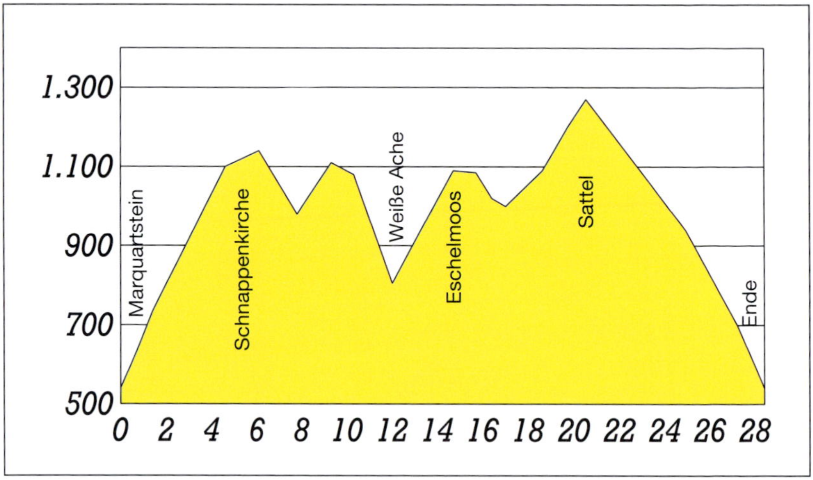

25 Von Reit im Winkl ins Röthelmoos

Gesamtstrecke: *25,1 Kilometer.*
Anstiege: *970 Höhenmeter.*
Schwierigkeit: *leicht.*
Reine Fahrzeit: *1,5 bis 2,5 Stunden.*

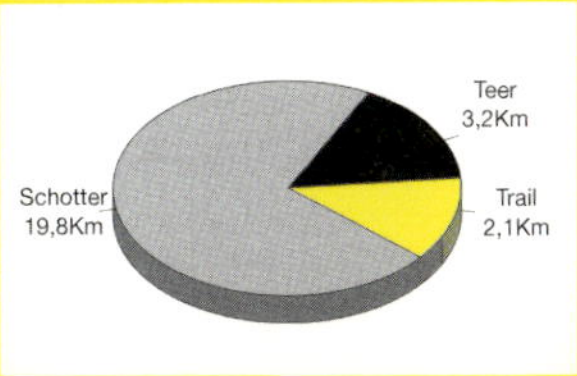

Karte: *Topographische Karte 1:50.000, Blatt UK L 7 »Chiemsee und Umgebung«, Bayerisches Landesvermessungsamt.*
Anfahrt zum Startplatz: *Die A 8 München-Salzburg über die Abfahrt »Bernau« verlassen und dann auf der B 305 über Grassau und Unterwössen bis nahe Reit im Winkl. Kurz vor Abzweig Richtung »Entfeldmühle« auf Parkplatz diese Tour starten.*
Alternative Startorte: *Oberwössen, Birnbach.*
Auskunft: *Verkehrsamt Reit im Winkl, Rathausplatz 1, D-83242 Reit im Winkl, Tel: 08640/80020, Fax: 08640/80029, E-Mail: verkehrsamt@t.online.de, Internet: www reit-im-winkl.de*
Camping: *St. Sebastian am Waldbahnhof, D-83242 Reit im Winkl, Tel: 08640/98210 und Seegatterl, Deutsche Alpenstraße, D-83242 Reit im Winkl, Tel: wie St. Sebastian.*
Geführte Touren: *Sport Mühlberger (s. oben).*
Bikeshop: *Sport Mühlberger, Chiemseestr. 15, D-83242 Reit im Winkl, Tel: 08640/985013, und Sporthaus Trattler, Tirolerstr. 2, D-83242 Reit im Winkl, Tel: 08640/8111.*

Das Hochmoor Röthelmoos, ein Naturschutzgebiet ersten Ranges, bettet sich zwischen die kühnen Felswelten von Gurnwandkopf und Hörndlwand ein. Eine einfach traumhafte, weil auch einmalige Landschaft. Da trifft es sich gut, dass die beschriebene Tour auch Zeit zum Genießen lässt, denn selbst Einsteiger und Biker, die eher selten im Sattel sitzen, werden bei dieser Runde wahrlich nicht überfordert.

Routenverlauf

Bitte gehen Sie niemals ohne die angegebene topographische Karte auf Tour, und beachten Sie die Hinweise auf den Seiten 8 und 9.

km 0,0 / 720 m (Höhe über NN)
Ab Parkplatz zunächst auf B 305 Richtung »Reit im Winkl«. Nach 300 m hart Richtung »Entfeldmühle« und dem Hauptweg nun am Alzbach entlang folgen.
3,2 / 880 m Kurz nach »Jochberg-Diensthütte« geradeaus über Kreuzung Richtung »Weitsee«.
4,8 / 760 m Kurz vor B 305 links halten und auf Trail an Straße entlang. 700 m weiter Abzweig ignorieren, weiter an B 305 entlang.

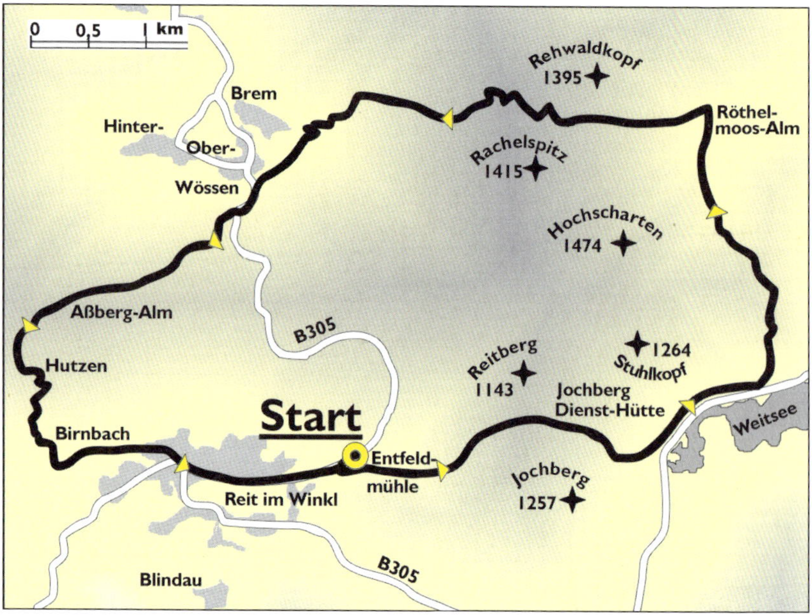

6,0 / 753 m Links ab und am »Großen Wappbach« entlang Richtung »Röthelmoos«.
9,0 / 875 m An Abzweig geradeaus Richtung »Röthelmoos«. Nach 600 m an Kreuzung links Richtung »Jagdhaus, Oberwössen«.
9,6 / 910 m An Gabelung rechts.
11,0 / 1100 m An T links. 600 m weiter an Gabelung nahe Jagdhaus links auf Hauptweg.
11,4 / 1000 m An Gabelung links und auf Hauptweg nun bergab nach »Oberwössen«.
14,7 / 695 m Nach letzter Rechtskehre links ab und auf Waldweg an Bach entlang bergab. 200 m weiter links halten, an Bach bleiben.
15,6 / 650 m Links für 400 Meter auf B 305. Dann links ab und auf Fahrweg Richtung »Aßberg, Birnbach«.
18,7 / 1055 m 300 m nach Aßberghütte links auf Trail Richtung »Hutzen«. Dort bei km 19,3 geradeaus auf Fahrweg weiter Richtung »Birnbach«. Diesem Hauptweg nun bis km 21,3 folgen. Dort an Kreuzung links auf Straße durch Reit im Winkl.
22,8 / 696 m Im Ort links auf B 305 Richtung »Oberwössen« und zum Ausgangspunkt (km 25,1 / 720 m).

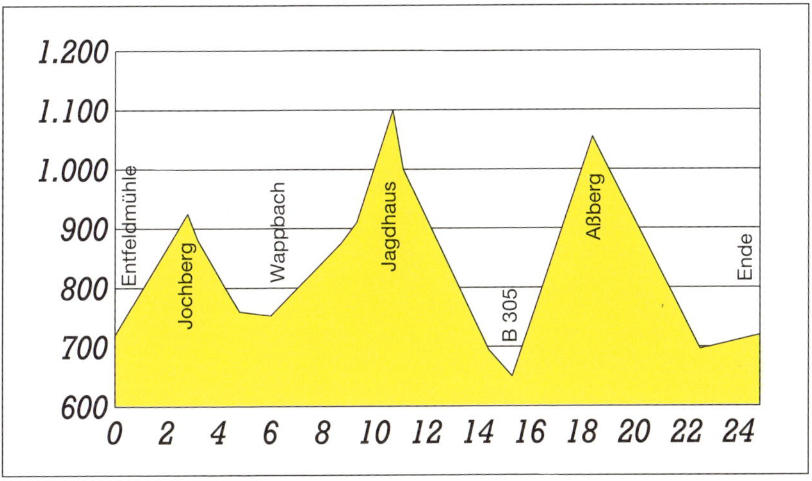
1.200
1.100
1.000
900
800
700
600
0
2
4
6
8
10
12
14
16
18
20
22
24
Entfeldmühle
Jochberg
Wappbach
Jagdhaus
B 305
Aßberg
Ende

26 Rund ums Unterberghorn

infos

Gesamtstrecke: *46,2 Kilometer.*
Anstiege: *900 Höhenmeter.*
Schwierigkeit: *leicht.*
Reine Fahrzeit: *2 bis 4 Stunden.*

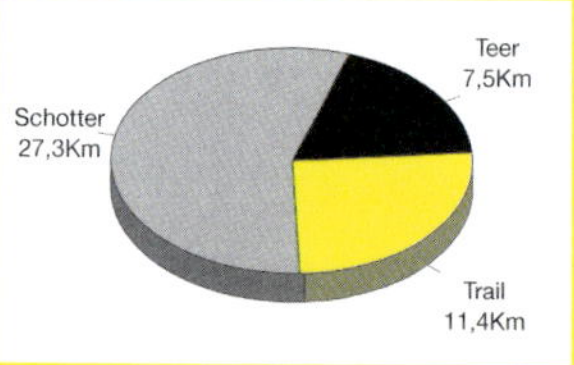

Karte: *Freytag & Berndt 1:50.000, WK 301 »Kaisergebirge«.*
Anfahrt zum Startplatz: *Von der 8 München-Salzburg am Inntaldreieck auf die A 93 Richtung »Innsbruck« abbiegen. Diese Autobahn über die Abfahrt »Oberaudorf« verlassen, Inn queren und auf der österreichischen B 172 über Niederndorf und Walchsee nach Kössen. Dort am Straßenabzweig B 172/ B 176 beim »Bruckwirt« diese Tour starten.*
Alternative Startorte: *Wohlmuting, Erpfendorf, Kirchdorf.*
Auskunft: *Tourismusverband Kössen, Dorf 15, A-6345 Kössen/Tirol, Tel: (0043)5375/6287, Fax: (0043)5375/6989, E-Mail: koessen@netway.at, Internet: www.tiscover.com/koessen*
Camping: *Eurocamp Wilder Kaiser, Kranebittau 18, A-6345 Kössen, Tel: (0043)5375/6444, Fax: (0043)5375/2113, E-Mail: info@eurocamp-koessen.com, Internet: http://www.eurocamp-koessen.com – oder aber auch am Ufer des nahen Walchsees (s. Info Tour 5).*
Geführte Touren: *Adventure Club Kaiserwinkl, Friedl Blattner, An der Hüttwirtsbruecke, A-6345 Kössen, Tel + Fax: (0043)5375/2607, E-Mail: adventurekoessen@aon.at*
Bikeshop: *Hilfe in der Not gibt es bei Alfred Leitner (Shell-Tankstelle Kössen), Alleestraße 34, A-6345 Kössen, Tel: (0043)5375/6282.*

Das ist nun schon die zweite Tour, die wir ab Kössen vorstellen. Nimmt man die Tour Walchsee-Geigelstein (s. Tour 5) noch mit hinzu, dann wird klar, dass man sich hier in einem kleinen, aber wirklich feinen Bikedorado befindet. Was auch die tolle Runde um das Unterberghorn, einem markanten Berg, der dieser Gegend seinen Stempel aufdrückt, ganz sicher unter Beweis stellt.

Routenverlauf

Bitte gehen Sie niemals ohne die angegebene topographische Karte auf Tour, und beachten Sie die Hinweise auf den Seiten 8 und 9.

km 0,0 / 589 m (Höhe über NN)
Ab Straßenabzweig beim »Bruckwirt« auf B 172 Richtung »Reit im Winkl«, »Alleestr.« Richtung »Schleching«. Nach 900 m an Straßenkreuzung bei »Hüttwirt« links auf »Unterbergstr.«

1,5 / 607 m An Straßengabelung links. 400 m weiter, kurz nach Talstation der Unterberghornbahn an Kreuzung links, bald auf Schotterweg an Großache entlang.
7,3 / 611 m Vor Landstraße rechts auf Fahrweg Richtung »Wohlmuting«.
9,4 / 617 m In Wohlmuting an Gabelung links, nächste rechts auf Straße durch den Ort. Nach insgesamt 400 m links. Vor Brücke über Großache dann rechts und auf Dammweg bis nach »Kirchdorf«.
17,9 / 642 m In Kirchdorf rechts zur Kirche. Dort links, an Touristinformation (Start von Tour 6, 7 und 8) entlang und auf Straße Richtung »St. Johann«. Bei km 18,6, vor kleiner Bachbrücke 90° rechts und auf Singletrail am Bach entlang Richtung »Gasteig«. 200 m weiter an Abzweig geradeaus weiter auf Damm am Bach entlang, Grastrail.
19,3 / 652 m Links über Holzbrücke, dann an Gabelung geradeaus auf Teer Richtung »Gasteig«. 200 m weiter am Ortsrand von Kirchdorf rechts, Brücke queren, sofort links und auf schmalem Singletrail »Forstmeile« an Bächlein entlang bergan.

21,1 / 730 m Geradeaus auf Straße weiter. Nach 100 m an Straßen-T rechts auf »Schwendter Str.«, bald am »Club Wildbach« (Radverleih) entlang.
22,7 / 744 m Rechts auf Teerweg Richtung »Hinterberg«. Nach 300 m links halten und auf Singletrail Richtung »Altmühl«.
24,0 / 732 m An Wege-T rechts Richtung »Altmühl« (»5«) bergan. 300 m weiter rechts auf breitem Schotterweg »Sandeltalsstr.« weiter bergan.

28,5 / 1156 m An Gabelung rechts Richtung »Sprißler-Alm« auf breitem Schotterweg weiter bergan. Nach 900 m (»5«) ignorieren und auf Hauptweg weiter bergan. Bei km 30,3 rechts weiter Richtung »Schnappen-Alm«.

31,2 / 1200 m An Abzweig links Richtung »Schnappen-Alm«.

34,8 / 1439 m An »Oberer Schnappen-Alm« rechts halten und dem markierten Weg (teils Schiebestrecke) Richtung »Lack-Alm« folgen.

36,0 / 1336 m An der »Lack-Alm« links auf Fahrweg durch das Niederhausertal bergab.

43,7 / 670 m Am Gasthaus »Lucknerhof« rechts halten und auf Fahrstraße geradeaus nach Kössen. Dort links auf B 172 zurück zum Ausgangspunkt (km 46,2 / 589 m).

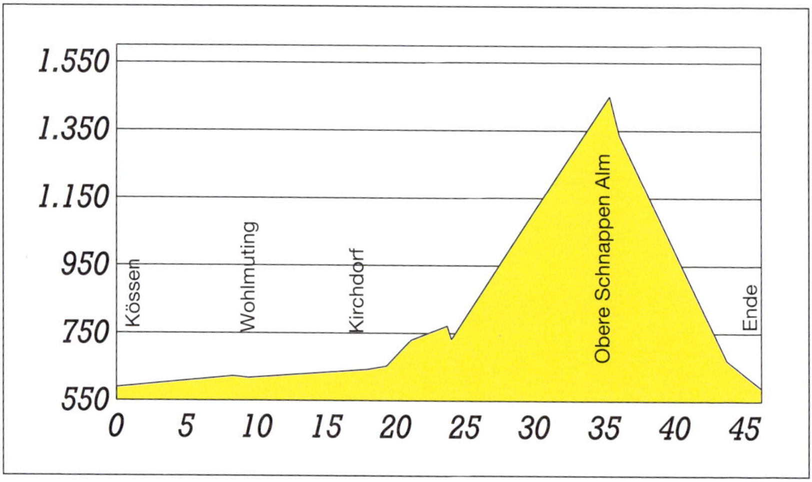

27 Von Bergen um Hochgern und Hochfelln

infos

Gesamtstrecke: *50,6 Kilometer.*
Anstiege: *1950 Höhenmeter.*
Schwierigkeit: *schwer.*
Reine Fahrzeit: *3,5 bis 6 Stunden.*

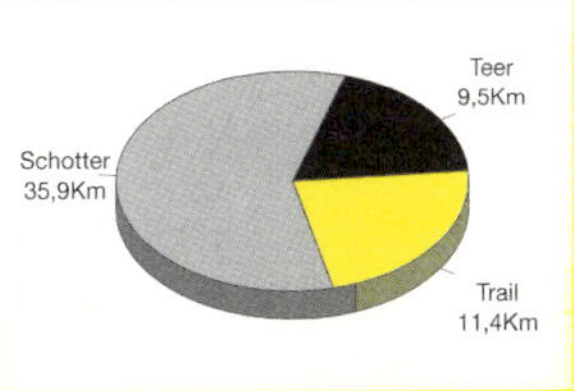

Karte: *Topographische Karte 1:50.000, Blatt UK L 7 »Chiemsee und Umgebung«, Bayerisches Landesvermessungsamt.*
Anfahrt zum Startplatz: *Von der A 8 München-Salzburg über die Abfahrt »Bergen« nach Bergen. Dort auf dem Parkplatz der Hochfelln-Seilbahn diese Tour starten.*
Alternative Startorte: *Ruhpolding, Brand, Gruttau, Urschlau, Unterwössen, Marquartstein.*
Auskunft: *Verkehrsamt Bergen, Raiffeisenplatz 4, D-83346 Bergen/Chiemgau, Tel: 08662/8321, Fax: 08662/5855.*
Camping: *Wagnerhof, Campingstr. 11, D-83346 Bergen, Tel: 8557, Fax: 5924, E-Mail: info@camping-bergen.de*
Geführte Touren: *Einige Kilometer entfernt in Grassau bietet Mountainbike-Tourenfuchs Achim Zahn auf Anfrage für Gruppen Trips in die nähere Umgebung an: Serac Joe, Hochplattenstr. 5, D-83224 Grassau, Tel: 08641/3636.*
Bikeshop: *Sporthaus Achental Grassau, 9 Kilometer, oder im nahen Siegsdorf, Ski & Sport Treff Reichenhaller Str. 1, D-83313 Siegsdorf, Tel: 08662/2616, Fax: 08662/2783. Auch in Marquartstein bei Pro Bike Schuster, Hochlerchstr. 2, D-83250 Marquartstein, Tel: 08641/61067, Fax: 08641/61086, gibt es alles rund ums Bike und auch kompetente Hilfe.*

Ganz schön heftig, was hier im Folgenden als Tour beschrieben wird. Dabei geht es noch nicht einmal auf einen Gipfel hinauf. Aber bei dieser traumhaften Umrundung von Hochgern und Hochfelln geht es ständig up and down. Kaum hat man ein paar Höhenmeter erstrampelt, wartet auch schon wieder ein Downhill und lässt so kaum einen runden Tritt aufkommen. Wer mit diesen ständigen Rhythmuswechseln klar kommt – vielleicht auch dadurch, dass man es ruhig angehen lässt – erlebt eine der schönsten Runden, die das Chiemgau zu bieten hat.

Routenverlauf

Bitte gehen Sie niemals ohne die angegebene topographische Karte auf Tour, und beachten Sie die Hinweise auf den Seiten 8 und 9.

km 0,0 / 588 m (Höhe über NN)

Ab Talstation der Seilbahn geradeaus

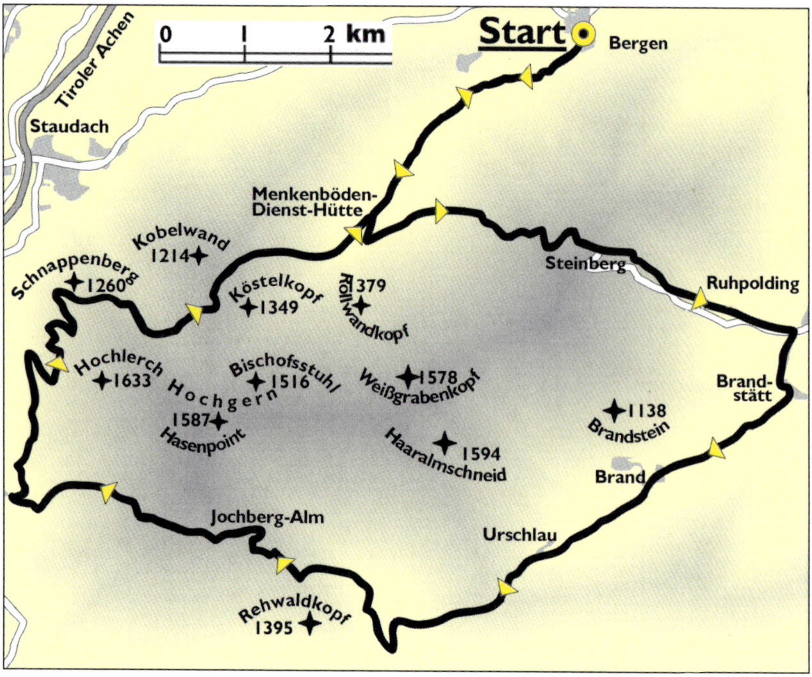

auf Fahrweg durch das Tal der Weißen Ache.

4,4 / 745 m An der Menkenböden-Diensthütte an Kreuzung links bergan Richtung »Hochfelln«.

5,2 / 850 m An Gabelung unter Materialseilbahn rechts weiter Richtung »Hochfelln«.

8,0 / 940 m 200 m nach Unterquerung der Seilbahntrasse Hochfelln an Gabelung rechts halten. 200 m weiter an nächster Gabelung wieder rechts, weiter Richtung »Hochfelln«.

8,8 / 1030 m An Angabelung hart links Richtung »Ruhpolding« – geradeaus bietet sich Abstecher Richtung Gasthof »Bründling-Alm« an; s. Tour 29.

9,8 / 1035 m Nach Auffahrt an Gabelung rechts weiter Richtung »Steinberg«. Dort nach 500 m rechts halten und auf Trail Richtung »Ruhpolding«.

10,7 / 900 m An Abzweig rechts weiter.

11,7 / 760 m Geradeaus auf Fahrstraße weiter.

13,6 / 680 m An Straßenkreuzung rechts Richtung »Brandstätt«. Dort bei km 14,7 an Abzweig rechts an Bach entlang Richtung »Brand«.

17,4 / 719 m In Brand geradeaus weiter Richtung »Urschlau«.

19,7 / 770 m In Urschlau geradeaus an Parkplatz entlang und auf Teerweg Richtung »Röthelmoos«.

21,2 / 799 m Teerweg zu Ende. Nun an Gabelung links dem Hinweis »Röthelmoos« folgen.

22,8 / 970 m Kurz vor dem Röthel-

moos an Gabelung bei Hütte hart rechts bergan Richtung »Jochberg«.
25,8 / 1090 m An T links bergan, weiter Richtung »Jochberg«.
26,9 / 1200 m Am höchsten Punkt des Schotterweges links auf unmarkierten Trail abbiegen.
27,7 / 1270 m Sattel queren. Kurz danach bei »Jochberg-Alm« Weg kreuzen und auf Trail, später Forstweg Richtung »Unterwössen« durch das »Kaltenbachtal«.
32,1 / 940 m An Abzweig geradeaus Richtung »Marquartstein«.
34,4 / 700 m An Gabelung rechts den Hinweisen Richtung »Schnappenberg« folgen. Nach 500 m in Rechtskehre links halten, weiter Richtung »Schnappenberg« – rechts bietet sich Abstecher zum Hochgern an.
35,1 / 735 m Auf Hauptweg weiter den Hinweisen Richtung »Schnappenberg« folgen. Bei km 35,5 an Abzweig links herum.
38,3 / 1100 m Kurz vor »Schnappenkirche« rechts auf teils verblocktem Trail Richtung »Staudacher-Alm«.
39,8 / 1140 m Auf Forstweg bergab Richtung »Staudach«.
41,5 / 980 m Nach Abfahrt links auf Forstweg bergan Richtung »Vorder-Alm«.
43,0 / 1110 m An Abzweig rechts. 250 m weiter geradeaus Richtung »Bergen«.
44,0 / 1080 m An Abzweig rechts Richtung »Bergen«.
45,7 / 805 m Links durchs Tal der Weißen Ache retour zum Ausgangspunkt (km 50,6 / 588 m).

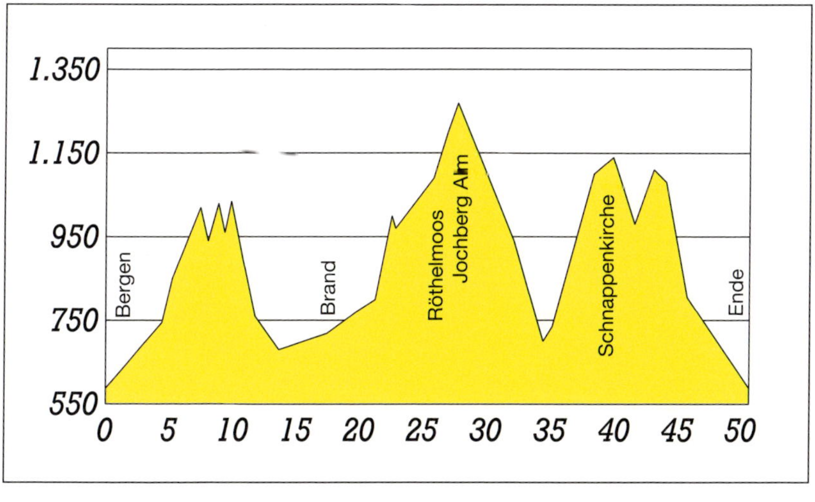

28 Von Reit im Winkl zur Steinplatte

Gesamtstrecke: *41,6 Kilometer.*
Anstiege: *1550 Höhenmeter.*
Schwierigkeit: *schwer.*
Reine Fahrzeit: *3 bis 5 Stunden.*

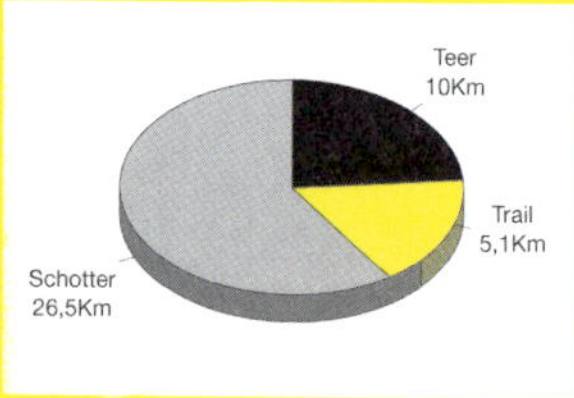

Karte: *Topographische Karte 1:50.000, Blatt UK L 7 »Chiemsee und Umgebung«, Bayerisches Landesvermessungsamt.*
Anfahrt zum Startplatz: *Die A 8 München-Salzburg über die Abfahrt »Bernau« verlassen und dann auf der B 305 über Grassau und Unterwössen bis nach Reit im Winkl. Die Tour startet mitten im Ort am Straßenabzweig von der B 305 Richtung »Kössen« (Kirche).*
Alternative Startorte: *Blindau, Seegatterl, Winklmoos-Alm.*
Auskunft: *Verkehrsamt Reit im Winkl, Rathausplatz 1, D-83242 Reit im Winkl, Tel: 08640/80020, Fax: 08640/80029, E-Mail: verkehrsamt@t.online.de, Internet: www reit-im-winkl.de*
Camping: *St. Sebastian am Waldbahnhof, D-83242 Reit im Winkl, Tel: 08640/98210, und Seegatterl, Deutsche Alpenstraße, D-83242 Reit im Winkl, Tel: wie St. Sebastian.*
Geführte Touren: *Sport Mühlberger (s. oben).*
Bikeshop: *Sport Mühlberger, Chiemseestr. 15, D-83242 Reit im Winkl, Tel: 08640/985013, und Sporthaus Trattler, Tirolerstr. 2, D-83242 Reit im Winkl, Tel: 08640/8111.*

Durchhalteparolen helfen nicht: Saft in den Waden ist gefragt. Und ein gutes Gefühl für das Hinterrad. Denn der Gipfelsturm auf die letztlich 1869 Meter hohe Steinplatte hat es so richtig in sich. Wer einmal aus dem Tritt kommt, wird kaum eine Chance haben, das Bike bergan wieder per Kurbeln in Bewegung zu setzen. Zu steil der Weg, zu schlecht die Traktion, Probleme, die sich bei Nässe dann auch noch potenzieren, aber schon wegen der grandiosen Rundumsicht vom Gipfel schnell wieder vergessen sind. Wenn nur der Downhill auf gleichem Stück nicht immer wieder die Felgen oder Bremsscheiben zum Glühen bringen würde.

Routenverlauf

Bitte gehen Sie niemals ohne die angegebene topographische Karte auf Tour, und beachten Sie die Hinweise auf den Seiten 8 und 9.

km 0,0 / 696 m (Höhe über NN)
Ab der Kirche in Reit im Winkl zunächst auf der B 305 bzw. Radweg Richtung »Ruhpolding«.
1,2/ 675 m Von B 305 rechts auf Straße, bald durch Blindau. Bei km 1,7

links halten. 600 m weiter, mitten im Örtchen, links ab und auf geteertem Fahrweg bergan Richtung »Hindenburg-Haus«.

5,4 / 1205 m An Kreuzung nahe Gasthof »Hindenburg-Haus« rechts und der Forststraße Richtung »Eggen-Alm« folgen.

7,1 / 1200 m An Gabelung rechts weiter Richtung »Straubinger Haus«.

9,9 / 1560 m Kurz nach »Straubinger Haus« links bergan Richtung »Fellhorn«. Etwas weiter, oberhalb der Almhütten, rechts und nun den Hinweisen »Steinplatte« folgen.

10,6 / 1590 m Rechts an Hütte entlang und auf teils unfahrbarer Strecke weiter den Hinweisen »Steinplatte« folgen.

13,6 / 1520 m An Rechtsabzweig geradeaus auf Singletrail. Nach knapp 200 m an Abzweig links bergab Richtung »Steinplatte«.

15,0 / 1560 m An »Durchkaser-Alm« erst rechts auf flacherem Weg halten. 100 m weiter rechts an neuem Almge-

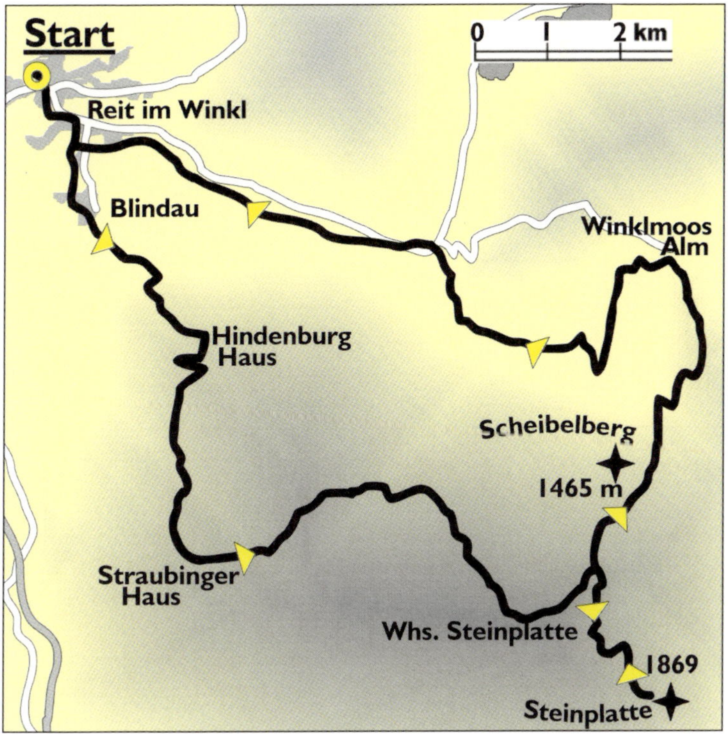

bäude entlang, weiter Hinweisen Richtung »Steinplatte« folgen.

16,8 / 1370 m An »Gasthof Steinplatte« geradeaus dem Hinweis »Kammerköhr« folgen. 600 m weiter an »Stallen-Alm« links weiter.

18,0 / 1490 m Am so genannten »Dreiländereck« an Abzweig rechts zum Gasthof »Kammerköhr-Alm«. Kurz danach bei km 19,8 rechts Richtung »Steinplatte«.

21,1 / 1830 m Kurz unter Steinplattengipfel zunächst auf gleichem Weg retour bis zum »Dreiländereck« (Auffahrtskilometer 18,0).

24,2 / 1490 m Am »Dreiländereck« nun rechts den Hinweisen Richtung »Winklmoos-Alm« folgen.

24,9 / 1450 m An Landesgrenze rechts Richtung »Möser-Alm«.

26,8 / 1300 m Wieder kurz vor Landesgrenze hart rechts, weiter Richtung »Winklmoos-Alm«.

28,3 / 1155 m An Kreuzung bei »Muckklause« links weiter Richtung »Winklmoos-Alm«.

29,3 / 1145 m Nahe der »Winklmoos-Alm« erst geradeaus, nächste links. Bei km 31,6 dann rechts halten. 500 m weiter dann links und durch das Tal des Schwarzlofergrabens bergab.

35,2 / 764 m Kurz vor der B 305 am Parkplatz »Seegatterl« links auf markiertem Radweg Richtung »Reit im Winkl«.

40,4 / 675 m Kurz nach Campingplatz rechts zur B 305. Bald links auf Radweg bzw. B 305 retour zum Ausgangspunkt an der Kirche in Reit im Winkl (km 41,6 / 696 m).

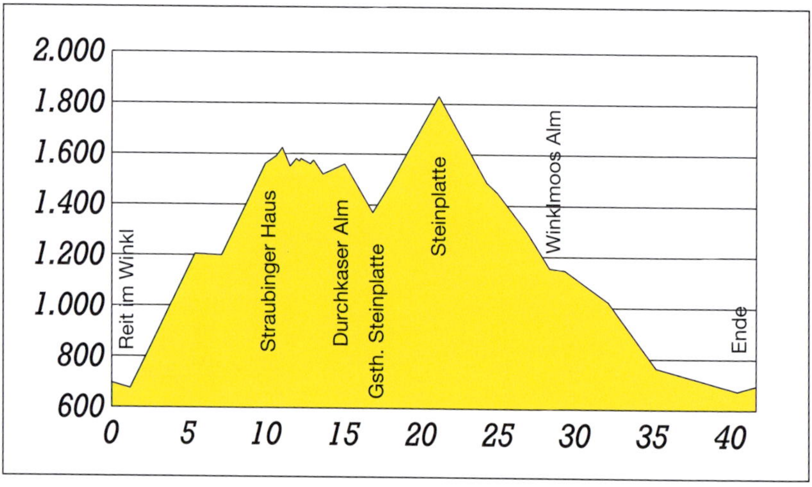

29 Von Ruhpolding um den Hochfelln

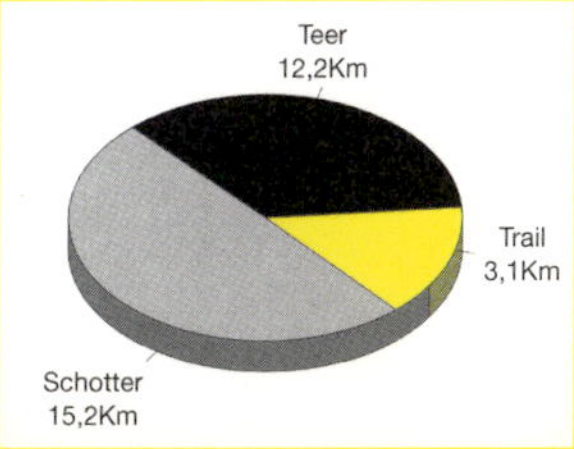

infos

Gesamtstrecke: *30,5 Kilometer.*
Anstiege: *1000 Höhenmeter.*
Schwierigkeit: *mittel.*
Reine Fahrzeit: *1,5 bis 3 Stunden.*

Karte: *Topographische Karte 1:50.000, Blatt UK L 7 »Chiemsee und Umgebung«, Bayerisches Landesvermessungsamt.*
Anfahrt zum Startplatz: *Die A 8 München-Salzburg über die Abfahrt »Siegsdorf« verlassen. Dann zunächst Richtung »Inzell«. Bald aber nach Richtung »Ruhpolding, Reit im Winkl« abbiegen und über Eisenärzt nach Ruhpolding. Dort am Bahnhof diese Tour starten.*
Alternative Startorte: *Bergen über Tal der Weißen Ache, Brand, Gruttau, Urschlau.*
Auskunft: *Kurverwaltung Ruhpolding, Hauptstr. 60, D-83324 Ruhpolding, Tel: 08663/88060, Fax: 08663/880620, E-Mail: tourismus@ruhpolding.btl.de, Internet: http://www.ruhpolding.de*
Camping: *Camping Ortnerhof, Ort 5, D-83324 Ruhpolding, Tel: 08663/1764, Fax: 08663/5073, E-Mail: camping-ortnerhof@t-online.de, Internet: www.ruhpolding.de./camping*
Geführte Touren: *Auf Anfrage bei der Kurverwaltung Ruhpolding (s. oben).*
Bikeshop: *Radl Sepp, St. Valentin 19, D-83324 Ruhpolding, Tel: 08663/5607; Ingo Schmucker, Grashofstr. 16, D-83324 Ruhpolding, Tel: 08663/2227; Radverleih Schneller, Johannesbrücke, D-83324 Ruhpolding, Tel: 08663/80088; Fahrrad Wagner, Hauptstr. 47, D-83324 Ruhpolding, Tel: 08663/9736, Fax: 08663/1494.*

Wem Tour 27 auf den ersten oder auch zweiten Blick etwas zu heftig für den Anfang erscheint, der kann bei dieser kleineren Variante erst einmal einen Konditionscheck durchführen. Aber rund 1000 Höhenmeter kommen dabei immer noch ins Wadl. Alles kein Problem, wenn man sich genug Zeit nimmt und die Auffahrten relaxed angeht. Dann ist es nämlich wie immer: Man hat auch noch Zeit, die teils atemberaubende Landschaft zu genießen.

Routenverlauf

Bitte gehen Sie niemals ohne die angegebene topographische Karte auf Tour, und beachten Sie die Hinweise auf den Seiten 8 und 9.

km 0,0 / 620 m (Höhe über NN)

Ab Bahnhof zunächst auf Straße durch Ruhpolding Richtung »Reit im Winkl«. Nach 200 m rechts auf Straße Richtung »Brandstätt«. Bei km 1,5 an T auf Straße links an Bach entlang.

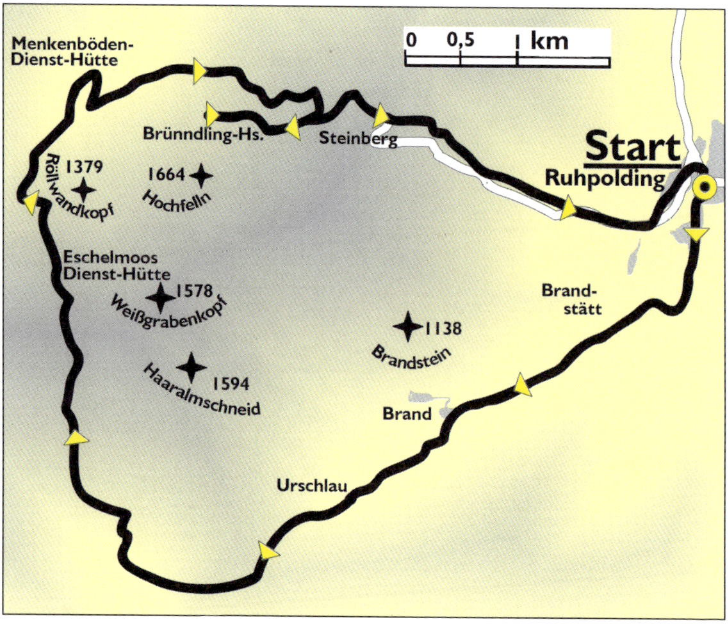

1,8 / 680 m An Straßengabelung rechts, weiter an Bach entlang. Nach 500 m im Weiler an Gabelung links, weiter an Bach entlang Richtung »Brand«.

5,0 / 719 m In Brand geradeaus weiter Richtung »Urschlau«.

7,3 / 770 m In Urschlau geradeaus an Parkplatz entlang und auf Teerweg Richtung »Röthelmoos«.

8,8 / 799 m Teerweg zu Ende. Nun an Gabelung rechts weiter Richtung »Eschelmoos«.

10,5 / 945 m An Gabelung links Richtung »Längau«. Anschließend den Hinweisen Richtung »Eschelmoos« weiter folgen.

12,6 / 990 m An Gabelung bei Hütte rechts. Nach Bachbrücke dann links weiter Richtung »Eschelmoos«. 500 m weiter an Abzweig geradeaus dem Hauptweg durch Linkskurve folgen.

14,1 / 1080 m Nahe der »Eschelmoos-Diensthütte« an Kreuzung geradeaus Richtung »Hinter-Alm«. 350 m weiter rechts auf holprigem Weg bergab ins Tal der »Weißen Ache«.

17,4 / 745 m An der Menkenböden-Diensthütte hart rechts, fast entgegengesetzt bergan Richtung »Hochfelln«.

18,2 / 850 m An Gabelung unter Materialseilbahn rechts weiter Richtung »Hochfelln«.

21,0 / 940 m 200 m nach Unterquerung der Seilbahntrasse Hochfelln an Gabelung rechts halten. 200 m weiter an nächster Gabelung wieder rechts, weiter Richtung »Hochfelln«.

21,8 / 1030 m An Angabelung geradeaus bergan Richtung »Bründling-Alm«. Nach 300 m links halten.

23,0 / 1160 m Am Gasthaus »Bründling-Alm« retour und auf gleicher Strecke zunächst zurück bis Auffahrtskilometer 21,8. Dort an Gabelung rechts Richtung »Ruhpolding« halten.

25,2 / 1035 m Nach Auffahrt an Gabelung rechts weiter Richtung »Steinberg«. Dort nach 500 m rechts halten und auf Trail Richtung »Ruhpolding«.

26,1 / 900 m An Abzweig rechts weiter.

27,1 / 760 m Geradeaus auf Fahrstraße weiter.

29,0 / 680 m An Straßenkreuzung links nach Ruhpolding. Dort unterhalb der Kirche rechts zurück zum Ausgangspunkt am Bahnhof (km 30,5 / 620 m).

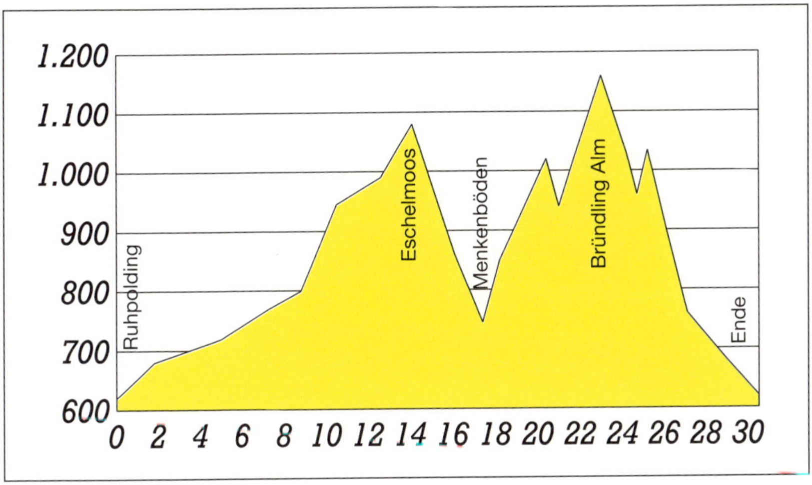

30 Rund um den Gurnwaldkopf

infos

Gesamtstrecke: *29,9 Kilometer.*
Anstiege: *300 Höhenmeter.*
Schwierigkeit: *sehr leicht.*
Reine Fahrzeit: *1,5 bis 3 Stunden.*

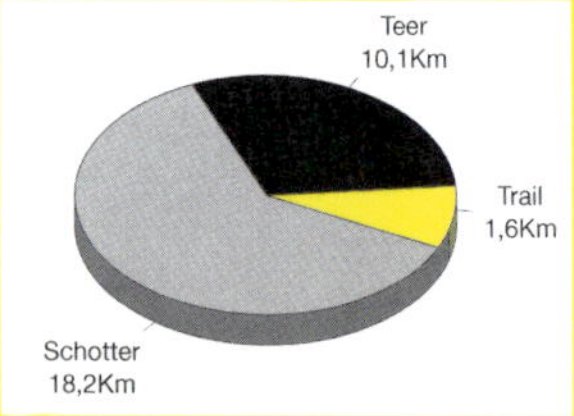

Karte: *Topographische Karte 1:50.000, Blatt UK L 7 »Chiemsee und Umgebung«, Bayerisches Landesvermessungsamt.*
Anfahrt zum Startplatz: *Die A 8 München-Salzburg über die Abfahrt »Siegsdorf« verlassen. Dann zunächst Richtung »Inzell«. Bald aber in Richtung »Ruhpolding, Reit im Winkl« abbiegen und über Eisenärzt nach Ruhpolding. Dort am Bahnhof diese Tour starten.*
Auskunft: *Kurverwaltung Ruhpolding, Hauptstr. 60, D-83324 Ruhpolding, Tel: 08663/88060, Fax: 08663/880620, E-Mail: tourismus@ruhpolding.btl.de, Internet: http://www.ruhpolding.de*
Camping: *Camping Ortnerhof, Ort 5, D-83324 Ruhpolding, Tel: 08663/1764, Fax: 08663/5073, E-Mail: camping-ortnerhof@t-online.de, Internet: www.ruhpolding.de./camping*
Geführte Touren: *Auf Anfrage bei der Kurverwaltung Ruhpolding (s. oben).*
Bikeshop: *Radl Sepp, St. Valentin 19, D-83324 Ruhpolding, Tel: 08663/5607; Ingo Schmucker, Grashofstr. 16, D-83324 Ruhpolding, Tel: 08663/2227; Radverleih Schneller, Johannesbrücke, D-83324 Ruhpolding, Tel: 08663/80088; Fahrrad Wagner, Hauptstr. 47, D-83324 Ruhpolding, Tel: 08663/9736, Fax: 08663/1494.*

Es ist schon ein herrliches Fleckchen Erde, das sich da zwischen Reit im Winkl und Ruhpolding ausbreitet. Sanfte Hügel bestimmen hier das Bild im Vordergrund. Dahinter erheben sich steile Felswände, die nie vergessen lassen, dass man sich immer noch mitten in den Chiemgauer Alpen befindet. Aber so ist diese wunderschöne Gegend: Mal sanft, mal schroff, genau, wie die Traumtouren in diesem Buch, wobei diese Schnupperrunde absolut zum leichten Kaliber gehört.

Routenverlauf

Bitte gehen Sie niemals ohne die angegebene topographische Karte auf Tour, und beachten Sie die Hinweise auf den Seiten 8 und 9.

km 0,0 / 620 m (Höhe über NN)

Wie bei Tour 29 ab dem Bahnhof zunächst auf Straße durch Ruhpolding Richtung »Reit im Winkl«. Nach 200 m rechts auf Straße Richtung »Brandstätt«. Bei km 1,5 an T auf Straße links am Bach entlang.

1,8 / 680 m An Straßengabelung rechts, weiter am Bach entlang. Nach 500 m im Weiler an Gabelung links, weiter am Bach entlang Richtung »Brand«.
5,0 / 719 m In Brand geradeaus weiter Richtung »Urschlau«.
7,3 / 770 m In Urschlau geradeaus an Parkplatz entlang und auf Teerweg Richtung »Röthelmoos«.
8,8 / 799 m Teerweg zu Ende. Nun an Gabelung Tourverlauf 29 verlassen und links per Bachbrücke weiter Richtung »Röthelmoos«.
10,5 / 875 m Geradeaus durch das Hochmoor Röthelmoos. Anschließend durch das Tal des Großen Wappbach bis zum Weitsee. In diesem Bereich alle Abzweige ignorieren.
14,0 / 753 m Am Weitsee links an

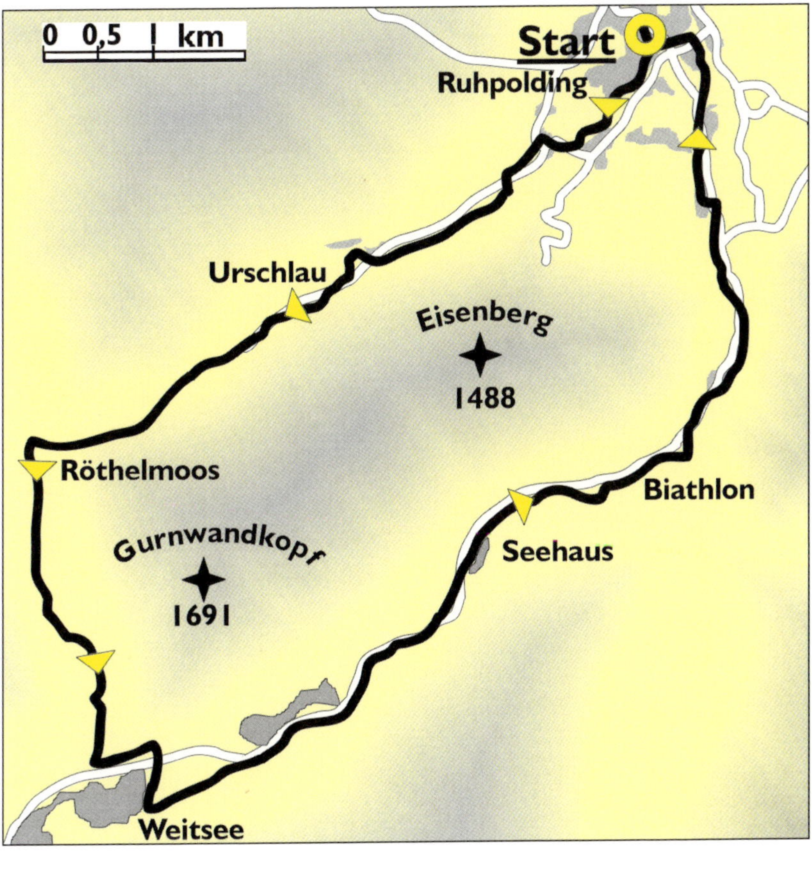

B 305 entlang Richtung »Mittersee«.
14,9 / 751 m An Busstopp B 305 queren und am Ostende des Weitsees entlang. Nach 900 m dann links und auf »Chiemgauer Radweg« nun stets den Hinweisen Richtung »Ruhpolding« folgen.
21,0 / 740 m Nach dem Förchensee links B 305 unterqueren, dann weiter »Chiemgauer Radweg« Richtung »Ruhpolding«. 900 m weiter dem Radweg erst rechts, dann links folgen.
24,4 / 705 m An Kreuzung rechts dem »Chiemgauer Radweg« folgen. Nach Brücke dann dem Radweg links folgen, wieder Schotter.
25,7 / 690 m Geradeaus Richtung Gasthof »Fritz am Sand«. Dort dann auf geschottertem »Chiemgauer Radweg« weiter in Richtung »Ruhpolding«.
27,1 / 675 m An Kreuzung links, Bachbrücke queren, sofort rechts und am Bachlauf entlang nach Ruhpolding hinein.
29,1 / 620 m Links auf Straße. Nach 600 m dann rechts auf B 305 zurück zum Ausgangspunkt am Bahnhof (km 29,9 / 620 m).

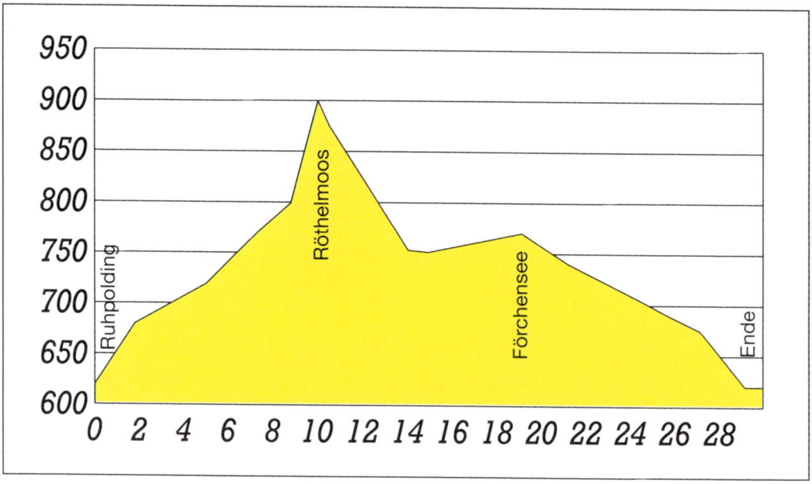

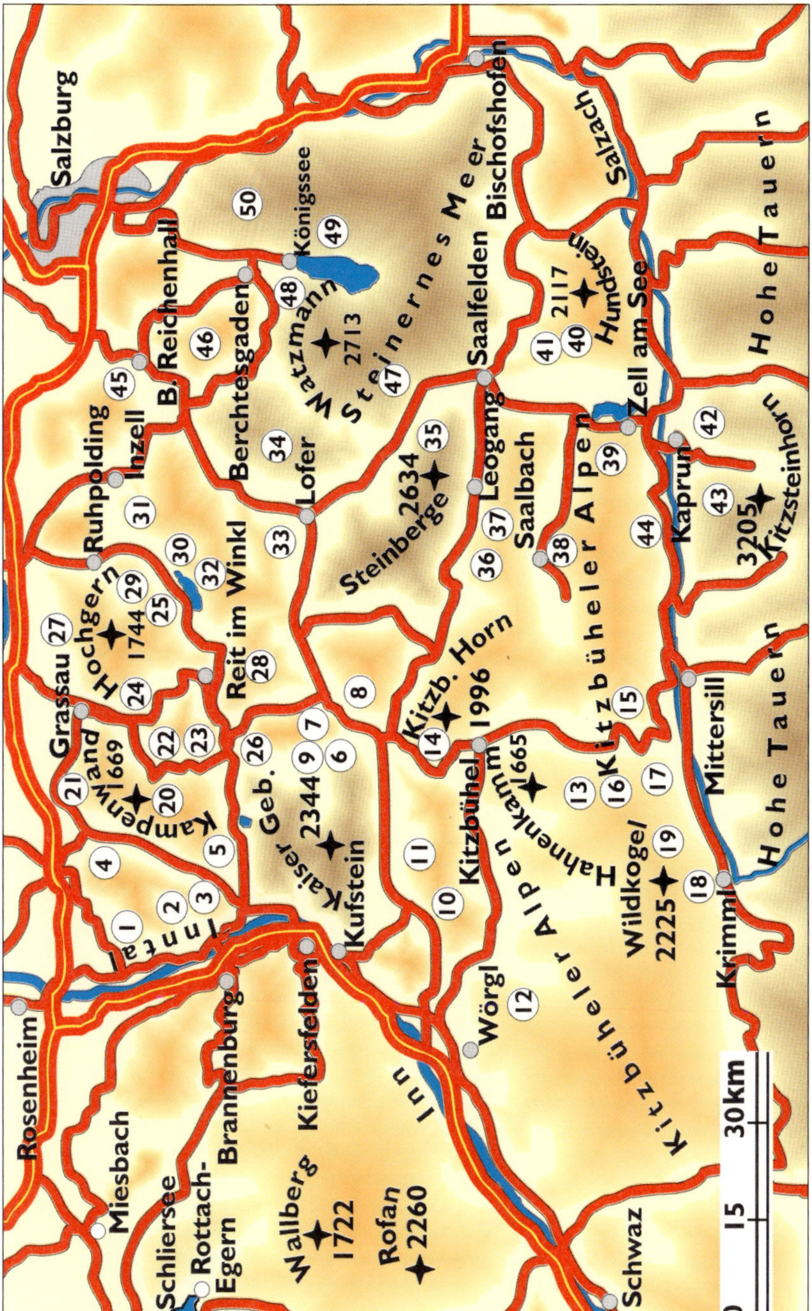
Salzburg
Rosenheim
Miesbach
Schliersee
Rottach-Egern
Brannenburg
Kiefersfelden
Kufstein
Wallberg
1722
Rofan
2260
Inn
Inntal
Kampenwand
1669
Grassau
Hochgern
1744
Ruhpolding
Inzell
B. Reichenhall
Berchtesgaden
Königssee
Watzmann
2713
Steinernes Meer
Bischofshofen
Saalfelden
Lofer
Reit im Winkl
Kaiser Geb.
2344
Steinberge
2634
Leogang
Saalbach
Kitzb. Horn
1996
Kitzbühel
Wörgl
Hahnenkamm
1665
Kitzbüheler Alpen
Wildkogel
2225
Krimml
Mittersill
Kaprun
Zell am See
Hundstein
2117
Salzach
Kitzsteinhorn
3205
Hohe Tauern
Schwaz
0
15
30km
1
2
3
4
5
6
7
8
9
10
11
12
13
14
15
16
17
18
19
20
21
22
23
24
25
26
27
28
29
30
31
32
33
34
35
36
37
38
39
40
41
42
43
44
45
46
47
48
49
50

Erst verschnaufen, dann bitte recht freundlich: Höher geht's kaum an der Schwalbenwand.

Warming-Up zu Beginn eines langen MTB-Tages: zu Füßen des Wilden Kaisers.

Akklimatisation muss sein: Zum Beispiel bei einer Tour rund um den traumhaft schönen Zeller See.

Wadenmuskeln statt Waschbrettbauch: Blick vom Asitz auf die Hohen Tauern.

Zu früh gefreut: Nicht überall, wo in den Alpen ein Dach drauf ist, ist eine Wirtschaft drin.

»Verweilet doch, es ist so schön«: Bikerfreuden auf dem Hundstein.

Biker-Weisheit: Nur wer hinauf fährt, kann auch hinunter fahren.

Gemeinsam und nicht einsam: So ist es auch am sichersten – man weiß ja nie.

Falsch gedacht: Oberhalb 1000 Höhenmeter trifft man nicht nur Rindviehcher.

Extratour nahe dem Reltenstein: Mit geeignetem Kartenmaterial ist das kein Problem.

»Gib Gummi Karl«: Downhill vor dem Panorama der Leoganger Steinberge.

Stärkung gefällig? Bewirtschaftete Almen sorgen in fast allen Höhenlagen für den notwendigen Energie-Nachschub.

Never change a winning team: Und was machen wir morgen?

Weltmeisterlich: Kaprun lädt 2002 zur WM ein.

What a wonderful world: Seelenmassage hoch über dem Inntal.

31 Rauschberg

Gesamtstrecke: *42 Kilometer.*
Anstiege: *1350 Höhenmeter.*
Schwierigkeit: *Umrundung leicht – mit Abstecher zum Rauschberg-Gipfel (wie beschrieben) allerdings schwer.*
Reine Fahrzeit: *1,5 bis 3 Stunden.*

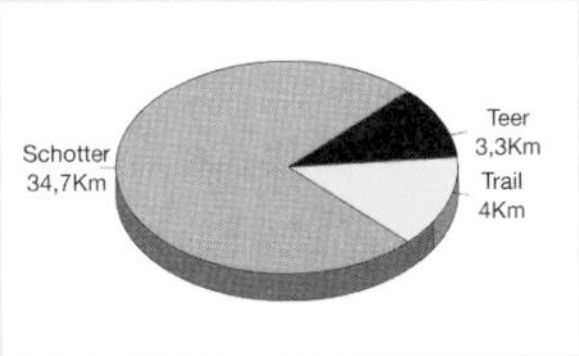

Karte: *Topographische Karte 1:50.000, Blatt UK L 7 »Chiemsee und Umgebung« und Blatt UK L 4 »Berchtesgadener Alpen«, Bayerisches Landesvermessungsamt. Beide Karten sind wegen des ungünstigen Blattschnittes bei Ruhpolding nötig.*
Anfahrt zum Startplatz: *Die A 8 München-Salzburg über die Abfahrt »Siegsdorf« verlassen. Dann auf B 306 Richtung »Inzell, Zell am See«. Nach Inzell dem Verlauf der B 305 Richtung »Weißbach, Zell am See« bis zum Gasthaus »Zwing« kurz vor Weißbach folgen. Hier startet diese Tour.*
Alternative Startorte: *Inzell, Ruhpolding, Weißbach.*
Auskunft: *Inzeller Touristik GmbH, Rathausplatz 5, D-83334 Inzell, Tel: 08665/9885-0, Fax: 08665/9885-30, E-Mail: tourismus@inzell.btl.de, Internet: www.inzell.de; Verkehrsamt Schneizlreuth-Weißbach, Berchtesgadener Str. 12, D-83458 Schneizlreuth, Tel + Fax: 08665/7489, E-Mail: verkehrsamt.weissbach@bgl-net.de, Internet: www.schneizlreuth.de*
Camping: *Der nächste Platz ist in Bad Reichenhall – Campingplatz Staufeneck, D-83435 Bad Reichenhall, Tel: 08651/2134.*
Geführte Touren: *Straub Abenteuer & Sporttouristik GmbH, D-83458 Schneizlreuth, Tel: 08651/78563, Fax: 08651/63220, E-Mail: StraubGmbH@t-online.de, Internet: www.straub-abenteuer.de*
Bikeshop: *Rad Kötzinger, Reichenhaller Str. 21, D-83334 Inzell, Tel: 08665/1478.*

Biketour mit Wahlmöglichkeiten, denn je nach Lust und Kondition kann man eine Gipfelhatz auf den über 1600 Meter hohen Rauschberg einbauen. Allerdings muss man dann auf gleichem Weg retour, wenigstens, wenn man sich Schiebepassagen auf dem Steig zwischen Kienberg-Alm und Kaitel-Alm im Schwarzachental ersparen will. Wer nicht ganz so versessen auf das Höhenmeterfressen ist, kann aber auch getrost den markanten Berg nur umrunden. Denn auch das präsentiert sich als wunderschöne Biketour in den herrlichen Chiemgauer Alpen.

Routenverlauf

Bitte gehen Sie niemals ohne die angegebene topographische Karte auf Tour, und beachten Sie die Hinweise auf den Seiten 8 und 9.

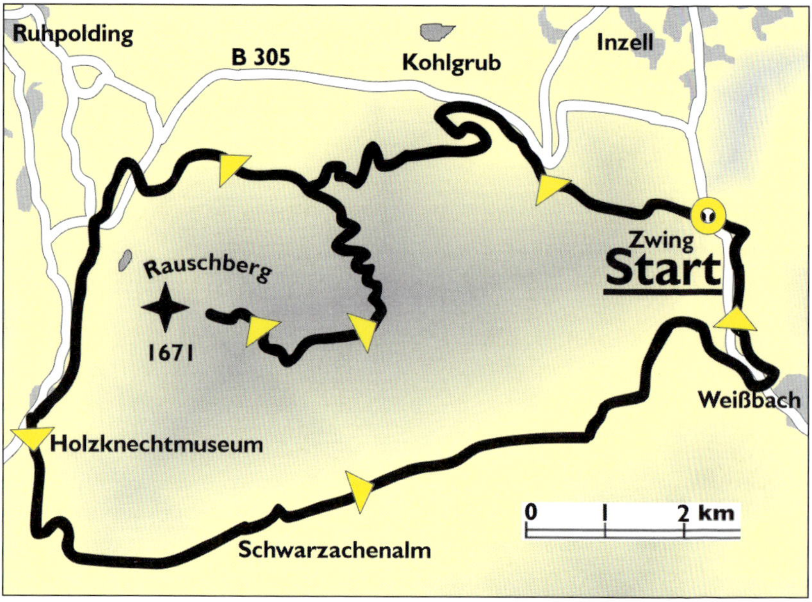

km 0,0 / 715 m (Höhe über NN) Ab Gasthaus »Zwing« dem geschotterten »Kienberglrundweg« in westliche Richtung folgen.
2,5 / 740 m Am Gasthof »Schmelz« links auf B 305 Richtung »Ruhpolding«.
3,7 / 775 m Von B 305 rechts auf Parkplatz, dann links Bundesstraße unterqueren und auf Wirtschaftsweg bergan Richtung »Rauschberg«. Nach 300 m an Gabelung links halten.
6,1 / 850 m An Wege-T links bergan Richtung »Rauschberg«.
7,3 / 980 m An Kreuzung hart links und nun stets dem Hauptweg bergan zum Gipfel folgen. Dort bei km 12,3 retour bis zu diesem Punkt (km 17,3) und (aus Richtung Gipfel gesehen) geradeaus Richtung »Labenbach«.
14,3 / 1340 m An Abzweig links bergab. Alternativ kann man hier auch rechts abbiegen, hat dann aber unfahrbare Passagen auf dem Weg ins Schwarzachental.
17,8 / 920 m An Gabelung links auf Hauptweg halten.
18,7 / 875 m An Gabelung rechts bergab. Nach 800 m An T rechts auf Trail zur B 305. Diese queren.
20,5 / 660 m Im Weiler »Hutzenau« hart links Richtung »Taubensee«.
21,1 / 675 m B 305 geradeaus Richtung »Holzknechtmuseum, Taubensee« folgen. Bald geradeaus am Taubensee entlang.

28,8 / 685 m Nach Brücke links zum Holzknechtmuseum. Dort bei km 29,2 auf geteertem »Salinenweg« Richtung »Kaitel-Alm«. Man folgt jetzt erst einmal dem Hauptweg durch das Schwarzachental bis nahe Weißbach.
37,3 / 762 m Nach Brücke links auf schmalem Weg durch die Schlucht Richtung »Inzell«.
39,7 / 651 m Links Richtung »Gletschergarten« abzweigen. Nach 100 m Steg passieren. Danach links auf Trail Richtung »Inzell« halten.
40,7 / 660 m Per Stufen bergan, Bundesstraße unterqueren und weiter den Hinweisen »Inzell« folgen.
41,6 / 715 m Links zur B 306 abbiegen. Nach 400 m erreicht man den Ausgangspunkt am Gasthaus »Zwing« (km 42,0 / 715 m).

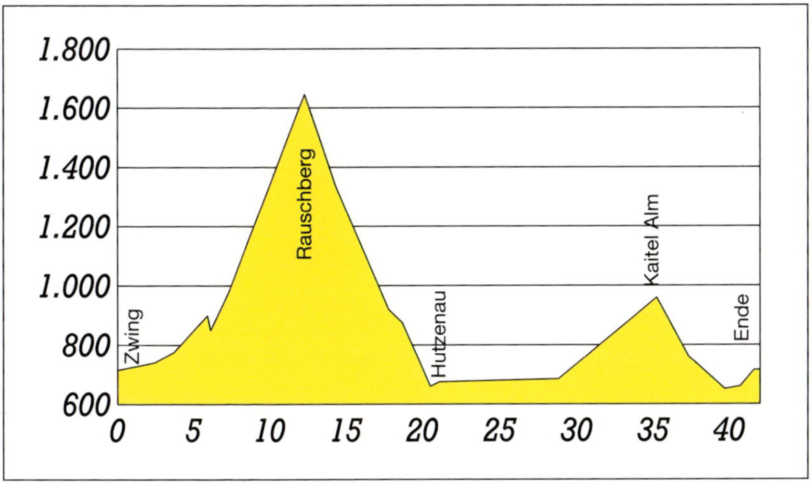

32 Dürnbachhorn-Runde

infos

Gesamtstrecke: *39,5 Kilometer.*
Anstiege: *570 Höhenmeter.*
Schwierigkeit: *leicht.*
Reine Fahrzeit: *2,5 bis 4 Stunden.*

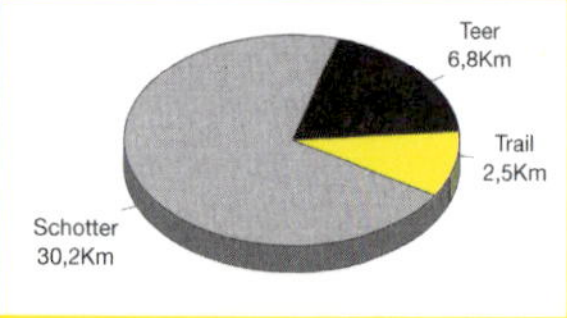

Karte: *Topographische Karte 1:50.000, Blatt UK L 7 »Chiemsee und Umgebung«, Bayerisches Landesvermessungsamt.*
Anfahrt zum Startplatz: *Die A 8 München-Salzburg über die Abfahrt »Bernau« verlassen und dann auf der B 305 über Grassau und Unterwössen bis nahe Reit im Winkl. Kurz vor Abzweig Richtung »Entfeldmühle« auf Parkplatz diese Tour starten.*
Alternative Startorte: *Ruhpolding-Biathlonzentrum.*
Auskunft: *Verkehrsamt Reit im Winkl, Rathausplatz 1, D-83242 Reit im Winkl, Tel: 08640/80020, Fax: 08640/80029, E-Mail: verkehrsamt@t.online.de, Internet: www reit-im-winkl.de*
Camping: *St. Sebastian am Waldbahnhof, D-83242 Reit im Winkl, Tel: 08640/98210, und Seegatterl, Deutsche Alpenstraße, D-83242 Reit im Winkl, Tel: wie St. Sebastian.*
Geführte Touren: Sport Mühlberger (s. oben).
Bikeshop: *Sport Mühlberger, Chiemseestr. 15, D-83242 Reit im Winkl, Tel: 08640/985013 und Sporthaus Trattler, Tirolerstr. 2, D-83242 Reit im Winkl, Tel: 08640/8111.*

Auch diese Runde kann man als eher leicht bezeichnen. Allerdings erweist sich der Trail zwischen Staubfall und Fischbachfall zumindest teilweise als unfahrbar. Dafür kann man hier aber den landschaftlichen Reiz so richtig genießen.

Routenverlauf

Bitte gehen Sie niemals ohne die angegebene topographische Karte auf Tour, und beachten Sie die Hinweise auf den Seiten 8 und 9.

km 0,0 / 720 m (Höhe über NN) Ab Parkplatz zunächst auf B 305 Richtung »Reit im Winkl«. Nach 300 m hart links Richtung »Entfeldmühle« und dem Hauptweg nun am Alzbach entlang folgen.
3,2 / 880 m Kurz nach »Jochberg-Diensthütte« geradeaus über Kreuzung Richtung »Weitsee«.
4,8 / 760 m Kurz vor B 305 links halten und auf Trail an Straße entlang. 700 m weiter Abzweig ignorieren, weiter an B 305 entlang.
6,0 / 753 m An Linksabzweig Richtung »Röthelmoos« geradeaus an Weitsee entlang.
6,9 / 751 m An Busstopp B 305 queren und am Ostende des Weitsees ent-

lang. Nach 900 m dann links und auf »Chiemgauer Radweg« dem Hinweis Richtung »Ruhpolding« folgen.
13,0 / 740 m Nach dem Förchensee links B 305 unterqueren, dann weiter »Chiemgauer Radweg« Richtung »Ruhpolding«. 900 m weiter dem Radweg erst rechts, dann links folgen.
14,5 / 705 m An Biathlonzentrum wieder auf andere Seite der B 305 wechseln.
15,5 / 708 m Rechts ab, »Chiemgauer Radweg« verlassen und nun durch das Tal des Fischbachs bergan Richtung »Staubfall«.
20,9 / 780 m An Ende des Forstwegs geradeaus auf Trail weiter bergan (je nach Können mehr oder weniger fahrbar), bald unter Staubfall, später an Fischbachfall entlang.
22,1 / 955 m Im Heutal links auf geteertem »Landweg« Richtung »Winklmoos-Alm«.
28,2 / 1145 m Nahe der »Winklmoos-Alm« erst rechts, geradeaus, nächste links. Bei km 30,5 dann rechts halten. 500 m weiter dann links und durch das Tal des Schwarzlofergrabens bergab.
34,1 / 764 m Kurz vor der B 305 am Parkplatz »Seegatterl« links auf markiertem Radweg Richtung »Reit im Winkl«.
38,2 / 690 m Kurz vor Campingplatz rechts zur B 305. Diese queren. 200 m weiter rechts an Bach entlang. Bei km 39,1 nahe der Entfeldmühle links zur B 305, dort rechts zurück zum Ausgangspunkt (km 39,5 / 720 m).

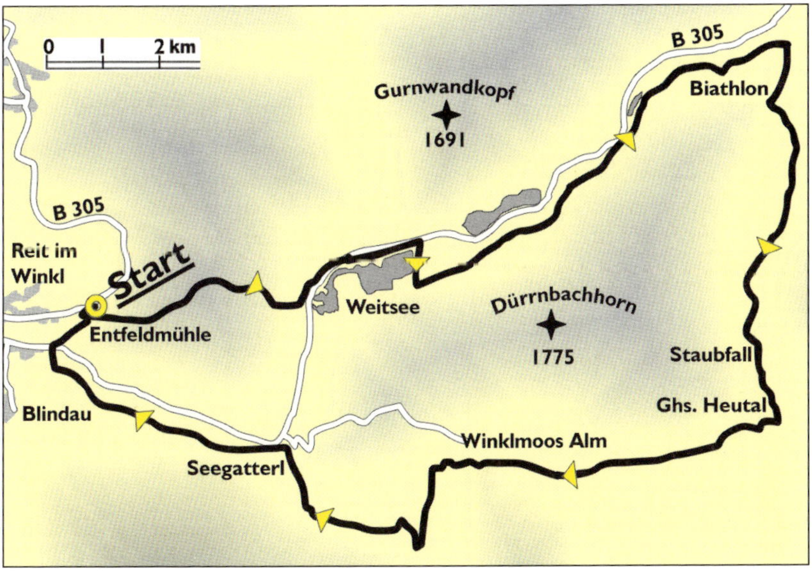

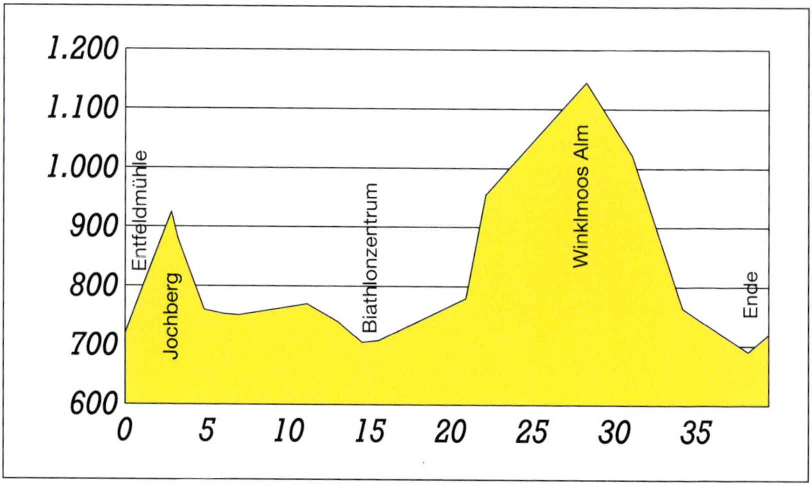
1.200
1.100
1.000
900
800
700
600
0
5
10
15
20
25
30
35
Entfeldmühle
Jochberg
Biathlonzentrum
Winklmoos Alm
Ende

33 Rund um das Sonntagshorn

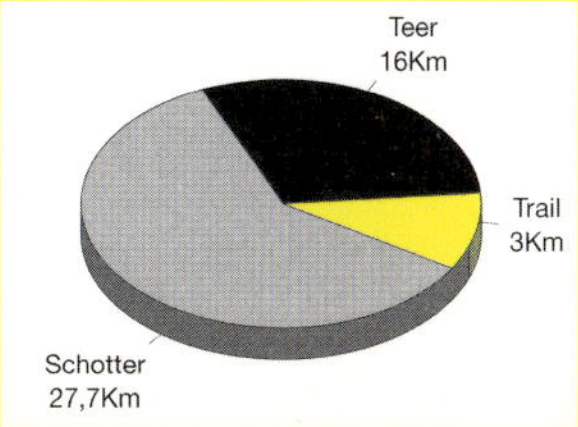

Gesamtstrecke: *46,7 Kilometer.*
Anstiege: *1350 Höhenmeter.*
Schwierigkeit: *mittel.*
Reine Fahrzeit: *3 bis 5 Stunden.*

Karte: *Topographische Karte 1:50.000, Blatt UK L 7 »Chiemsee und Umgebung« und Blatt UK L 4 »Berchtesgadener Alpen«, Bayerisches Landesvermessungsamt. Beide Karten sind wegen des ungünstigen Blattschnittes bei Ruhpolding nötig.*
Anfahrt zum Startplatz: *Die A 8 München-Salzburg über die Abfahrt »Siegsdorf« verlassen. Dann auf B 306 Richtung »Inzell, Zell am See«. Nach Inzell dem Verlauf der B 305 Richtung »Weißbach, Zell am See« folgen. Nach der österreichischen Grenze am Ende des Umgehungstunnels von Unken rechts der österreichischen B 312 parken und diese Tour starten.*
Alternative Startorte: *Ruhpolding, Weißbach.*
Auskunft: *Fremdenverkehrsverband Salzburger Saalachtal, Ortstelle Unken, A-5091 Unken, Tel: (0043)(0)6589/4245, Fax: (0043)(0)6589/4502.*
Camping: *Campingplatz Unken, A-5091 Unken, Tel: (0043)(0)6589/4466.*
Geführte Touren: *Markus Prechtl, A-5091 Unken, Tel: (0043)(0)6589/4282.*
Bikeshop: *Fa. Leitinger, A-5091 Unken, Tel: (0043)(0)6589/4220.*

Mächtiger und höher als das Sonntagshorn präsentiert sich kein Gipfel der Chiemgauer Alpen. Von Norden aus gesehen erhebt er sich schroff und abweisend in den Himmel. Auf den ersten Blick wird klar, dass es hier keine Gipfelpartien mit dem Bike gibt. Aber umrunden kann man ihn – und das ist eine der schönsten Touren im Chiemgau, die über meist leichte Pisten führt.

Routenverlauf

Bitte gehen Sie niemals ohne die angegebene topographische Karte auf Tour, und beachten Sie die Hinweise auf den Seiten 8 und 9.

km 0,0 / 540 m (Höhe über NN)
Von der B 312 auf Fahrweg bergan durch das Heutal. Alle Abzweige ignorieren und stets dem Hinweis »Heutaler Hof« folgen.
7,8 / 955 m 300 m nach dem Gasthof »Heutal« rechts auf Schotterweg Richtung »Staubfall«. 200 m weiter nochmals rechts, weiter den Hinweisen »Staubfall, Ruhpolding« folgen.
15,8 / 705 m Nach Durchfahrung des Fischbachtals an »Fuchswiese« rechts auf »Chiemgau-Radweg« Richtung »Ruhpolding«. 400 m weiter, am »Holzknechtmuseum« rechts auf geteertem »Salinenweg« Richtung »Kaitel-Alm«.

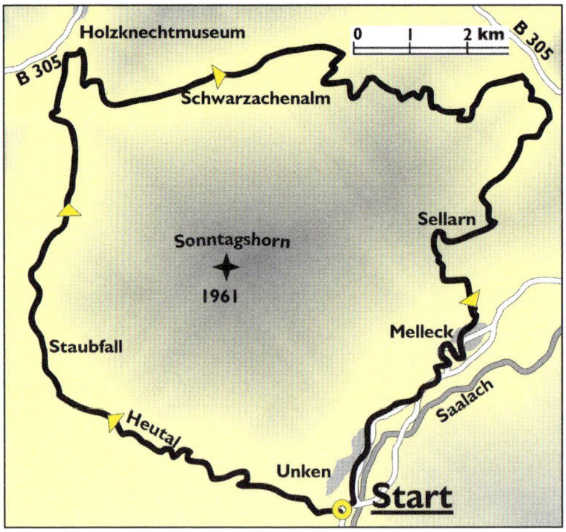

23,1 / 950 m 500 m nach dem Sattel an der Kaitel-Alm rechts den Hinweisen bis zur »Reiter-Alm« folgen.
27,5 / 990 m Am höchsten Punkt links bergab zur Reiter-Alm. Dort bei km 27,9 an Almgebäuden geradeaus entlang und bergab.
29,5 / 820 m An Abzweig rechts und bald auf Trail Richtung »Weißbach«. Nach 900 m im Litzlbachtal links weiter.
31,3 / 612 m Nahe Weißbach rechts Richtung »Melleck«. 600 m weiter links auf schmalerem Weg dem Hinweis Richtung »Sellarn-Alm, Ristfeuchthorn« folgen.
34,5 / 1030 m Weiter auf Forstweg bleiben. Rechtsabzweig auf Pfad hier ignorieren. 900 m weiter an Wendeplatz etwas rechts bergab.
35,8 / 1110 m An Abzweig links bergan. 150 m weiter rechts auf Trail steil bergan Richtung »Ristfeuchthorn«.
36,4 / 1200 m An Trailkreuzung rechts den Hinweisen »Melleck« folgen. 300 m Zaun übersteigen, dann auf Singletrail bergab Richtung Alm. Bald an Brunnen rechts. Ab Almhütte dann auf Schotterweg bergab Richtung »Melleck«.
40,7 / 630 m Rechts und auf Straße Melleck passieren. Nach alter Grenzstation »Steinpass« dann auf Straße bergab.
42,6 / 540 m Rechts auf Bundesstraße weiter. Nach 600 m rechts ab und durch Unken zurück zum Ausgangspunkt (km 46,7 / 540 m).

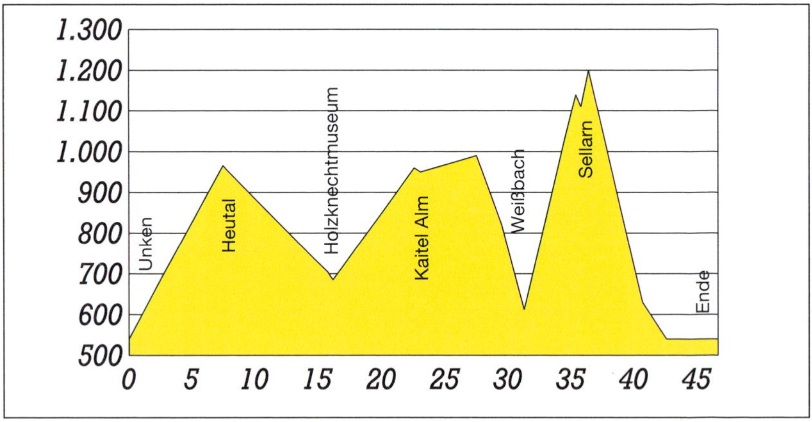

34 Rund um die Ramsauer Dolomiten

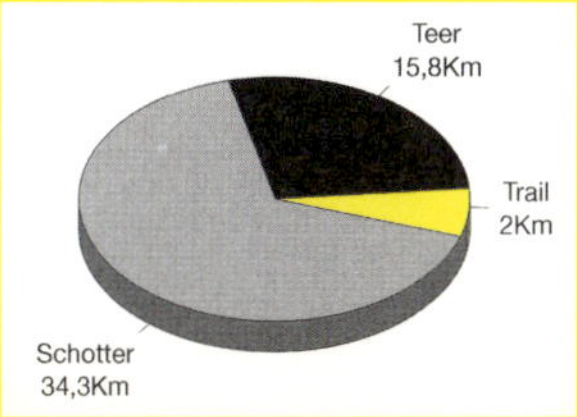

Gesamtstrecke: *52,1 Kilometer.*
Anstiege: *955 Höhenmeter.*
Schwierigkeit: *abgesehen von der Streckenlänge leicht.*
Reine Fahrzeit: *2,5 bis 5 Stunden.*

Karte: *Topographische Karte 1:50.000, Blatt UK L 4 »Berchtesgadener Alpen«, Bayerisches Landesvermessungsamt.*
Anfahrt zum Startplatz: *Die A 8 München-Salzburg über die Abfahrt »Siegsdorf« verlassen. Dann auf B 306 Richtung »Inzell, Zell am See«. Nach Inzell dem Verlauf der B 305 Richtung »Weißbach, Zell am See, Lofer« folgen. Kurz vor Lofer dann weiter den Hinweisen »Zell am See« bis zur Ortsmitte folgen. Dort am Straßenabzweig Richtung »St. Johann« diese Tour starten.*
Alternative Startorte: *St. Martin, Weißbach, Hintersee, Ramsau, Unterjettenberg, Schneizlreuth, Unken.*
Auskunft: *Tourismusverband Salzburger Saalachtal, A-5090 Lofer, Tel: (0043)(0)6588/83210, Fax: (0043)(0)6588/7464, E-Mail: lofer.info@aon.at*
Camping: *Campingplatz Grubhof, A-5092 St. Martin, Tel: (0043)(0)6588/8237, E-Mail: park-grubhof@salzburg.co.at*
Geführte Touren: *Markus Prechtl, A-5091 Unken, Tel: (0043)(0)6589/4282.*
Bikeshop: *Zentrasport, Lofer Nr. 15, A-5090 Lofer, Tel: (0043)(0)6588/8596, E-Mail: weissbacher@sport2000.at und Fa. Wimmer, Lofer Nr. 318, A-5090 Lofer, Tel: (0043)(0)6588/8318.*

Gleich hinterm Hirschbichl fängt er an: der Nationalpark Berchtesgaden – und damit sind auch die Regeln für Fans des Stollenreifens klar! Schmale Wege sind hier grundsätzlich tabu. Auch fahrtechnisch ambitionierte Singletrailfreaks müssen sich deshalb in die Riege der Bergradler einordnen und als höchsten Genuss schweißtreibende Anstiege, tolle Aussichten und handgelenkzermergelnde Bremsmanöver bergab betrachten. Etwas fad eigentlich, wenn die einmalig schöne Landschaft hier nicht doch immer wieder verzaubern würde.

Routenverlauf

Bitte gehen Sie niemals ohne die angegebene topographische Karte auf Tour, und beachten Sie die Hinweise auf den Seiten 8 und 9.

km 0,0 / 626 m (Höhe über NN)

In Lofer ab Straßenabzweig nach »St. Johann« auf B 311 Richtung »Saalfelden,

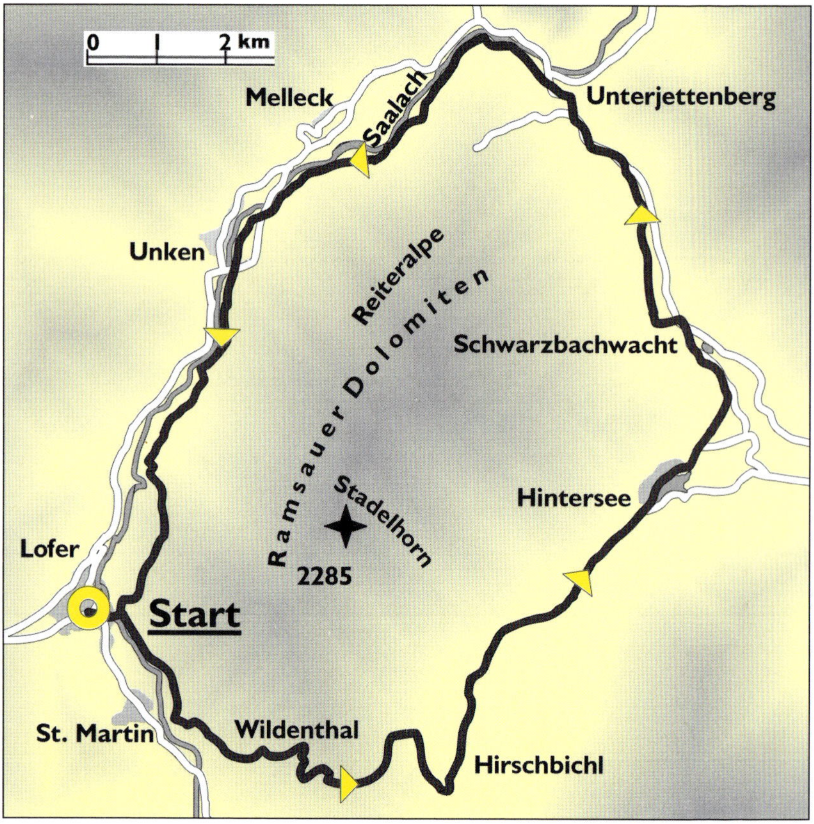

Zell am See«. Nach 300 m Bundesstraße nach links Richtung »Scheffsnoth« verlassen.

0,7 / 630 m Gleich nach Brücke an Gabelung rechts und an Saalach entlang.

3,6 / 650 m An Kreuzung hart links und auf Fahrweg über »Wildenthal« bergan Richtung »Hirschbichl«.

6,9 / 780 m An Gabelung rechts Richtung »Hirschbichl«. Nach 200 m wieder rechts und der Radmarkierung »2« folgen.

9,3 / 1095 m An Abzweig links halten.

11,2 / 1270 m An T links über Litzl-Alm (Einkehrmöglichkeit) weiter Richtung »Hirschbichl«.

13,1 / 1180 m An T links auf Teer Richtung »Hirchbichl, Hintersee«. Auf dieser Fahrstraße zunächst bleiben.

20,5 / 800 m An Parkplatz gerade-

aus. Knapp 500 m weiter links durch »Hintersee«.

23,0 / 850 m Nach Bergan-Strecke auf Straße dann links auf geschottertem »König-Max-Weg« Richtung »Taubensee«. Nach 900 m an Gabelung links halten. Bei km 24,5 dann links auf Straße weiter bis zur B 305. Dort bei km 26,1 wieder links der Radmarkierung »2« Richtung »Schwarzbachwacht«, anschließend folgt man den Hinweisen »Schwarz-Alm«. Diesem Hauptweg nun stets folgen.

30,4 / 640 m Links auf B 305 nach Unterjettenberg.

32,8 / 515 m In Unterjettenberg links ab und weiter der Radmarkierung (»2«) an der Saalach entlang Richtung »Unken, Lofer« folgen.

39,7 / 527 m An Saalachbrücke links halten und weiter am Fluss entlang.

41,9 / 560 m Nach dem Hof »Mörtl« geradeaus an Saalach entlang Richtung »Schütterbad«. Ab dort auf Steig weiter Richtung »Reit«.

45,2 / 565 m An Saalachbrücke links in den Weiler Reit. Dort rechts wieder der (»2«) Richtung »Lofer« folgen.

46,9 / 645 m An Gabelung rechts der (»2«) folgen. Nach 1200 m, kurz nach Hof »Sellauer« an T links (»2«).

48,3 / 617 m An Gabelung rechts durch den Weiler Au.

50,5 / 650 m Im Weiler »Haustaller« links, sofort rechts und weiter der Radmarkierung (»2«) Richtung »Scheffsnoth« folgen. Dort bei km 51,4 rechts Brücke über Saalach queren. Dann rechts auf B 311 zurück zum Ausgangspunkt in Lofer (km 52,1 / 626 m).

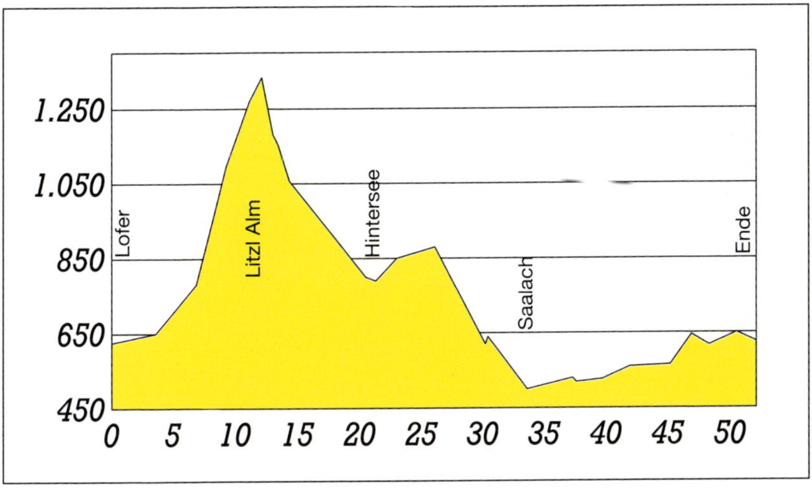

35 Rund um die Leoganger Steinberge

infos

Gesamtstrecke: *47,4 Kilometer.*
Anstiege: *695 Höhenmeter.*
Schwierigkeit: *leicht, bis auf Teilstück Richtung Römersattel.*
Reine Fahrzeit: *2,5 bis 3,5 Stunden.*

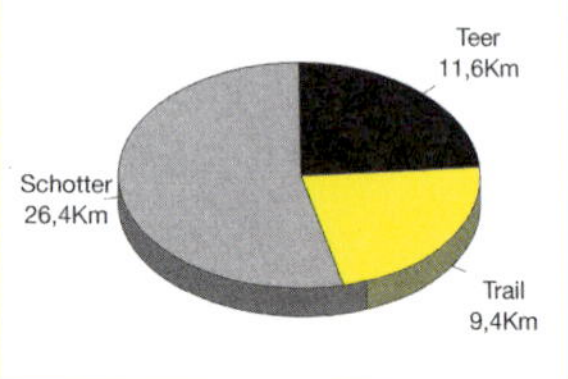

Karte: *Kompass-Karte, 1:50.000, Blatt 30 »Saalfelden, Leoganger Steinberge«*
Anfahrt zum Startplatz: *Die A 8 München-Salzburg über die Abfahrt »Siegsdorf« verlassen. Dann weiter über Inzell und Lofer Richtung Zell am See. Kurz vor dem Ort Weißbach links auf dem Parkplatz »Voderkaserklamm« diese Tour starten.*
Alternative Startorte: *Hochfilzen, Hütten, Leogang, Lenzing, Euring, Saalfelden, Weißbach-Ortsmitte.*
Auskunft: *Tourismusverband Salzburger Saalachtal, A-5093 Weißbach, Tel: (0043)(0)6582 8383.*
Camping: *Campingplatz Grubhof, A-5092 St. Martin, Tel: (0043)(0)6588/8237, E-Mail: park-grubhof@salzburg.co.at*
Geführte Touren: *Markus Prechtl, A-5091 Unken, Tel: (0043)(0)6589/4282.*
Bikeshop: *Gibt es im nahen Lofer, wie Zentrasport, Lofer Nr. 15, A-5090 Lofer, Tel: (0043)(0)6588/8596, E-Mail: weissbacher@sport2000.at oder Fa. Wimmer, Lofer Nr. 318, A-5090 Lofer, Tel: (0043)(0)6588/8318.*

Geradezu urgewaltig wirken sie, die Leoganger Steinberge, mit dem mächtigen Birnhorn (2634 m). Sie bilden praktisch die westliche Fortsetzung des Steinernen Meeres, das praktisch gleich gegenüber im Osten mit dem Watzmann, Berchtesgadens Wahrzeichen, thront. Insgesamt sind diese schroffen Felsketten viel zu steil fürs Radlvolk. Allerdings bieten die tief eingeschnittenen Täler und Gräben immer wieder Chancen, diese Monster aus wildem Kalkgestein zu umrunden – wie hier, bei dieser Traumrunde. Einziger Wermutstropfen: Das Teilstück über den Römersattel gehört zu einem Truppenübungsplatz. Hier wird leider hin und wieder scharf geschossen. Logisch, dass dann das Gelände gesperrt ist. Auskunft bekommt man beim Kommando des Truppenübungsplatzes Hochfilzen, Tel: (0043)(0)5359/301.

Routenverlauf

Bitte gehen Sie niemals ohne die angegebene topographische Karte auf Tour, und beachten Sie die Hinweise auf den Seiten 8 und 9.

km 0,0 / 665 m (Höhe über NN) Ab Parkplatz »Vorderkaser« auf Fahrweg durch den Schidergraben (Schüttachgraben) am Gasthof »Vorderkaser« vorbei Richtung »Römersattel«.
4,0 / 750 m Rechts durch die Schlucht. Nach 570 m an Gabelung links und bis km 5,8 auf breitem Schotterweg bleiben. Dort dann rechts und auf teilweise recht schwierigem Trail weiter. Je nach Fahrkönnen gibt es ein paar Schiebepassagen.
8,8 / 1202 m Am Römersattel geradeaus, erst auf breitem Schotterweg, später auf Teer bergab.
13,8 / 990 m Kurz vor Hochfilzen, gleich nach der Kaserne links auf geteertem Fahrradweg bis nach »Leogang«.
26,0 / 750 m Rechts über Achenbrücke, Radweg verlassen. Nächste links und auf Straße durch Leogang.
26,2 / 775 m Kurz vor Pinzgauer Bikecenter links über Achenbrücke, sofort wieder rechts und auf markiertem Radweg weiter. 400 m weiter rechts, Viehsperre passieren und ganz rechts auf dem Radweg bleiben.
26,3 / 755 m Rechts auf Teer weiter (»Pinzgauer Radwanderweg«) Richtung »Lenzing«.

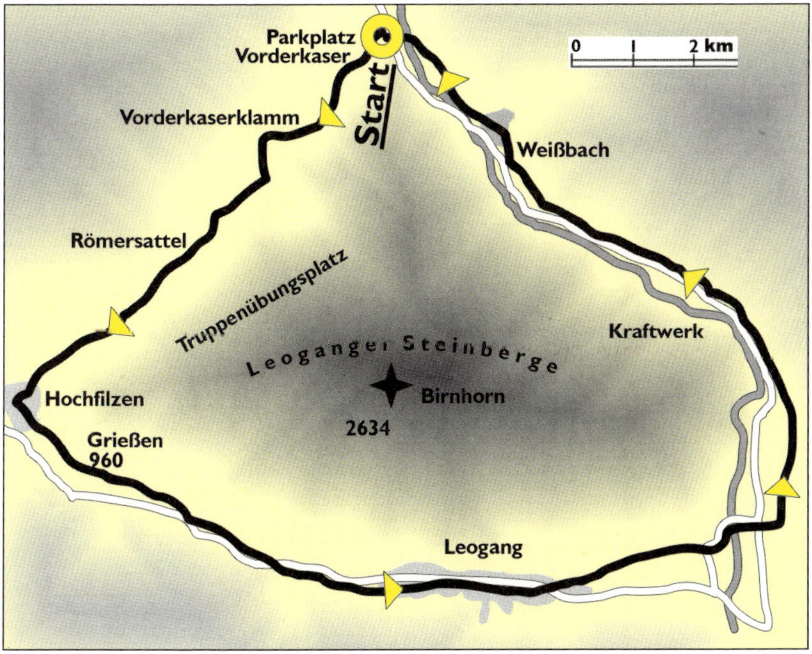

30,7 / 720 m In Lenzing an der Kirche geradeaus. 200 m weiter links auf Straße Richtung »Euring« (»Tauernradweg«). Bei km 31,7 nach Saalachbrücke rechts.
32,4 / 720 m Links Straßenunterführung passieren, dann links Richtung »Weißbach«. 300 m weiter links halten.
34,1 / 710 m Rechts zum Parkplatz, dort etwas links.
36,3 / 700 m Am »Brandlhof« geradeaus auf (»Tauernradweg«), bald ausgeschilderte MTB-Variante, die mal über Schotter, mal auf feinem Singletrail verläuft.
42,0 / 675 m Leicht rechts auf Schotter, am Schuttkegel entlang und wieder auf Trialpfad weiter. Bei km 43,7 dann geradeaus auf Teer zur Hauptstraße. Dort rechts auf Radweg bis Weißbach.
44,3 / 670 m Geradeaus durchs Dorf. Am Gasthof »Auvogel« links, sofort rechts, weiter auf Hauptstraße. Nach 500 m vor »Wieserbrücke« rechts, nächste sofort links Richtung »Ferienwiese« und an Saalach entlang flussabwärts.
46,9 / 660 m Am Hof »Kleberauer« links über Brücke zur Hauptstraße, dort rechts zurück zum Ausgangspunkt (km 47,4 / 665 m).

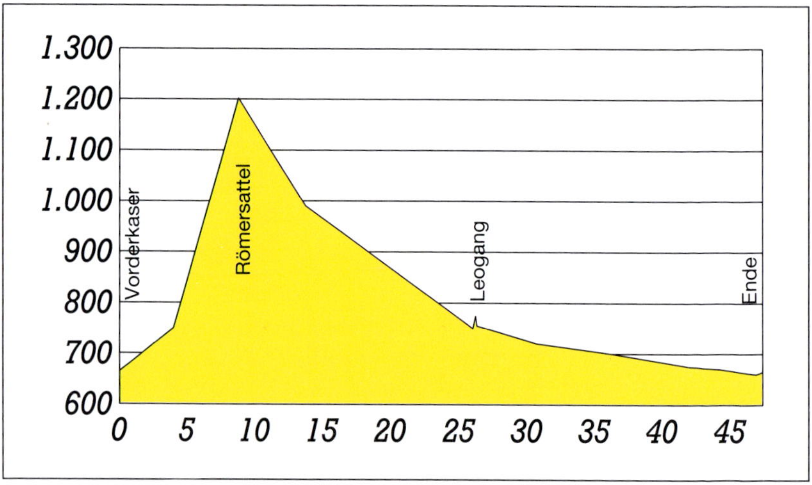

36 Spielberghorn-Runde

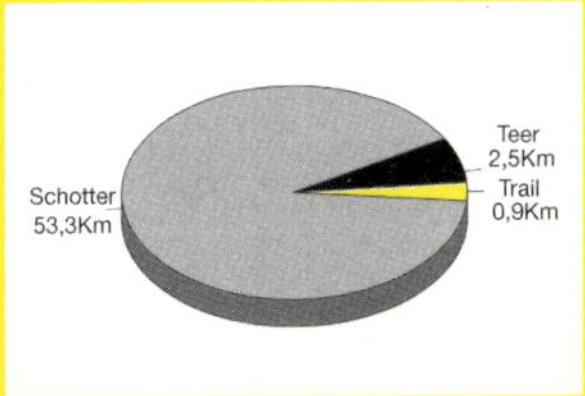

Gesamtstrecke: *55,7 Kilometer.*
Anstiege: *1780 Höhenmeter.*
Schwierigkeit: *mittel, aber ohne technische Finessen.*
Reine Fahrzeit: *4 bis 6 Stunden.*

Karte: *Kompass-Karte, 1:50.000, Blatt 30 »Saalfelden, Leoganger Steinberge«*
Anfahrt zum Startplatz: *Die A 8 München-Salzburg über die Abfahrt »Siegsdorf« verlassen. Dann weiter über Inzell und Lofer Richtung Zell am See. In Saalfelden rechts Richtung »Leogang« und dort diese Sahnetour am Pinzgauer Radcenter starten.*
Alternative Startorte: *Hütten, Hochfilzen, Fieberbrunn (ab Eiserne Hand), Saalbach Hinterglemm.*
Auskunft: *Fremdenverkehrsverband Leogang, Postfach 28, A-5771 Leogang, Tel: (0043)(0)6583-8234, oder SALE-Touristik GmbH, A-5760 Saalfelden, Bahnhofstr. 10, E-Mail: office@sale-touristik.at, Internet: www.sale-touristik.at*
Camping: *Die nächsten Plätze gibt es in Viehofen (s. Tour 38) und am Zeller See (s. Tour 39 ff.).*
Geführte Touren: *Für Hotelgäste bietet der Krallerhof, A-5771 Leogang, Tel: (0043)(0)6583/2460, Fax: (0043)(0)6583/24685 geführte Biketouren an. Außerdem auf Anfrage für jedermann: Erich Hirschbichler, Tel: (0043)(0)6583/8436.*
Bikeshop: *Pinzgauer Fahrradcenter, A-5771 Leogang, Dorf 84, Tel: (0043)(0)6583/7153.*

Prädikat Traumtour. Wer sie genießen möchte, braucht allerdings ordentlich Kondition. Die Anstiege über Spielberg (500 Höhenmeter) und Schönleiten (knapp 1000 Höhenmeter) müssen erst einmal bewältigt werden. Dafür bietet dieser Alpenklassiker zwischen Leogang und Saalbach-Hinterglemm wahrlich traumhafte Panoramen. Unvergessliche Rundumblicke über Leoganger Steinberge, Steinernes Meer oder Hohe Tauern gibt es inklusive.

Routenverlauf

Bitte gehen Sie niemals ohne die angegebene topographische Karte auf Tour, und beachten Sie die Hinweise auf den Seiten 8 und 9.

km 0,0 / 775m (Höhe über NN)

Ab »Pinzgauer Bikecenter« auf Straße Richtung »Hochfilzen«. Nach 800 m dann links und auf markiertem Radweg an Leoganger Ache entlang Richtung »Hochfilzen«.

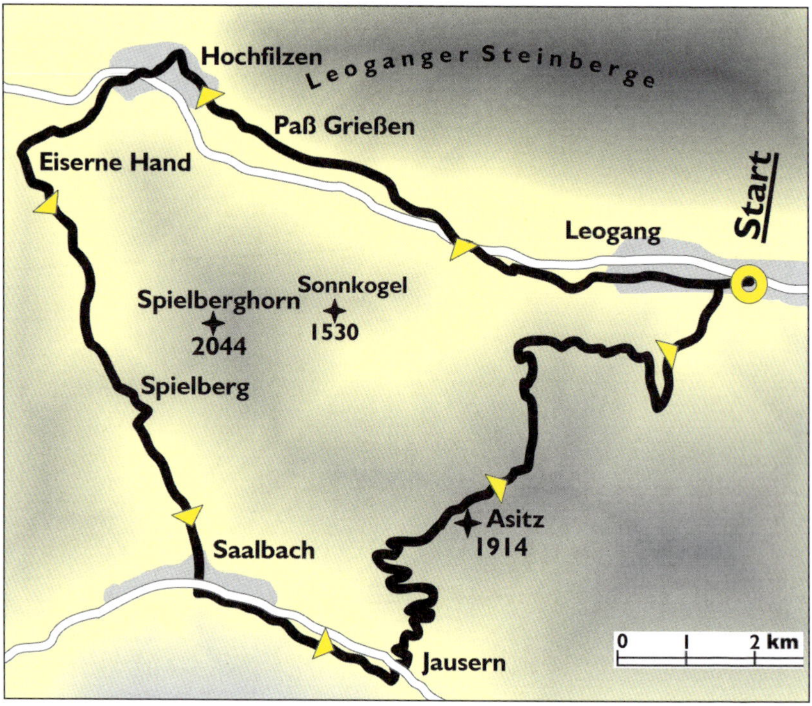

13,8 / 990 m In Hochfilzen links und auf Straße über die Bahngleise. Danach rechts auf Landstraße weiter. Nach 850 m am Tyrolonwerk links, nächste sofort rechts, Schranke passieren und auf Feldweg weiter. Am Bauernhof links, erst auf Teer, dann auf Waldweg bis zum Bach. Hier scharf rechts auf Trail bergan.

15,7 / 932 m Links bergan (»roter Pfeil«). 150 m weiter rechts auf Schotter bergab. Bei km 17,0 erst links, sofort rechts, auf Teer weiter.

18,1 / 860 m Am Gasthaus »Eiserne Hand« (gute und preiswerte Einkehrmöglichkeit) geradeaus. Nach 150 m links am Graben entlang Richtung »Spielberg« bzw. »Saalbach«.

24,2 / 1312 m Links, bald an »Spielberghaus« entlang und auf geschottertem »Spielbergweg« talabwärts (»MTB«).

27,2 / 1044 m In Saalbach vor Tunnelportal rechts durch den Ort.

27,6 / 1003 m Flüsschen Saalach queren, sofort links und auf Radweg Richtung »Jausern«.

30,9 / 950 m An der Talstation der Schönleitenbahn rechts zum Hang, dort links nach Jausern. Nun links über Brücke, Landstraße queren und auf »Zineggweg« (»MTB«) bergan Richtung »Schönleiten«.

32,1 / 1044 m Nach Viehsperre links. Bald wieder links über Brücke und dann auf Hauptweg bergan Richtung »Schönleiten«.

39,3 / 1778 m Links zum Berghotel. Dort rechts. Nach 300 m an Schönleiten-Hütte und kleiner Kapelle entlang steil bergan (Tragepassage).

40,2 / 1880 m Nach Steilanstieg in Mulde links weiter bis nahe dem Gipfelkreuz. Dort rechts auf Schotter bergab, anschließend bergan zum Kl. Asitz.

41,3 / 1872 m Am Gipfel des Kl. Asitz links bergab.

42,3 / 1760 m An der Bergstation der Asitz-Kabinenbahn links bergab in Richtung »Hütten«.

44,2 / 1400 m Scharf rechts der WW »Matz-Alm« folgen.

50,2 / 1410 m Scharf links und am Schwarzbach entlang bis nach »Leogang«.

55,0 / 785 m An Holzbrücke rechts zur Kirche Leogang. Dort links auf Pflaster zur Landstraße. Auf dieser rechts zurück zum Ausgangspunkt am »Pinzgauer Radcenter« (km 55,7 / 775 m).

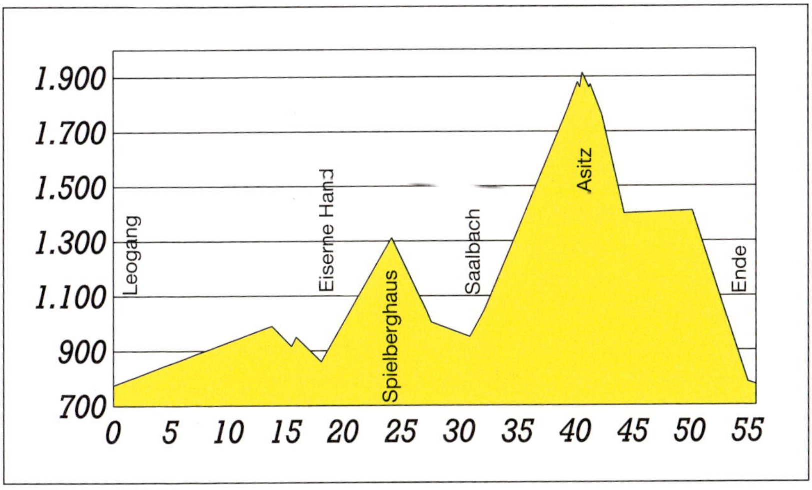

37 Schwarzleobach

infos

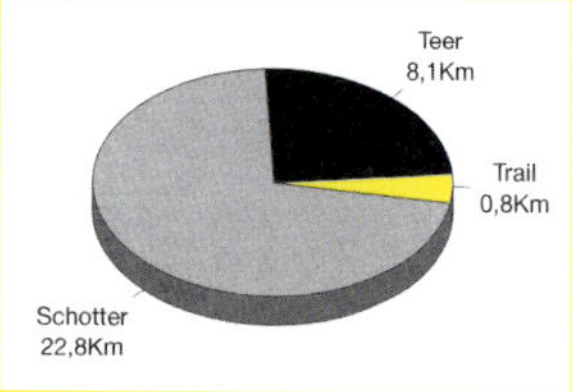

Gesamtstrecke: *31,7 Kilometer.*
Anstiege: *1200 Höhenmeter.*
Schwierigkeit: *leicht.*
Reine Fahrzeit: *2 bis 3 Stunden.*

Karte: *Kompass-Karte, 1:50.000, Blatt 30 »Saalfelden, Leoganger Steinberge«*
Anfahrt zum Startplatz: *Die A 8 München-Salzburg über die Abfahrt »Siegsdorf« verlassen. Dann weiter über Inzell und Lofer Richtung Zell am See. In Saalfelden rechts Richtung »Leogang«. Die Tour startet dort am Pinzgauer Radcenter.*
Alternative Startorte: *Hütten.*
Auskunft: *Fremdenverkehrsverband Leogang, Postfach 28, A-5771 Leogang, Tel: (0043)(0)6583-8234, oder SALE-Touristik GmbH, A-5760 Saalfelden, Bahnhofstr. 10, E-Mail: office@sale-touristik.at, Internet: www.sale-touristik.at*
Camping: *Die nächsten Plätze gibt es in Viehofen (s. Tour 38) und am Zeller See (s. Tour 39 ff.).*
Geführte Touren: *Für Hotelgäste bietet der Krallerhof, A-5771 Leogang, Tel: (0043)(0)6583/2460, Fax: (0043)(0)6583/24685 geführte Biketouren an. Außerdem auf Anfrage für jedermann Erich Hirschbichler, Tel: (0043)(0)6583/8436. Fremdenverkehrsverband Leogang, Postfach 28, A-5771 Leogang, Tel: (0043)(0)6583-234.*
Bikeshop: *Pinzgauer Fahrradcenter, A-5771 Leogang, Dorf 84, Tel: (0043)(0)6583/7153.*

Lockere Einsteigerrunde, so kann man diesen Turn passend charakterisieren. Bis auf ein kurzes Stück düst man ausschließlich über breite Schotterpisten. Das einzig Erwähnenswerte dabei: Die Anstiege summieren sich in ständigen Up'n downs recht ordentlich. Am meisten Spaß bringt am Ende der Tour der schnelle Schotterdownhill durch das Schwarzleotal. Aber vielleicht sollte man hier und da doch mal die Cantis glühen lassen, denn ein Abstecher ins Bergbaumuseum lohnt nicht nur, sondern sorgt auch für eine Abwechselung der ganz anderen Art.

Routenverlauf

Bitte gehen Sie niemals ohne die angegebene topographische Karte auf Tour, und beachten Sie die Hinweise auf den Seiten 8 und 9.

km 0,0 / 775 m (Höhe über NN) Ab »Pinzgauer Bikecenter« auf Landstraße am Café entlang Richtung Zentrum. Nach 250 m links in den Ort abbiegen. Bei der Touristinformation dann rechts halten.
0,4 / 780 m An der Kirche rechts, auf Pflaster weiter. 250 m weiter, nach Brücke links auf Teer bergan durch das

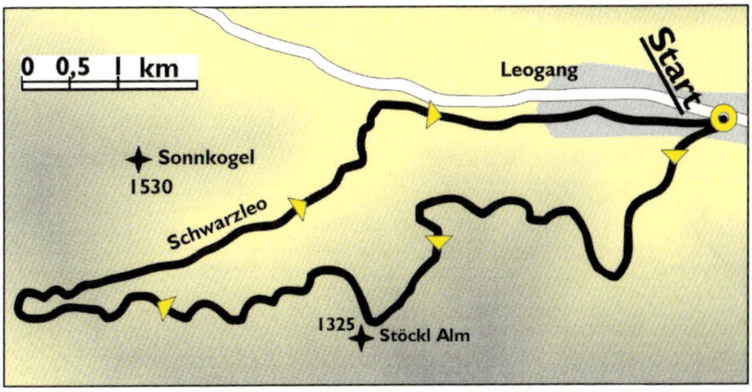

Schwarzbachtal.
3,1 / 925 m Rechts bergan Richtung »Sappenmaishof«. Dort links halten und dem Hinweis Richtung »Asitz« folgen. 150 m weiter rechts durch Kurve Richtung »Stöckl-Alm«.
4,6 / 1056 m An Gabelung rechts bergab.
5,0 / 1025 m An T links Richtung »Stöckl-Alm« (»rot-weiß«).
6,7 / 1132 m Viehsperre passieren, dann scharf links Treppe hinauf und auf Trail bergan.
8,0 / 1325 m Kurz vor der Mittelstation Asitzbahn rechts auf Schotter bergan. 150 m weiter an Gebäuden links.
8,7 / 1355 m An Abzweig rechts auf breitem Schotterweg weiter.
9,0 / 1400 m Rechts auf Schotter steil bergab (»MTB«).
11,3 / 1295 m Links, auf Schotter wieder bergan.
14,4 / 1340 m Nach Abfahrt an Gabelung geradeaus bergan. 300 m weiter links auf Hauptweg bleiben.
18,8 / 1370 m Rechts und am Schwarzleobach entlang talabwärts.
25,3 / 905 m An Abzweig »Forsthof-Alm« links und weiter am Bach entlang bis zur Landstraße. Dort bei km 26,3 rechts auf »Radweg« Richtung »Leogang«.
26,7 / 845 m An Knappenkapelle rechts über Brücke, sofort links, weiter auf Radweg an der Ache entlang.
31,4 / 808 m Rechts auf Landstraße retour zum Ausgangspunkt (km 31,7 / 775 m).

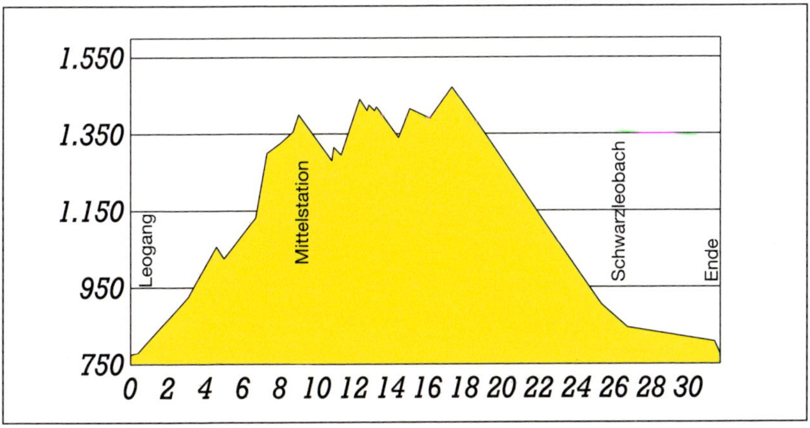

38 Schattberg

infos

Gesamtstrecke: *31,5 Kilometer.*
Anstiege: *1321 Höhenmeter.*
Schwierigkeit: *schwer.*
Reine Fahrzeit: *2,5 bis 5 Stunden.*

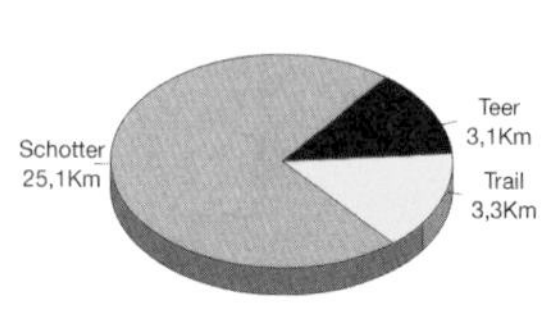

Karte: *Freytag & Berndt, 1:50.000, WK 382 »Zell am See«*
Anfahrt zum Startplatz: *Die A 8 München-Salzburg über die Abfahrt »Siegsdorf« verlassen. Dann weiter über Inzell und Lofer Richtung Zell am See. In Maishofen nach »Saalbach« abbiegen. Dann immer weiter bis zum Bikehotel »Barbarahof« kurz vor Hinterglemm und dort diese Tour starten.*
Alternative Startorte: *Viehhofen, Hinterglemm.*
Auskunft: *Tourismusverband Saalbach-Hinterglemm, Glemmtaler Landesstraße 550, A-5753 Saalbach-Hinterglemm, Tel: (0043)(0)6541/6800-68, Fax: (0043)(0)6541/6800-69, Email: contact@saalbach.com, Internet: www.saalbach.com – Infos speziell rund ums Bike: Radsportclub Saalbach-Hinterglemm, Rudi Steger, Hasenbachweg 3, A-5753 Saalbach-Hinterglemm, Tel: (0043)(0)6541/7700.*
Camping: *Campingfans können nach Viehofen, gut 10 Kilometer entfernt, ausweichen. Der recht einfache Platz liegt direkt an der Landstraße: Camping Glemmerhof, Nr. 52, A-5752 Viehhofen, Tel: (0043)(0)6542/68576, Fax: (0043)(0)6542/68981.*
Geführte Touren: *Radsportclub Saalbach-Hinterglemm, Hasenbachweg 3, Rudi Steger, Tel: (0043)(0)6541/7700, jeden Donnerstag für jedermann. Für Gäste des Hotels Barbarahof gibt es spezielle Wochenprogramme: Hotel Barbarahof, A-5753 Saalbach-Hinterglemm, Tel: (0043)(0)6541/7700, Fax: (0043)(0)6541/7707, E-Mail: hotel@barbarahof.at, Internet: www.barbarahof.at*
Bikeshop: *Den nächsten kompetenten Bikeshop findet man in Leogang – Pinzgauer Fahrradcenter, A-5771 Leogang, Dorf 84, Tel: (0043)(0)6583/7153.*

Rudi Steger ist nicht nur der Chef des Bike-Hotels Barbarahof zwischen Saalbach und Hinterglemm, sondern auch Biker der ersten Stunde. Sommertags kurbelt er mit seinen Gästen dann beispielsweise besonders gern hinauf zum Schattberg. Aber das ist eine echte Hammerrunde, die erst nach 1200 Höhenmetern am Stück ihren höchsten Punkt erreicht. Danach folgt allerdings Fun pur. Supersingletrails führen über die Hacklberger-Alm und Hinterglemm retour ins Tal und beschließen diese absolute Traumrunde.

Routenverlauf

Bitte gehen Sie niemals ohne die angegebene topographische Karte auf Tour, und beachten Sie die Hinweise auf den Seiten 8 und 9.

km 0,0 / 1018 m (Höhe über NN) Am Bike-Hotel »Barbarahof« Straße und Saalach queren und dann am Bach entlang talabwärts auf markiertem Radweg nach »Jausern«.
5,2 / 950 m An der Talstation der Schönleitenbahn rechts zum Hang. Dort links nach Jausern. Hier rechts auf Teer. Dann sofort wieder rechts durch den Löhnersbachgraben.
8,6 / 1134 m Scharf rechts. Nach 170 m an Jausenstation »Rammern« links bergan Richtung »Schattberg«.
12,9 / 1725 m 90 m nach Limberg-Alm rechts steil bergan. Bei km 14,4 an T links. 500 m weiter rechts steil bergan Richtung »Westgipfel-Haus«.
17,0 / 2096 m Vor Seilbahnstation am Westgipfel scharf links über Grasbuckel. Dort dann dem markierten Weg über den Grat bergab folgen. Nach 110 m passiert man einen Schotterweg, wei-

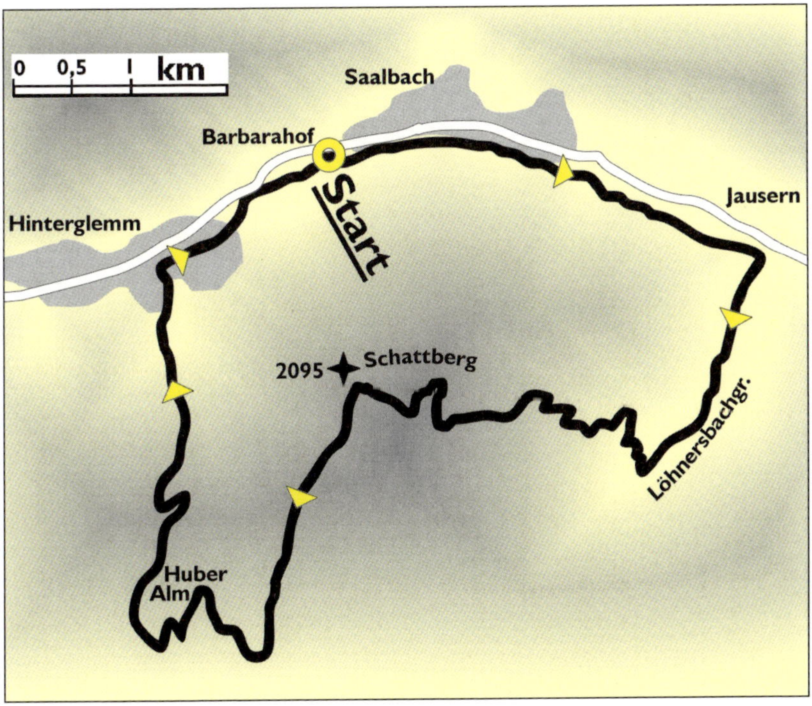

ter über den Kamm bis zum »Marxtensattel«. Hier ebenfalls geradeaus in Richtung »Hacklberger-Alm«. Bei km 17,6 rechts (»7«). 80 m weiter etwas links halten.

19,4 / 1760 m An der Hacklberger-Alm rechts auf Schotter. Nach 100 m links und auf Grastrail um das Tal herum. Bei km 20,2 an einer alten Hütte rechts halten.

22,3 / 1716 m Ab der Huber-Hochalm geradeaus auf Schotter weiter. Bei km 24,5, nahe der Huber-Grundalm, scharf rechts und auf Schotter bergab.

25,8 / 1260 m Nach Schranke rechts durch den »Schwarzacher Graben« talabwärts nach »Hinterglemm«.

28,0 / 1100 m Kurz vor der Brücke links, sofort rechts auf »Promenade« weiter bergab. Nach 600 m an der Talstation der Zwölferkogelbahn auf Teer geradeaus zur Landstraße. Dort rechts halten. Vor Tunnel wieder rechts, Fußgängerzone passieren. Danach auf Straße zurück zum Ausgangspunkt am Bikehotel »Barbarahof« (km 31,5 / 1018 m).

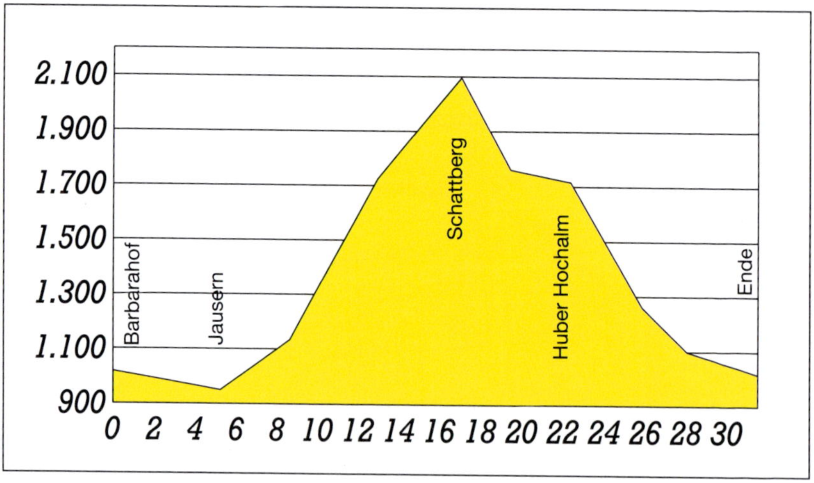

39 Schmittenhöhe

infos

Gesamtstrecke: *27,6 Kilometer.*
Anstiege: *1299 Höhenmeter.*
Schwierigkeit: *schwer, allerdings ohne fahrtechnische Schwierigkeiten.*
Reine Fahrzeit: *2,5 bis 4 Stunden.*

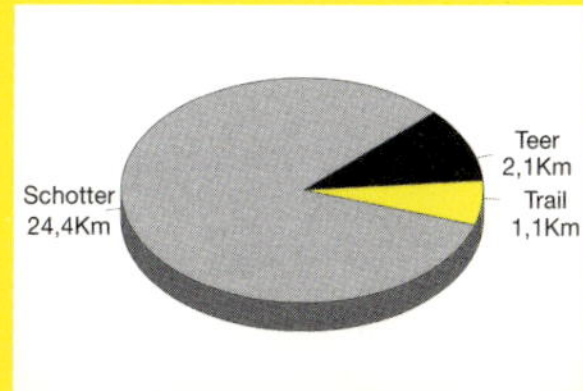

Karte: *Freytag & Berndt, 1:50.000, WK 382 »Zell am See«.*
Anfahrt zum Startplatz: *Die A 8 München-Salzburg über die Abfahrt »Siegsdorf« verlassen. Dann weiter über Inzell und Lofer nach Zell am See. Dort vor Schmittentunnel in den Ort abbiegen. Bald links am See entlang. Die Tour startet am Grand Hotel direkt am See.*
Alternative Startorte: *Von Schüttdorf, Kaprun, Bruck, Maishofen und Thumersbach kann man den Startpunkt auch wunderbar per Tauernradweg und Seerundweg erreichen.*
Auskunft: *Zell am See Information, Brucker Bundesstr. 3, A-5700 Zell am See, Tel: (0043)(0)6542/770, Fax: (0043)(0)6542/2032, E-Mail: zell@gold.at, Internet: www.zellamsee.com*
Camping: *Sehr gemütlich ist es auf dem Platz Südufer Camping, Seeuferstr. 196, A-5700 Zell am See-Thumersbach, Tel: (0043)(0)6542/56228. Außerdem: Seecamp, Thumersbacher Str. 34, A-5700 Zell-am-See-Thumersbach, Tel: (0043)(0)6542/72115.*
Geführte Touren: *Adventure Service, Steinergasse 9, A-5700 Zell am See, Tel: (0043)(0)6542/73525, Fax: (0043)(0)6542/74280.*
Bikeshop: *Sport Scholz, Bahnhofstr. 13, A-5700 Zell am See, Tel: (0043)(0)6542/73525, Fax: (0043)(0)6542/74280.*

Auch das mondäne Zell am See hat Supertouren zu bieten, wie diese hinauf zum Hausberg Schmittenhöhe. Ein Berg, in Sportlerkreisen bestens bekannt, wedeln oder carven doch hier im Winter zahlreichst Skihaserln und ihre Verehrer. Nun stehen an diesem Berg auch sommers wenigstens die großen Seilbahnen nicht still. Biker, die Ruhe und Abgeschiedenheit vorziehen, könnten das als Nachteil empfinden, da mehr oder minder große Gruppen von Spaziergängern auf den wenigen Wegen ebenfalls unterwegs sind und manchmal sogar von Hütte zu Hütte schunkeln. Dennoch ist die Schmitten, wie die Einheimischen liebevoll ihren Berg nennen, immer eine Bikepartie wert, denn geradezu überwältigend präsentiert sich vom Gipfel der Rundumblick, der zu den schönsten Österreichs zählt.

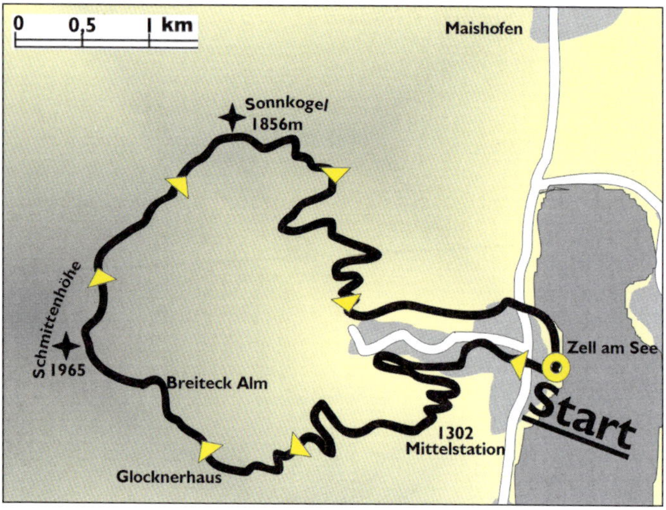

Routenverlauf

Bitte gehen Sie niemals ohne die angegebene topographische Karte auf Tour, und beachten Sie die Hinweise auf den Seiten 8 und 9.

km 0,0 / 750 m (Höhe über NN)
Ab »Grand Hotel« Richtung Fußgängerzone, Bahngleise queren und nächste rechts. Nach 190 m links am »Salzburger Hof« entlang. Dann geradeaus bis zur Hauptstraße. Diese queren und auf »Schillerstr.« weiter bergan.
0,8 / 785 m Am Hotel »St. Georg« links über Brücke, sofort rechts und auf »Schmittenstr.« rechts bergan bis zum Gasthof »Stadt Wien«. Dort links über Parkplatz und auf Pfad bergan zum »Skiweg«. Auf diesem rechts bergan.
2,1 / 870 m Links auf Fahrweg. Nach 100 m rechts auf Singletrail, bald breiter Weg, abbiegen und weiter auf »Skiweg« bergan.
2,5 / 900 m Kurz nach Gasthaus »Tannenhof« scharf links und auf Hangweg bergan. Am Gasthaus »Köhlergraben« geradeaus, Schranke passieren.
2,9 / 910 m Etwas rechts auf breitem Schotterweg weiter. Bei km 3,8 rechts zur Kuppe. Dort wieder rechts und auf »Schmittenhöheweg« Richtung »Mittelstation«.
7,3 / 1326 m Am Gasthof »Mittelstation« rechts steil bergan Richtung »Glocknerhaus«. Nach 300 m geradeaus auf Hauptweg bleiben.
9,6 / 1575 m Nach Gasthaus »Glocknerhaus« links auf Schotter teilweise fies bergan.
12,1 / 1900 m An Bergstation der »Breiteckbahn« rechts über den Kamm weiter bergan.

12,7 / 1965 m Am Berghotel »Schmittenhöhe« geradeaus auf dem Höhenweg. Nach 300 m links, bald an Gasthaus »Hochzeller-Alm« entlang.

13,1 / 1915 m Etwas links um Seilbahnstation herum. Danach rechts durch Mulde und bergan zur Bergstation der Sonnengratbahn. Dort bei km 14,0 rechts auf Schotter bergab.

15,1 / 1856 m Am Sonnkogel nach Seilbahnstation rechts auf Schotter bergab Richtung Gasthaus »Schmiedhof-Alm«. Dort rechts auf Schotterweg bergab.

17,9 / 1505 m Scharf rechts halten. Dann an Gasthaus »Sonnen-Alm« und Seilbahnstation entlang und auf Schotter bergab Richtung »Hochfalleck«.

20,2 / 1140 m Links, weiter bergab. Nach 630 m Schranke passieren und rechts bergab.

22,3 / 980 m Am »Farchenegg« rechts. Etwas weiter, oberhalb vom Gasthof »Schwebebahn« links auf Schotter bergan. Am Apartmenthaus »Schmiedhof« dann rechts bergan. Bei km 21,7 links bergan halten.

23,3 / 980 m An T rechts auf Schotter bergab. Nach 350 m dann links auf Teer, weiter bergab.

24,1 / 920 m Etwas links. Nach 200 m rechts auf »Dr.-Müller-Promenade« weiter. Bei km 25,1 am Hotel »Eichenhof« links. 90 m weiter rechts auf »Waldpromenade« weiter.

25,4 / 840 m Rechts auf Pfad. Nach 250 m auf Schotter, bald auf Teer bergab.

26,2 / 755 m An Bundesstraße rechts durch Fußgängerunterführung zum See. Danach rechts am See entlang zurück zum Ausgangspunkt (km 27,6 / 750 m).

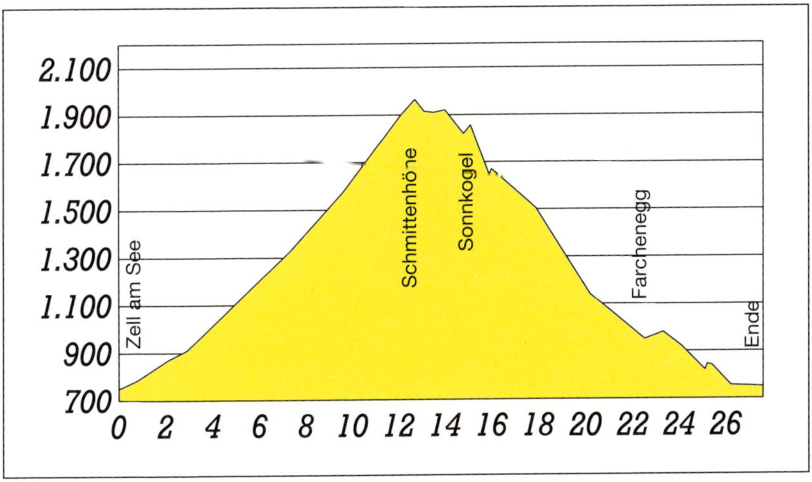

40 Von Thumersbach zum Hundstein

infos

Gesamtstrecke: *41,7 Kilometer.*
Anstiege: *1420 Höhenmeter.*
Schwierigkeit: *schwer.*
Reine Fahrzeit: *3,5 bis 5 Stunden.*

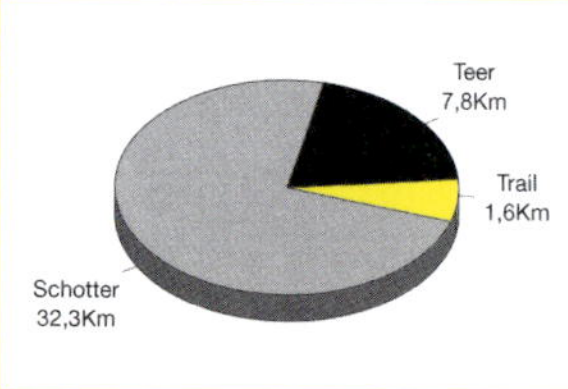

Karte: *Freytag & Berndt, 1:50.000, WK 103 »Saalfelden«.*
Anfahrt zum Startplatz: *Die A 8 München-Salzburg über die Abfahrt »Siegsdorf« verlassen. Dann weiter über Inzell und Lofer nach Zell am See. Kurz vorher nach Thumersbach abbiegen. Die Tour startet am Krankenhaus in Thumersbach.*
Alternative Startorte: *Maria Alm, Saalfelden, Maishofen. Außerdem kann man von Schüttdorf, Kaprun, Bruck und Zell am See den Startpunkt wunderbar per Tauernradweg und Seerundweg erreichen.*
Auskunft: *Zell am See Information, Brucker Bundesstr. 3, A-5700 Zell am See, Tel: (0043)(0)6542/770, Fax: (0043)(0)6542/2032, E-Mail: zell@gold.at, Internet: www.zellamsee.com*
Camping: *Sehr gemütlich ist es auf dem Platz Südufer Camping, Seeuferstr. 196, A-5700 Zell am See-Thumersbach, Tel: (0043)(0)6542/56228. Außerdem: Seecamp, Thumersbacher Str. 34, A-5700 Zell am See-Thumersbach, Tel: (0043)(0)6542/72115.*
Geführte Touren: *Adventure Service, Steinergasse 9, A-5700 Zell am See, Tel: (0043)(0)6542/73525, Fax: (0043)(0)6542/74280.*
Bikeshop: *Sport Scholz, Bahnhofstr. 13, A-5700 Zell am See, Tel: (0043)(0)6542/73525, Fax: (0043)(0)6542/74280.*

Wer seinen Bikeurlaub in der Europasportregion, wie sich das Gebiet um den Zeller See selbst bezeichnet, verbringt, hat sich ganz sicher einen der Topspots in den Ostalpen ausgesucht. Das bestätigt auch diese Runde, die zu einem fast ein wenig geheimnisumwedelten Alpenklassiker gehört. Vom Start weg in Thumersbach kurbelt man erst einmal auf Teer, später auf einer scheinbar endlosen Schotterpiste via Enzianhütte, Erlhofplatte und Moos-Alm bergan, bergan, bergan. Optisch grandios wird es dann weit oben auf dem Kammweg. Die sonst eher sanft wirkenden Grasberge verlieren sich hier in schroffen Steilabfällen und aus der Tiefe heraufgähnender Schluchten. Kurzum, das Gelände hat hochalpinen Charakter. Dazu passt auch der steile Trail zum Gipfel, den nur Cracks mit sattem Stehvermögen nahezu ganz fahren können. Nach möglichem Einkehrdrift ins Statzerhaus vernichtet man die mühsam erstrampelten Höhenmeter auf einem Downhill von etwas mehr als 20 Kilometern. Einfach traumhaft, auch wenn bei der Auffahrt schon mal die Waden und ganz sicher bei der Abfahrt die Felgen glühen.

Routenverlauf

Bitte gehen Sie niemals ohne die angegebene topographische Karte auf Tour, und beachten Sie die Hinweise auf den Seiten 8 und 9.

km 0,0 / 750 m (Höhe über NN) Ab Krankenhaus Thumersbach auf Straße um die Ostseite des Zeller Sees. Nach 800 m am Dorfplatz links ins Thumersbacher Tal. Nach 130 m rechts auf geteertem »Erlbergweg« Richtung »Enzianhütte«. Nach weiteren 250 m links bergan.

2,9 / 940 m Links, nächste wieder links, weiter Richtung »Enzianhütte«.

4,8 / 1170 m Am Ende des Teerweges Schranke passieren und auf Schotter weiter. Nach 450 m rechts bergan an »Enzianhütte« entlang Richtung »Hundstein«.

5,8 / 1270 m Rechts ab. 1600 m weiter wieder rechts und bei km 7,8 dann

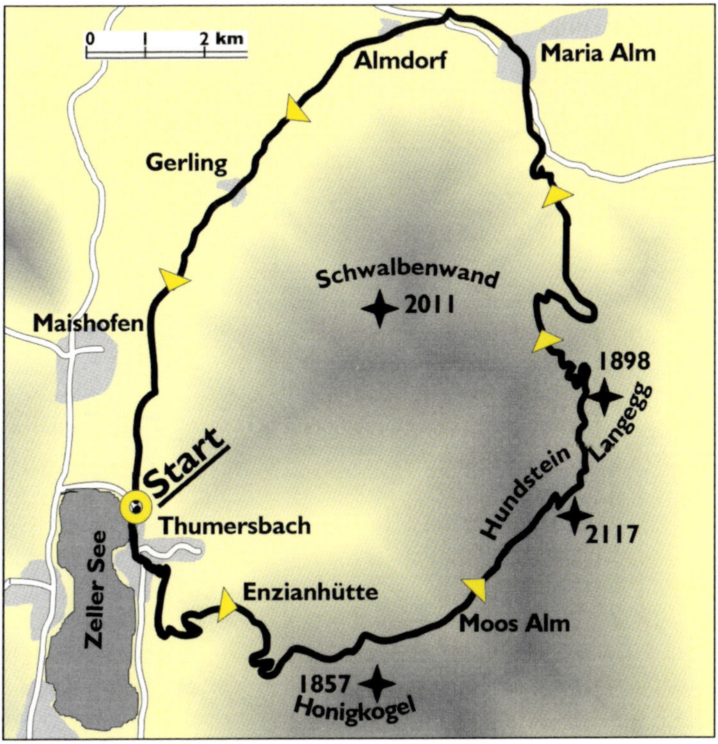

links halten, ständig den Hinweisen »Hundstein« folgen.
10,9 / 1760 m An Gabelung links Richtung »Statzerhaus«.
14,0 / 1920 m An Gabelung etwas links und auf Trail teilweise steilst bergan.
15,0 / 2070 m Rechts auf Fahrweg zum Gipfel bzw. »Statzerhaus«. Dort retour und geradeaus per Schotterpiste den Hinweisen Richtung »Maria-Alm« folgen.
21,5 / 1540 m An Abzweig geradeaus. Nach 150 m an Gabelung links. An nächster Gabelung wieder links.
23,0 / 1444 m An »Aberg-Alm« scharf links, weiter bergab.
24,4 / 1260 m Rechts halten und weiter auf Hauptweg Richtung »Maria-Alm«.
25,1 / 1084 m An »Eberl-Alm« geradeaus auf Schotter steil bergab. Nach 350 m an Bauernhof ebenfalls geradeaus und bald auf Singletrail bergab. Bei km 25,7 an Skipiste rechts, Unterführung passieren und auf Schotter weiter bergab. 350 m weiter rechts halten und nun auf Teer bergab.
26,5 / 840 m Links über Kuppe. Danach, kurz vor Straße, links am Flüschen entlang in eine »Sackgasse«.
28,6 / 804 m Straße queren, dann erst auf Schotter ein kurzes Stück, anschließend rechts auf Teer, sofort links und auf markiertem Radweg am Flüschen Urslau entlang.
29,7 / 787 m Links, Brücke queren, dann rechts auf Straße, nächste links nach Almdorf und dem »Tauernradweg« über »Hof«, »Ruhgassing« und »Gerling« bis nach »Mayrhofen« folgen. Dort rechts auf geschottertem »Pinzgaradweg« weiter bis zum Ausgangspunkt am Krankenhaus in Thumersbach (km 41,7 / 750 m).

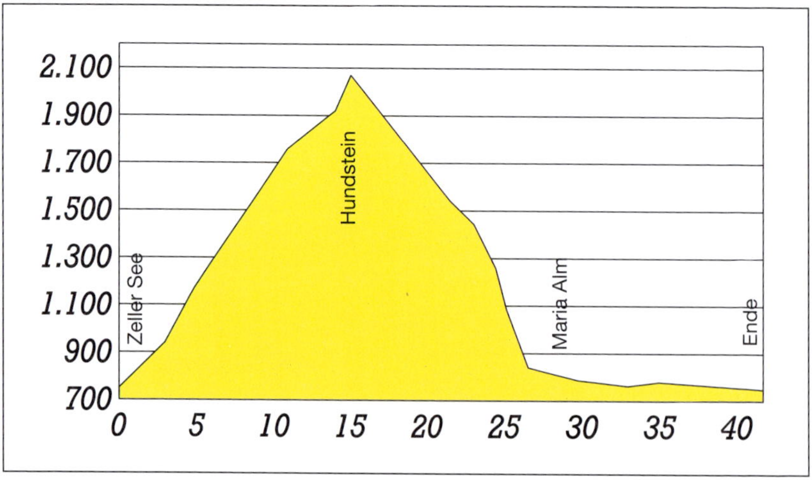

41 Schwalbenwand

infos

Gesamtstrecke: *30,3 Kilometer.*
Anstiege: *1200 Höhenmeter.*
Schwierigkeit: *mittel, mit schwierigem Abschnitt im Gipfelbereich.*
Reine Fahrzeit: *2,5 bis 4 Stunden.*

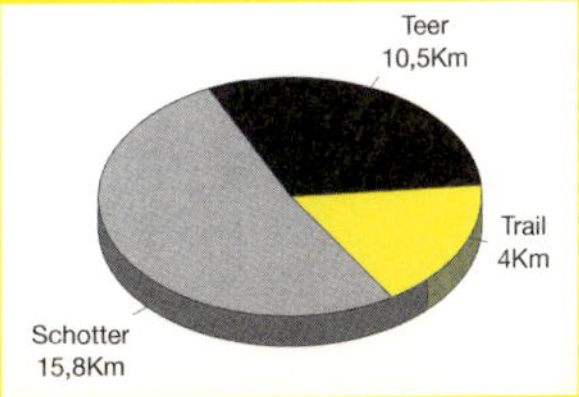

Karte: *Freytag & Berndt, 1:50.000, WK 382 »Zell am See«.*
Anfahrt zum Startplatz: *Die A 8 München-Salzburg über die Abfahrt »Siegsdorf« verlassen. Dann weiter über Inzell und Lofer nach Zell am See. Kurz vor dem See nach »Thumersbach« abbiegen. Die Tour startet dort am Dorfplatz.*
Alternative Startorte: *Maishofen. Außerdem kann man von Schüttdorf, Kaprun, Bruck, Saalfelden und Zell am See den Startpunkt wunderbar per Tauernradweg und Seerundweg erreichen.*
Auskunft: *Zell am See Information, Brucker Bundesstr. 3, A-5700 Zell am See, Tel: (0043)(0)6542/770, Fax: (0043)(0)6542/2032, E-Mail: zell@gold.at, Internet: www.zellamsee.com*
Camping: *Sehr gemütlich ist es auf dem Platz Südufer Camping, Seeuferstr. 196, A-5700 Zell am See-Thumersbach, Tel: (0043)(0)6542/56228. Außerdem: Seecamp, Thumersbacher Str. 34, A-5700 Zell am See-Thumersbach, Tel: (0043)(0)6542/72115.*
Geführte Touren: *Adventure Service, Steinergasse 9, 5700 Zell am See, Tel: (0043)(0)6542/73525, Fax: (0043)(0)6542/74280.*
Bikeshop: *Sport Scholz, Bahnhofstr. 13, A-5700 Zell am See, Tel: (0043)(0)6542/73525, Fax: (0043)(0)6542/74280.*

Alles dabei: Vom ungeliebten Teer bis hin zur knackigen Trialpassage bietet diese Tour Abwechslung pur. Ab dem Dorfplatz in Thumersbach kurbelt man erst einmal auf Teer durchs Tal. Auch der erste Teil des Anstiegs führt über den ungeliebten Asphalt, obwohl man durch optimale Traktion gut voran kommt. Ab dem Mitterberghof – hier hat man schlichtweg die beste Aussicht auf den Zeller See – radelt man auf einem Forstweg weiter bergan bis zur gemütlichen Schützing-Alm. Nach einer zünftigen Einkehr geht's weiter bergan. Das letzte Stück des Anstiegs muss man zu Fuß bewältigen. Am Gipfelkreuz wird man dann mit einer fantastischen Aussicht belohnt. Die Abfahrt hat es dann in sich. Ein traumhafter Pfad führt über Almwiesen bergab und sorgt für plötzliche Adrenalinschübe, wenn Auswaschungen und loses Geröll zu ungewollten Rutschern führen können. Viel zu schnell hat der Spaß dann sein Ende. Man rollt im Tal auf dem geteerten Radweg zum Ufer des Zeller Sees zurück.

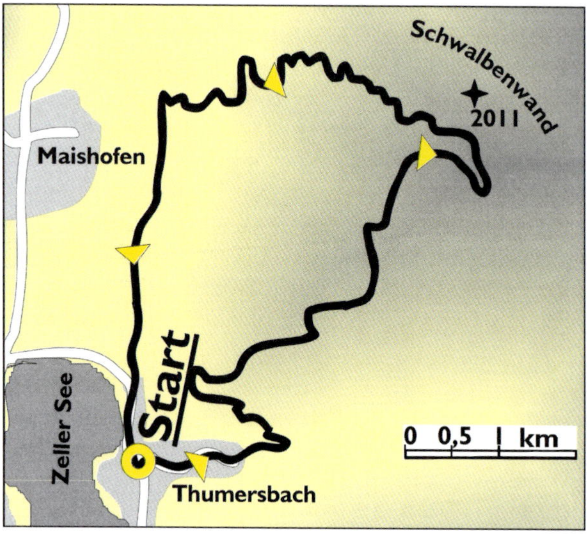

(Viehtränke) wieder links und fast eben weiter.
14,6 / 1820 m An Wegende rechts 50 m weglos bergan. An Abzweig zum Gipfel (Aufstieg zu Fuß wegen toller Aussicht sehr lohnend) geradeaus auf markiertem Singletrail Richtung »Kammer-Alm« bergab.
15,5 / 1860 m An Wegweiser »Mitterberghof« geradeaus auf kaum sichtbarem Singletrail weiter über die Almwiese bergab Richtung »Maishofen«.
19,2 / 1500 m An Almhütte rechts auf breitem Forstweg bergab.
20,4 / 1231 m Kurz vor nächster Almhütte an Gabelung links auf Trail bergab Richtung »Schloss Kammer«. Nach 650 m wieder links und auf der »Rodelbahn« bergab.
25,4 / 785 m Im Tal, kurz nach Schloss Kammer links auf Schotterweg weiter Richtung »Thumersbach«.
26,2 / 780 m Bei Siedlung links auf Teer. Nach 400 m links auf Teerweg weiter.
28,7 / 760 m Geradeaus durch Einbahnstraße am Krankenhaus entlang. Dann auf Schotterweg zur Straße. Hier links zurück zum Ausgangspunkt am Dorfplatz Thumersbach (km 30,3 / 756 m).

Routenverlauf

Bitte gehen Sie niemals ohne die angegebene topographische Karte auf Tour, und beachten Sie die Hinweise auf den Seiten 8 und 9.

km 0,0 / 756 m (Höhe über NN)
Ab Dorfplatz Thumersbach auf »Talstraße« bergan. Bei km 4,6 links auf geteertem »Mitterbergweg« Richtung »Schützing-Alm«.
8,0 / 1240 m Am »Mitterberghof« (gute Einkehr) rechts, Schranke passieren und auf Forstweg bergan bis zur »Schützing-Alm«. Bei km 9,5 an Wege-T rechts halten.
12,5 / 1655 m An »Schützing-Alm« geradeaus auf Forstweg weiter bergan.
13,4 / 1740 m An Wege-T links. Nach 500 m am Abzweig Hundstein

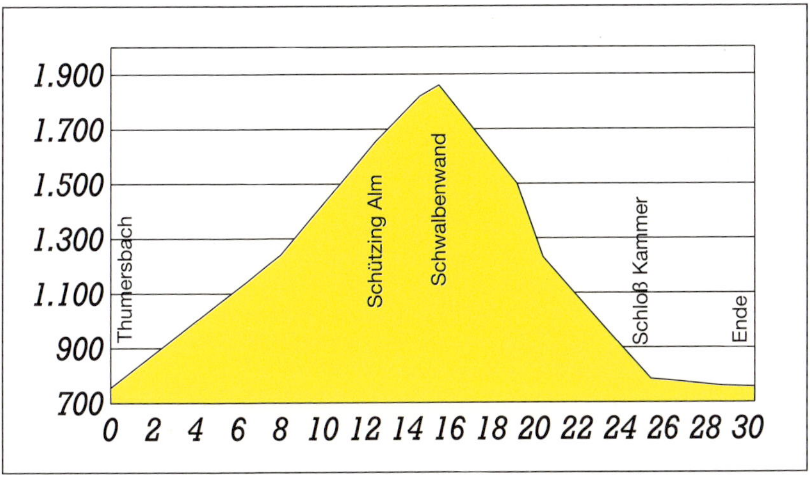
1.900
1.700
1.500
1.300
1.100
900
700
Thumersbach
Schützing Alm
Schwalbenwand
Schloß Kammer
Ende
0 2 4 6 8 10 12 14 16 18 20 22 24 26 28 30

42 Lechner Berg

Gesamtstrecke: *19,8 Kilometer.*
Anstiege: *610 Höhenmeter.*
Schwierigkeit: *leicht.*
Reine Fahrzeit: *1 bis 2 Stunden.*

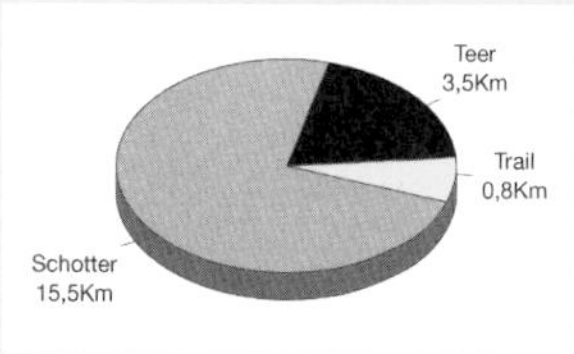

Karte: *Freytag & Berndt, 1:50.000, WK 382 »Zell am See«.*
Anfahrt zum Startplatz: *Von Zell am See oder Mittersill nach Kaprun. Dort am Ortseingang auf dem Parkplatz Schaufelberg (gleich an der »Baumbar«) auch diese nette Runde starten.*
Alternative Startorte: *Bruck. Außerdem kann man den Startpunkt per Tauernradweg von Schüttdorf, Zell am See, Thumersbach Piesendorf, Fürth und Niedernsill ruckzuck erreichen.*
Auskunft: *Kaprun-Information, Salzburger Platz 601, A-5710 Kaprun, Tel: (0043)(0)6547/86430, Fax: (0043)(0)6547/8192, E-Mail: kaprun@kaprun.net, Internet: www.europa-sport-region.com*
Camping: *Camping zur Mühle, Familie Nindl, Hausnr. 38, A-5710 Kaprun, Tel: (0043)(0)6547/8254, Fax: (0043)(0)6547/825489, E-Mail: muehle@kaprun.at*
Geführte Touren: *Für Hausgäste bietet der Gasthof Auhof, Augasse 3, A-5710 Kaprun, Tel: (0043)(0)6547/8540, Fax: (0043)(0)6547/8540, E-Mail: auhof@netway.at, Internet: http://www.holiday.at/auhof zwischen Juni und Oktober tolle MTB-Touren an; zudem: Mont Alpin, Fam. Schett, A-5710 Kaprun, Tel: (0043)(0)6641725483, Fax: (0043)(0)6547/84384, E-Mail: schett@mont-alpin.at; weiter: Erlebnis-Welt Kaprun, Burgi Englacher, A-5710 Kaprun 74, Tel: (0043)(0)664/2010818, Fax: (0043)(0)6547/80704; oder: Freaks on Tour, Frank Schumann, A-5710 Kaprun, Tel: (0043)(0)6547/7760, Fax: (0043)(0)6547/7760, Mobil: (0043)(0)664/2530381, E-Mail: office@fot.at; außerdem bietet die Kapruninfo auf Anfrage für Gäste von Kaprun (mit Gästekarte) geführte Touren gratis an (Adresse s. oben).*
Bikeshops: *Zweirad Oberhauser, Landesstr. 714, A-5710 Kaprun, Tel: (0043)(0)6547-8360, Fax: (0043)(0)6547/7181, E-Mail: zweirad-oberhauser@kaprun.at; Hilfe bekommt man auch bei Intersport Bründl, Sigmund-Thun-Str. 642, A-5710 Kaprun, Tel: (0043)(0)6547/8388, Fax: (0043)(0)6547/838831, E-Mail: office@bruendl.co.at*

»Welcome in Kaprun«. Nicht nur Motto für den bekanntermaßen alljährlichen Worldcup-Downhill, sondern auch für die WM 2002. Damit dürfte der Ort dann endgültig Kultstatus erlangt haben. Auch ein Grund, warum wir das Speedmekka in diesem Buch ausführlich vorstellen. Wie die sehr leichte Tour über den Lechner Berg: genau richtig zum Einradeln und Akklimatisieren. Denn bis auf einen kernigen Singletrail mittendrin rollt man fast ausnahmslos über breite Schotterpisten.

Routenverlauf

Bitte gehen Sie niemals ohne die angegebene topographische Karte auf Tour, und beachten Sie die Hinweise auf den Seiten 8 und 9.

km 0,0 / 780 m (Höhe über NN) Am Großparkplatz an der »Baumbar« Hauptstraße queren und auf »Augasse«, dann »Tauernradweg« Richtung »Bruck«.
5,1 / 770 m In Bruck rechts auf Teer. Nach 550 m rechts auf Straße ein Stück Richtung »Großglockner«.
5,8 / 775 m »Tauernradweg« verlassen und auf Straße geradeaus weiter. Bei km 6,3, am Ortsende von Bruck-Pichl, rechts Richtung »Brucker Berg«.
8,0 / 910 m An Gabelung geradeaus auf Hauptweg bergan.
11,8 / 1176 m An Gabelung links halten.
13,3 / 1345 m Kurz vor Ende der Schotterpiste rechts auf markiertem Singletrack (je nach Können mehr oder weniger fahrbar) bergab. 650 m weiter links, Holzsteg queren und bald geradeaus auf Schotter weiter.
14,3 / 1180 m An Kreuzung ganz rechts bergab Richtung »Kaprun«. 230 m weiter geradeaus.
15,8 / 1115 m An Gabelung rechts nach »Kaprun«.

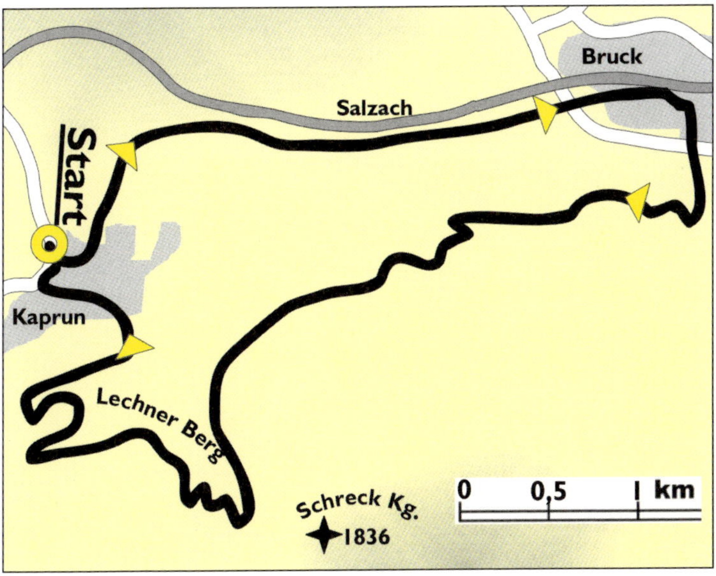

18,1 / 880 m An Skiwiese »Lechner Berg« geradeaus. Bald auf Teer weiter. Nach 300 m rechts über Brücke. Danach links bergab.

18,8 / 820 m Wieder links über Brücke. Dann rechts auf »Imbachstraße« bergab bis zum Gemeindeamt. Dort links über Marktplatz. Anschließend rechts auf Straße an Kapruner Ache entlang bis zum Ausgangspunkt (km 19,8 / 780 m).

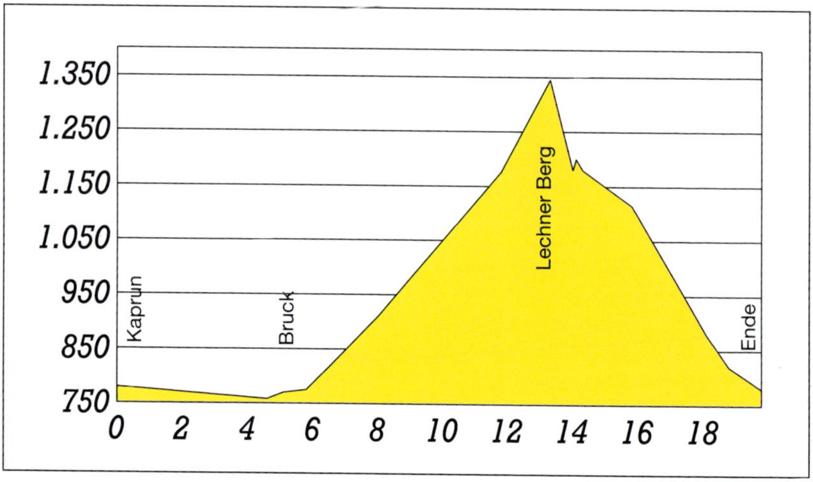

43 Worldcup-Berg Maiskogel

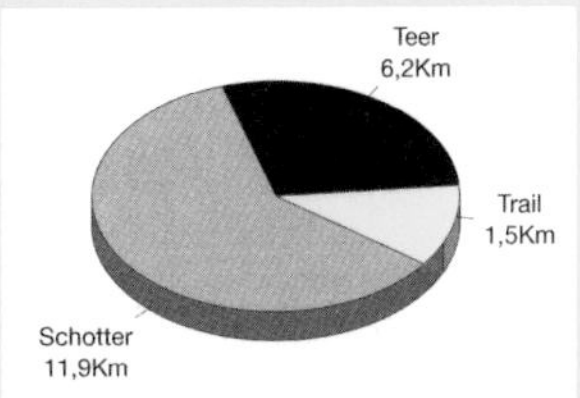

Gesamtstrecke: *19,6 Kilometer.*
Anstiege: *945 Höhenmeter.*
Schwierigkeit: *mittel.*
Reine Fahrzeit: *1,5 bis 3 Stunden.*

Karte: *Freytag & Berndt, 1:50.000, WK 382 »Zell am See«.*
Anfahrt zum Startplatz: *Von Zell am See oder Mittersill nach Kaprun. Dort am Ortseingang auf dem Parkplatz Schaufelberg (gleich an der »Baumbar«) auch diese nette Runde starten.*
Alternative Startorte: *Bruck. Außerdem kann man den Startpunkt per Tauernradweg von Schüttdorf, Zell am See, Thumersbach, Piesendorf, Fürth und Niedernsill ruckzuck erreichen.*
Auskunft: *Kaprun-Information, Salzburger Platz 601, A-5710 Kaprun, Tel: (0043)(0)6547/86430, Fax: (0043)(0)6547/8192, E-Mail: kaprun@kaprun.net, Internet: www.europa-sport-region.com*
Camping: *Camping zur Mühle, Familie Nindl, Hausnr. 38, A-5710 Kaprun, Tel: (0043)(0)6547/8254 Fax: (0043)(0)6547/825489, E-Mail: muehle@kaprun.at*
Geführte Touren: *Für Hausgäste bietet der Gasthof Auhof, Augasse 3, A-5710 Kaprun, Tel: (0043)(0)6547/8540, Fax: (0043)(0)6547/8540, E-Mail: auhof@netway.at, Internet: http://www.holiday.at/auhof zwischen Juni und Oktober tolle MTB-Touren an; zudem: Mont Alpin, Fam. Schett, A-5710 Kaprun, Tel: (0043)(0)6641725483, Fax: (0043)(0)6547/84384, E-Mail: schett@mont-alpin.at; weiter: Erlebnis-Welt Kaprun, Burgi Englacher, A-5710 Kaprun 74, Tel: (0043)(0)664/2010818, Fax: (0043)(0)6547/80704; oder: Freaks on Tour, Frank Schumann, A-5710 Kaprun, Tel: (0043)(0)6547/7760, Fax: (0043)(0)6547/7760, Mobil: (0043)(0)664/2530381, E-Mail: office@fot.at; außerdem bietet die Kapruninfo auf Anfrage für Gäste von Kaprun (mit Gästekarte) geführte Touren gratis an (Adresse s. oben).*
Bikeshops: *Zweirad Oberhauser, Landesstr. 714, A-5710 Kaprun, Tel: (0043)(0)6547-8360, Fax: (0043)(0)6547/7181, E-Mail: zweirad-oberhauser@kaprun.at; Hilfe bekommt man auch bei Intersport Bründl, Sigmund-Thun-Str. 642, A-5710 Kaprun, Tel: (0043)(0)6547/8388, Fax: (0043)(0)6547/838831, E-Mail: office@bruendl.co.at*

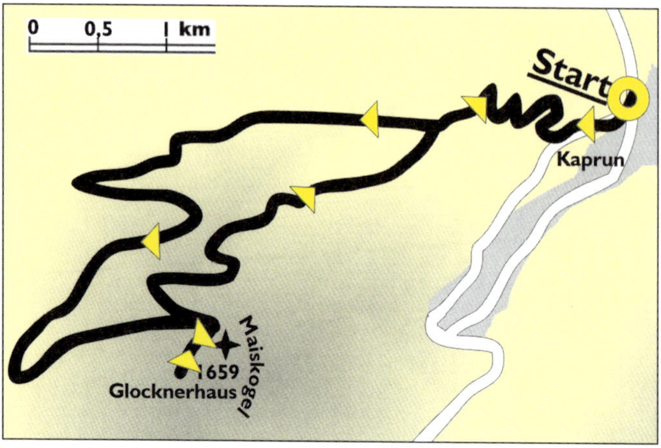

Wer kennt den Maiskogel nicht? Seit Jahren stürzen sich die Downhillpros vom Hausberg Kapruns ins Tal hinunter. Wer das Feeling auch nur ein wenig nachvollziehen möchte, für den ist diese Runde Pflicht. Erst auf Teer, dann auf Schotter geht es recht gemütlich hinauf. Ab der Bergstation der Maiskogelbahn wird es dann heftig. Der letzte Anstieg zum Gasthof Glocknerblick lutscht an der Kondition. Bergab wandelt man auf der alten Worldcupstrecke: Erst Schotter, dann die Waldpassage und zuletzt der Singletrail führen zur Weißstein-Alm. Nun rollt man auf Teer zurück ins Tal, wo man am besten dem Auhof einen Besuch abstattet. Denn: Biker sind hier nicht einfach nur Gäste, sondern spüren die Lebensphilosophie der bikebegeisterten Familie Rauter. Das ist Gastfreundschaft mit Herz. Und wenn man Glück hat, bekommt man hier auch die Pros des Worldcupzirkusses zu sehen. Denn Nico Vouilloz und überhaupt das ganze GT-Team übernachten hier während der Renntage.

Routenverlauf

Bitte gehen Sie niemals ohne die angegebene topographische Karte auf Tour, und beachten Sie die Hinweise auf den Seiten 8 und 9.

km 0,0 / 780 m (Höhe über NN)
Ab dem Großparkplatz an der Baumbar auf Straße zunächst nach Kaprun ins Zentrum. Nach 470 m rechts auf »Schulstr.« Richtung »Schaufelberg«. Nach weiteren 100 m rechts ab auf »Schaufelbergstr.« bzw. »Güterweg Maiskogel« bergan.
1,3 / 850 m Rechts auf Hauptweg bergan. Nach 320 m am Gasthaus »Unteraiger« links halten. Bei km 2,2 wieder links bergan.

3,1 / 1024 m An Abzweig »Weißstein-Alm« etwas rechts. Nach 200 m links halten. Nach weiteren 500 m rechts, auf Schotter, »Dietersbachweg«, bergan.
6,2 / 1232 m Links halten. Knapp 400 m weiter rechts. Bei km 7,6 an Gabelung wieder rechts.
9,0 / 1500 m An Gabelung scharf links. Nach 850 m Lifttrasse passieren und geradeaus auf nur teilweise fahrbarem Trail weiter. Anschließend geradeaus auf Schotter weiter. Nahe Maiskogelbahn-Bergstation rechts bergan zum Gasthof »Glocknerblick«. Danach auf gleichem Weg retour bis zum Abzweig nahe der Bergstation. Dort geradeaus.
12,1 / 1570 m Am Lift links auf breitem Schotterweg bergab.
14,0 / 1376 m Etwas links durch die Waldpassage. Dann Schotterweg kreuzen und weiter auf Trail bergab. Nach insgesamt 530 m rechts auf Schotter bergab.
15,3 / 1184 m Rechts auf Singletrail Richtung »Kaprun« (»1«). Nach 800 m geradeaus auf Teer weiter bis zum Abzweig »Weißstein-Alm«. Dort bei km 16,4 geradeaus und umgekehrt wie bei der Auffahrt retour zum Ausgangspunkt an der »Baumbar« (km 19,6 / 780 m).

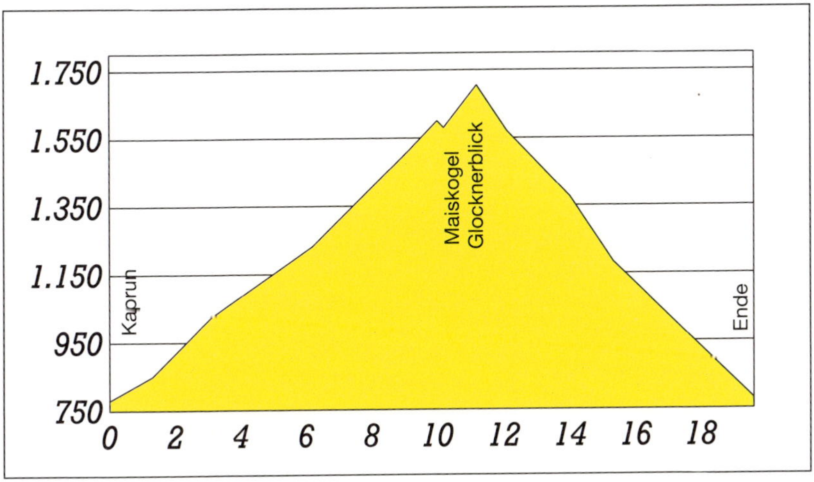

44 Hochsonnberg-Tour

infos

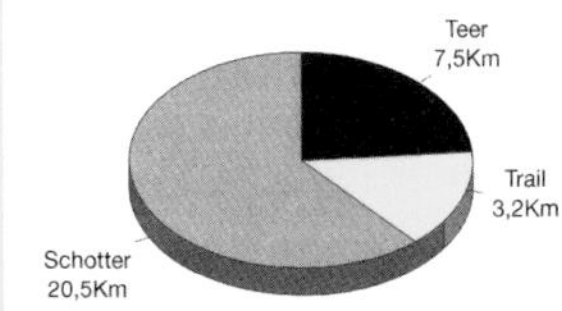

Gesamtstrecke: *31,2 Kilometer.*
Anstiege: *1130 Höhenmeter.*
Schwierigkeit: *konditionell schwer, technisch mittel.*
Reine Fahrzeit: *2,5 bis 4 Stunden.*

Karte: *Freytag & Berndt, 1:50.000, WK 382 »Zell am See«.*
Anfahrt zum Startplatz: *Von Zell am See oder Mittersill nach Kaprun. Dort am Ortseingang auf dem Parkplatz Schaufelberg (gleich an der »Baumbar«) diese wunderschöne Runde starten.*
Alternative Startorte: *Fürth, Walchen, Piesendorf, Niedernsill – oder per Tauernradweg Bruck, Thumersbach, Zell am See, Schüttdorf und andere umliegende Orte.*
Auskunft: *Kaprun-Information, Salzburger Platz 601, A-5710 Kaprun, Tel: (0043)(0)6547/86430, Fax: (0043)(0)6547/8192, E-Mail: kaprun@kaprun.net, Internet: www.europa-sport-region.com*
Camping: *Camping zur Mühle, Familie Nindl, Hausnr. 38, A-5710 Kaprun, Tel: (0043)(0)6547/8254, Fax: (0043)(0)6547/825489, E-Mail: muehle@kaprun.at*
Geführte Touren: *Für Hausgäste bietet der Gasthof Auhof, Augasse 3, A-5710 Kaprun, Tel: (0043)(0)6547/8540, Fax: (0043)(0)6547/8540, E-Mail: auhof@netway.at, Internet: http://www.holiday.at/auhof zwischen Juni und Oktober tolle MTB-Touren an; zudem: Mont Alpin, Fam. Schett, A-5710 Kaprun, Tel: (0043)(0)6641725483, Fax: (0043)(0)6547/84384, E-Mail: schett@mont-alpin.at; weiter: Erlebnis-Welt Kaprun, Burgi Englacher, A-5710 Kaprun 74, Tel: (0043)(0)664/2010818, Fax: (0043)(0)6547/80704; oder: Freaks on Tour, Frank Schumann, A-5710 Kaprun, Tel: (0043)(0)6547/7760, Fax: (0043)(0)6547/7760, Mobil: (0043)(0)664/2530381, E-Mail: office@fot.at; außerdem bietet die Kapruninfo auf Anfrage für Gäste von Kaprun (mit Gästekarte) geführte Touren gratis an (Adresse s. oben).*
Bikeshops: *Zweirad Oberhauser, Landesstr. 714, A-5710 Kaprun, Tel: (0043)(0)6547/8360, Fax: (0043)(0)6547/7181, E-Mail: zweirad-oberhauser@kaprun.at; Hilfe bekommt man auch bei Intersport Bründl, Sigmund-Thun-Str. 642, A-5710 Kaprun, Tel: (0043)(0)6547/8388, Fax: (0043)(0)6547/838831, E-Mail: office@bruendl.co.at*

Starker Turn für Konditionsbären: Wieder einmal halten die Kitzbüheler Alpen einen Anstieg parat, der auf 780 m beginnt und erst bei rund 1900 m über dem Spiegel der Weltmeere endet. Aber keine Angst, denn die Steigung führt nicht von Wadlexzessen bis hin zur Sauerstoffnot. Der breite Schotterweg hinauf präsentiert sich nämlich als recht gemütlich und zieht sich Kurve um Kurve, Kehre um Kehre fast gleichmäßig hinauf. Das Ziel dabei ist die Hochsonnberg-Alm auf 1860 m über NN. Danach rollt man über einen fantastischen Höhenweg mit tollem Weitblick Richtung Pinzgauer Hütte. Bevor man sich so richtig satt gesehen hat, geht es schon wieder bergab. Ein Trail namens »Hungerleider« startet den Downhill, der – gepaart mit einigen rasanten Schotterkilometern – retour nach Kaprun führt.

Routenverlauf

Bitte gehen Sie niemals ohne die angegebene topographische Karte auf Tour, und beachten Sie die Hinweise auf den Seiten 8 und 9.

km 0,0 / 780 m (Höhe über NN)
Vom Großparkplatz an der »Baumbar« auf »Tauernradweg« unterhalb Schaufelbergtunnel entlang.
2,3 / 780 m Erst rechts, dann sofort links und auf Teer weiter. Nach 1000 m rechts, Salzachbrücke queren. Nach weiteren 400 m links halten.
4,5 / 775 m Links dem »Pinzgaradweg« folgen. Gleich wieder links. Nach

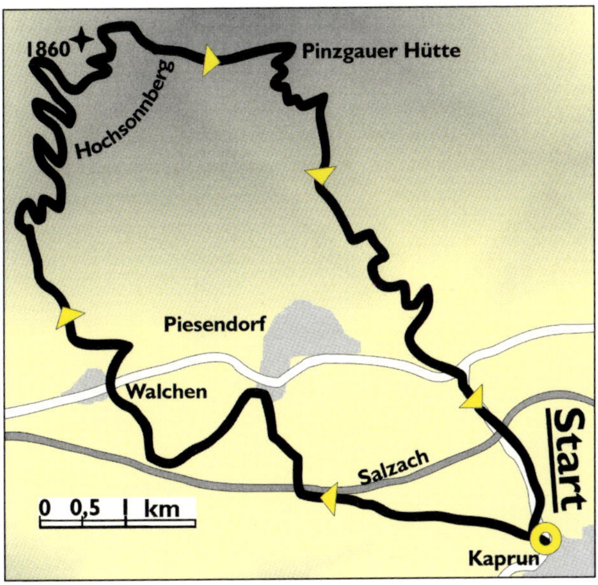

weiteren 150 m dann scharf links. Vor Sportplatz erst rechts, danach wieder links.

4,8 / 775 m Bahngleise queren und auf Schotter weiter bis km 6,3. Hier an Wegedreieck »Tauernradweg« verlassen und rechts auf Teer weiter.

7,3 / 805 m Kurz vor Bundesstraße links durch »Walchen«. Nach 150 m rechts, Straßenunterführung passieren, danach rechts halten. Direkt vor der Kapelle links Richtung »Sonnberg-Alm« (»1«) abbiegen.

8,0 / 845 m Links über Brücke, dann an Gabelung links, nicht auf Güterweg Angerberg.

8,6 / 900 m Rechts bergan.

10,0 / 1030 m An Gabelung geradeaus auf Hauptweg bergan (»18«).

11,7 / 1095 m An Gabelung links, Schranke passieren, weiter auf Hauptweg bergan.

18,9 / 1860 m Ab »Hochsonnberg-Alm« zunächst auf gleichem Weg retour, dann links ab Richtung »Pinzgauer Hütte« (»1A«).

21,8 / 1740 m Scharf rechts zur »Pinzgauer Hütte«, Terrasse passieren, ein paar Stufen hinab und auf Trail »Hungerleider« bergab. Nach knapp 2 km geht der Weg in einen holprigen Waldweg über. Anschließend düst man auf Schotterpiste weiter bergab.

26,9 / 1028 m Auf Teerweg geradeaus weiter bergab. Nach knapp 700 m in scharfer Rechtskurve links, auf Steig bergab und am Strommast links auf Teer Richtung »Fürth« (»A9«).

27,7 / 920 m An Teergabelung rechts bergab. 300 m weiter rechts auf Teer bergab nach Fürth. Dort Bundesstraße queren und auf »Kapruner Landstraße« zurück zum Ausgangspunkt (km 31,2 / 780 m).

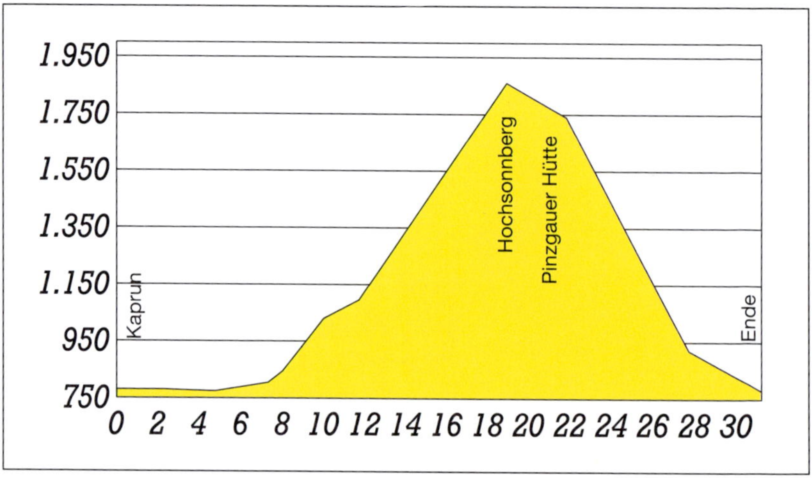

45 Hochstaufen-Runde

infos

Gesamtstrecke: *35,5 Kilometer.*
Anstiege: *1100 Höhenmeter.*
Schwierigkeit: *mittel.*
Reine Fahrzeit: *2,5 bis 4 Stunden.*

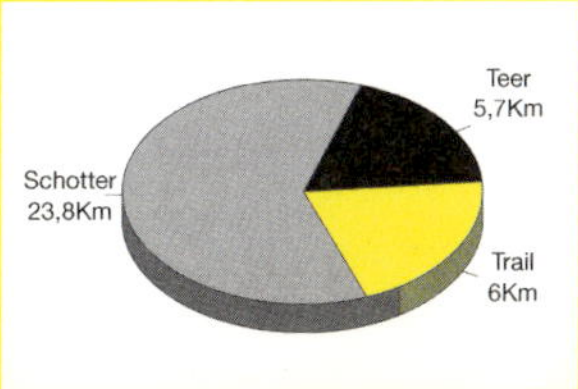

Karte: *Topographische Karte 1:50.000, Blatt UK L 4 »Berchtesgadener Alpen«, Bayerisches Landesvermessungsamt.*
Anfahrt zum Startplatz: *Die A 8 München-Salzburg über die Abfahrt »Siegsdorf« verlassen. Dann auf B 306 Richtung »Inzell, Zell am See«. Nach Inzell dem Verlauf der B 305 Richtung »Weißbach, Zell am See« bis zum Gasthaus »Café Zwing« kurz vor Weißbach folgen. Hier startet wie Tour 31 auch diese Tour.*
Alternative Startorte: *Inzell, Aufhausen, Pidingerau, Mauthausen, Bad Reichenhall, Weißbach.*
Auskunft: *Inzeller Touristik GmbH, Rathausplatz 5, D-83334 Inzell, Tel: 08665/9885-0, Fax: 08665/9885-30, E-Mail: tourismus@inzell.btl.de, Internet: www.inzell.de; Verkehrsamt Schneizlreuth-Weißbach, Berchtesgadener Str. 12, D-83458 Schneizlreuth, Tel + Fax: 08665/7489, E-Mail: verkehrsamt.weissbach@bgl-net.de, Internet: www.schneizlreuth.de*
Camping: *Der nächste Platz ist in Bad Reichenhall – Campingplatz Staufeneck, D-83435 Bad Reichenhall, Tel: 08651/2134.*
Geführte Touren: *Straub Abenteuer & Sporttouristik GmbH, D-83458 Schneizlreuth, Tel: 08651/78563, Fax: 08651/63220, E-Mail: StraubGmbH@t-online.de, Internet: www.straub-abenteuer.de*
Bikeshop: *Rad Kötzinger, Reichenhaller Str. 21, D-83334 Inzell, Tel: 08665/1478.*

Ganz im Osten der Chiemgauer Alpen steigt markant und schroff das felsige Massiv des 1771 Meter hohen Hochstaufen in den Himmel. Allerdings ist die Gipfelregion kein Terrain für Biker. Oben braucht es eher Bergstiefel. Deshalb bietet sich auch bei diesem Berg nur die Umrundung an, die sich aber als recht kurzweilig präsentiert und teils über historische Wege und Pfade aus der Zeit des regen und segensreichen Salzhandels führt.

Routenverlauf

Bitte gehen Sie niemals ohne die angegebene topographische Karte auf Tour, und beachten Sie die Hinweise auf den Seiten 8 und 9.

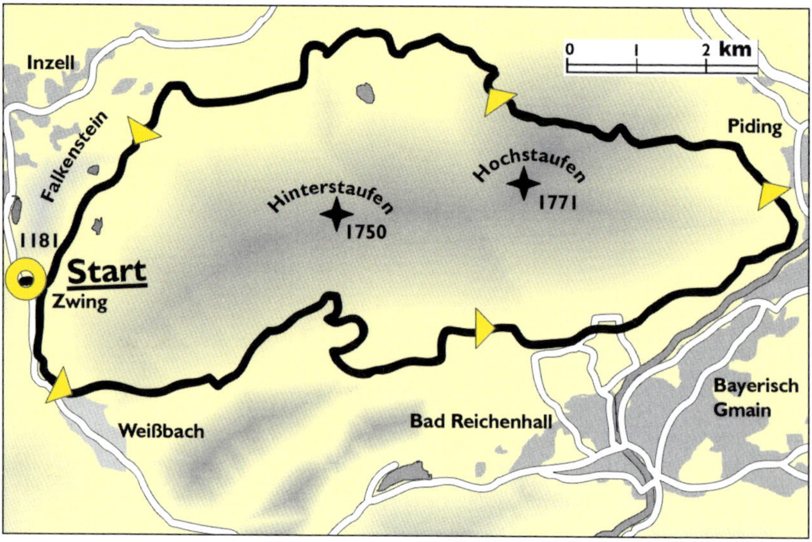

km 0,0 / 715 m (Höhe über NN) Am Gasthaus »Café Zwing« die B 305 queren und auf Schotter bis zur ersten Kreuzung nach knapp 50 Metern. Hier rechts. Kurz danach dann den Hinweisen »Rund um den Falkenstein« folgen.
0,4 / 716 m An Abzweig links »Rund um den Falkenstein«.
2,6 / 707 m Am Marterl rechts Richtung »Frillensee« abzweigen. 150 m weiter rechts halten.
3,8 / 780 m Nun rechts ab, und dem markierten Radweg Richtung »Frillensee« folgen. Nach 300 m rechts halten und bei km 4,4 etwas rechts und nun zunächst dem Hauptweg in Richtung »Frillensee« folgen.
6,9 / 930 m An Kreuzung nahe Frillensee geradeaus Richtung »Steiner-Alm«; »Seerundweg« ignorieren. Nach 200 m geradeaus.
9,4 / 1078 m An Abzweig geradeaus weiter Richtung »Steiner-Alm«, bald Trail. Nach 450 m an Abzweig rechts auf Trail bergan über den Kamm.
10,3 / 1030 m An Steiner-Alm (Einkehr) links auf Forstpiste bergab Richtung »Mauthausen«.
11,0 / 960 m Kurz nach »Koch-Alm« in Linkskehre rechts auf Trail Richtung »Mauthausen«. Nach 200 m links halten und ab km 11,4 auf breiter Schotterpiste weiter Richtung »Mauthausen«.
13,3 / 740 m Etwa 300 m nach Marterl in Linkskehre rechts ab Richtung »Piding«.
14,9 / 570 m In Linkskehre rechts auf Pfad Richtung »Bad Reichenhall«.

16,6 / 470 m In Staufenbrücke rechts auf Teer Richtung »Nonn«. Nach 400 Metern an Campingplatz rechts auf Hauptweg weiter Richtung »Nonn«.
19,0 / 490 m In Nonn zunächst geradeaus. Am »Quellenhof« dann rechts auf Teerweg, bald Schotter Richtung »Listsee«. Bei km 20,1 dann rechts, weiter Richtung »Listsee«.
22,5 / 590 m 500 m nach Gasthof »Listsee« links, bald an Listsee entlang den Hinweisen Richtung »Jochberg« folgen. 300 m weiter geradeaus über Kreuzung »Listanger-Lagerplatz«. In der Folge zunächst geradeaus den Hinweisen »Jochberg« folgen und alle Abzweige ignorieren.
26,3 / 960 m Am höchsten Punkt an Gabelung links Richtung »Rinnerauer«. Nach etwas mehr als 400 Metern dann an Gabelung links bergab, stets den Hinweisen »Weißbach« folgen.
27,5 / 880 m Nahe »Rinnerauer« rechts halten Richtung »Weißbach«.
29,4 / 820 m Links bergab Richtung »Weißbach«.
30,2 / 740 m An Kreuzung rechts auf »Salinenweg« bergan.
31,2 / 800 m Nach Auffahrt links auf Trail bergab Richtung »Weißbach«. 1200 m weiter, kurz nach Himmelsleiter, rechts auf »Soleleitungsweg« Richtung »Inzell«.
35,0 / 720 m In Bachgraben rechts, bald links und zurück zur B 305 am »Café Zwing« (km 35,5 / 715 m).

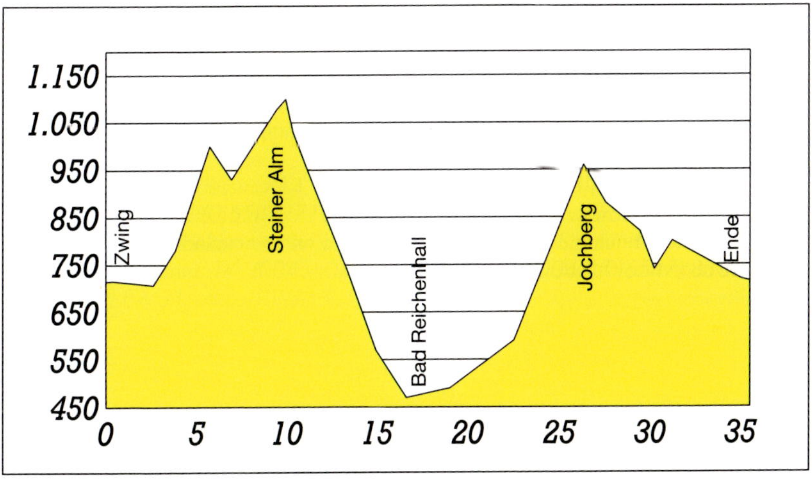

46 Rund um den Predigtstuhl

infos

Gesamtstrecke: *32,8 Kilometer.*
Anstiege: *820 Höhenmeter.*
Schwierigkeit: *leicht.*
Reine Fahrzeit: *2 bis 4 Stunden.*

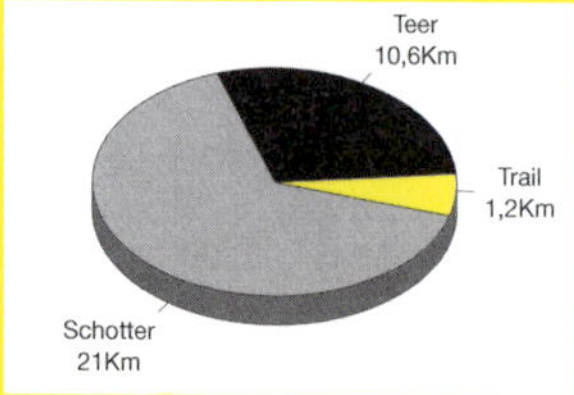

Karte: *Topographische Karte 1:50.000, Blatt UK L 4 »Berchtesgadener Alpen«, Bayerisches Landesvermessungsamt.*
Anfahrt zum Startplatz: *Die A 8 München-Salzburg über die Abfahrt »Bad Reichenhall, Berchtesgaden« verlassen. Dann auf B 20 nach Bad Reichenhall. Dort den Hinweisen »Predigtstuhlbahn« folgen und vom Parkplatz an der Talstation zu dieser Tour starten.*
Alternative Startorte: *Unterjettenberg, Ramsau, Hintersee, Bischofswiesen, Winkl, Großgmain, Bayerisch Gmain.*
Auskunft: *Kur GmbH Bad Reichenhall, Wittelsbacherstr. 15, D-83435 Bad Reichenhall, Tel: 08651/606303, Fax: 08651/606311, E-Mail: info@bad-reichenhall.de, Internet: www.bad-reichenhall.de*
Camping: *Staufeneck, D-83435 Bad Reichenhall, Tel: 08651/2134.*
Geführte Touren: *Club Aktiv, Frühlingsstr. 61, D-83435 Bad Reichenhall, Tel: 08651/67238, Fax: 08651/986844, Mobil: 0171/2702816, E-Mail: rafting@t-online.de und Top Bike (s. oben). Außerdem werden im Hotel Villa Florida und im Appartementhaus Waldfrieden Bikepauschalen angeboten. Infos bei Top Bike (s. oben).*
Bikeshop: *Cannondale-Händler Top Bike, Großgmainer Str. 23, D-83457 Bayerisch-Gmain, Tel: 08651-64644, E-Mail: topbike@t-online.de, Internet: www.topbike.de verleiht Bikes, repariert und bietet geführte Touren an.*

Schon stark, wenn man alles aus einer Hand bekommt. Der Nur-Cannondale-Händler Top Bike veranstaltet für Gäste seines Hotels oder seines Appartementhauses geführte Biketouren vom Feinsten und bietet zudem noch jede Menge Bikeservice drumherum. Außerdem kann man nach der Tour im komplett neu erbauten Wellness- und Fitnessbereich relaxen. Da gibt's nämlich Hallenbad, Licht-Sauna mit Außenbereich und Solarium. Vielleicht auch nötig, denn Tourguide und Hausherr Timur Glowczewski hat 1998 als Triatleth nicht nur jeweils in der Age-Group der Ironmans von Neuseeland und Roth gewonnen, sondern liebt passend dazu auch anspruchsvolle Touren.

Routenverlauf

Bitte gehen Sie niemals ohne die angegebene topographische Karte auf Tour, und beachten Sie die Hinweise auf den Seiten 8 und 9.

km 0,0 / 480 m (Höhe über NN) Ab Talstation »Predigtstuhlbahn« auf markiertem Radweg an Saalach entlang Richtung »Unterjettenberg«. Nach 700 m an der Staumauer des Saalachsees rechts halten.

5,6 / 510 m Kurz nach dem Weiler Fronau an Gasthaus links Brücke über Saalach queren und anschließend geradeaus durch Unterjettenberg. Nach 500 m links auf B 305 weiter Richtung »Berchtesgaden«.

8,7 / 640 m Von B 305 links auf Schotterweg durch das Schwarzenbachtal erst bergab, dann bergan Richtung »Schwarzbachwacht«.

11,7 / 740 m Links Bachbett queren, dann rechts weiter bergan.

13,0 / 880 m Nahe Schwarzbachwacht vor B 305 rechts halten, Parkplatz queren und dann links auf Forstweg weiter. Anschließend Straße queren und geradeaus Richtung »Hintersee« halten. Bei km 13,7 vor Taubensee an Gabelung

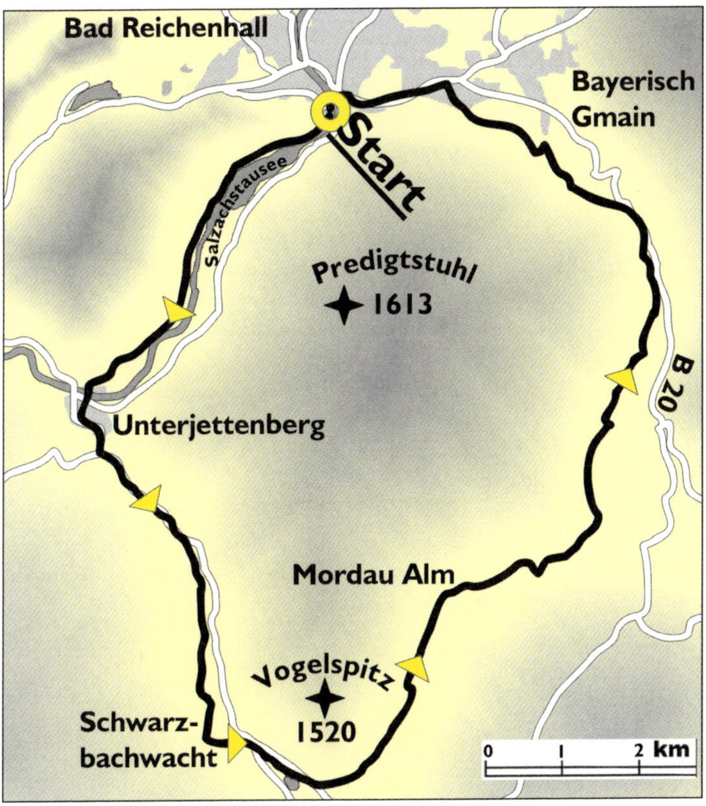

links dem Hinweis »Mordau-Alm« folgen.
14,4 / 890 m Nach Unterquerung der B 305 auf Teerweg geradeaus Richtung »Mordau«.
17,1 / 1191 m An der »Mordau-Alm« an Gabelung auf linkem Weg geradeaus Richtung »Fernwasserhütte«.
18,2 / 1080 m An Wegende bei Fernwasserhütte geradeaus auf Trail. Nach 300 m rechts halten. Etwas weiter dann auf Forstpiste bergab Richtung »Winkl«.
20,4 / 890 m An Abzweig links auf kurzzeitig geteertem Weg bergab Richtung »Winkl, Hallthurm«.
23,3 / 700 m Von Teer links auf Waldweg abbiegen. Kurz danach an Kreuzung links auf »Panoramaweg« bergan Richtung »Hallthurm«.
26,1 / 690 m Auf Parkplatz vor B 20 etwas links, weiter auf Trail »Panoramaweg« Richtung »Bad Reichenhall«. Nach rund 30 Metern links auf Pfad steil bergan in den Wald.
26,6 / 730 m In Hallthurm rechts über Bachbrücke, dann links auf Teer am Tennisplatz entlang. Nach 300 m geradeaus auf Trail Richtung »Bad Reichenhall«. Anschließend ständig (»M«) an Bahngleis entlang folgen.
30,7 / 520 m In Bayerisch Gmain links auf B 20 Richtung »Reichenhall«. Nach 1800 m links Brücke über Saalach queren, dann wieder links und zurück zum Ausgangspunkt (km 32,8 / 480 m).

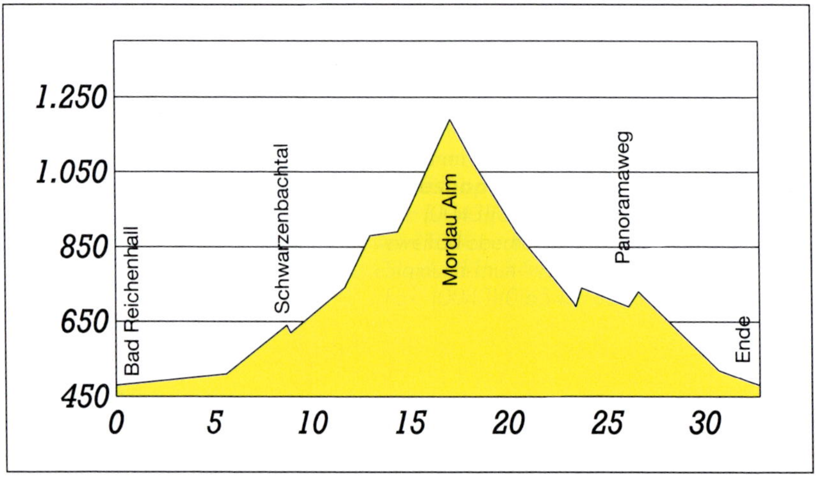

47 Steinernes Meer

Gesamtstrecke: *37,4 Kilometer.*
Anstiege: *1400 Höhenmeter.*
Schwierigkeit: *technisch leicht, Kondition mittel.*
Reine Fahrzeit: *3 bis 5 Stunden.*

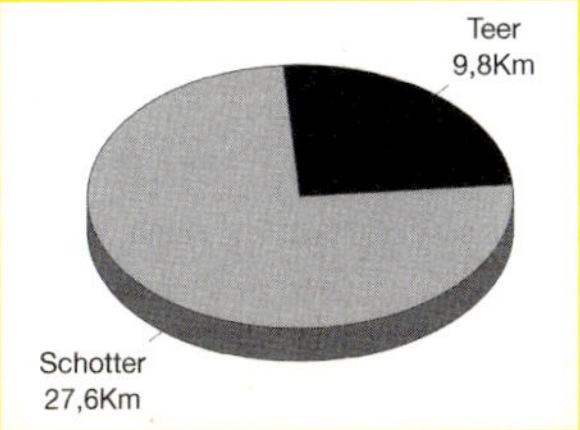

Karte: *Topographische Karte 1:50.000, Blatt UK L 4 »Berchtesgadener Alpen«, Bayerisches Landesvermessungsamt.*
Anfahrt zum Startplatz: *Die A 8 München-Salzburg über die Abfahrt »Siegsdorf« verlassen. Dann weiter über Inzell Richtung Zell am See. Kurz nach Lofer von der österreichischen B 311 in den Ort Weißbach abbiegen und dort an der Kirche diese Tour starten.*
Alternative Startorte: *Ramsau und Hintersee über Hirschbichl, Lofer über Wildenthal, Saalfelden über Tauernradweg (MTB-Variante s. Tour 35).*
Auskunft: *Tourismusverband Salzburger Saalachtal, A-5093 Weißbach, Tel: (0043)(0)6582/8383.*
Camping: *Campingplatz Grubhof, A-5092 St. Martin, Tel: (0043)(0)6588/8237, E-Mail: park-grubhof@salzburg.co.at*
Geführte Touren: *Markus Prechtl, A-5091 Unken, Tel: (0043)(0)6589/4282.*
Bikeshop: *Gibt es im nahen Lofer, wie Zentrasport, Lofer Nr. 15, kA-5090 Lofer, Tel: (0043)(0)6588/8596, E-Mail: weissbacher@sport2000.at oder Fa. Wimmer, Lofer Nr. 318, A-5090 Lofer, Tel: (0043)(0)6588/8318.*

Das Steinerne Meer ist nicht nur das Grenzgebirge zwischen Bayern und Österreich, sondern oft auch Wettergrenze par excellence. Denn: Wie eine Barriere, immerhin knapp 3000 Meter hoch, schottet es mieses Wetter aus westlicher Richtung oft hermetisch ab. Am besten lässt sich das im Winter feststellen, wenn westlich des felsigen Gebirges Schnee in rauen Mengen liegt und östlich davon – übertrieben gesagt – die Krokusse blühen. Auch ein Grund, warum der steile Schotterweg hinauf zur Talstation der Materialseilbahn des Ingolstädter Hauses oft erst im Frühsommer, so ab Mitte Juni, befahrbar ist.

Routenverlauf

Bitte gehen Sie niemals ohne die angegebene topographische Karte auf Tour, und beachten Sie die Hinweise auf den Seiten 8 und 9.

km 0,0 / 665 m (Höhe über NN)

Ab Kirche Weißbach zurück zur B 311. Dort links, nächste wieder links und auf

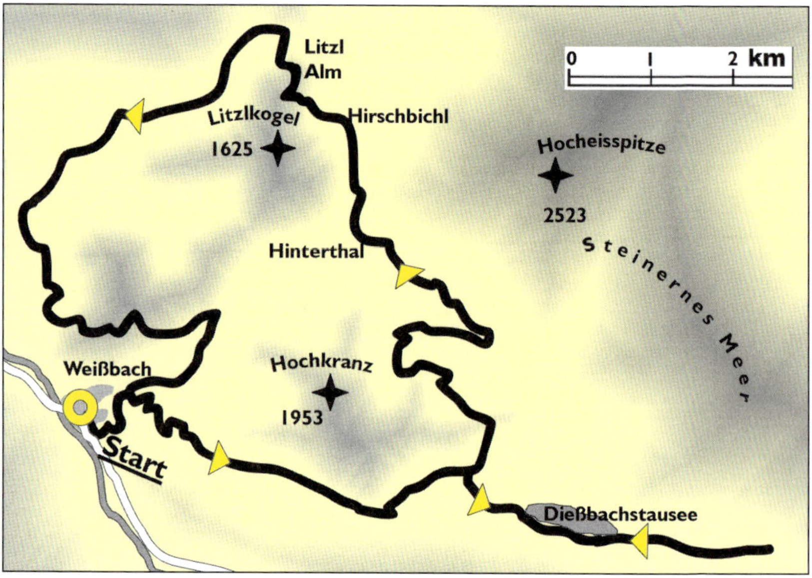

geteertem Fahrweg bergan Richtung »Hirschbichl«.

1,1 / 780 m An Gabelung Fahrweg zum Hirschbichl verlassen, rechts ab Richtung »Pürzelbach«. Bei km 2,4 an Gabelung links auf Hauptweg bleiben.

6,4 / 1430 m Bei der Kallbrunn-Alm geradeaus auf Hauptweg Richtung »Jausenstation Kallbrunn«. Dort geradeaus.

7,6 / 1450 m An Abzweig rechts Richtung »Dießbachstausee«.

8,6 / 1415 m Am Stausee rechts über Staumauer und bald auf steiler Schotterpiste bergan Richtung »Ingolstädter Haus«.

12,2 / 1640 m Unter dem Steilabfall des Steinernen Meeres, an der Talstation der Materialseilbahn, auf gleichem Weg retour an Dießbachstausee entlang bis zur Gabelung bei Auffahrtskilometer 7,6. Hier nun bei km 16,8 rechts bergan Richtung »Hirschbichl«.

20,3 / 1122 m An Gabelung auf rechtem Strang geradeaus Richtung »Hirschbichl«. In der Folge erst einmal alle Abzweige ignorieren.

24,7 / 1130 m An T links auf geteertem Fahrweg Richtung »Hirschbichl«.

25,5 / 1188 m Am Hirschbichl links den geteerten Fahrweg verlassen und den Hinweisen »Litzl-Alm« bergan folgen.

27,4 / 1270 m An T links, bald wieder links und bergab Richtung »Wildenthal«.

29,3 / 1095 m An Abzweig auf linkem Strang geradeaus bergan Richtung »Weißbach«.

34,6 / 907 m In Stocklaus links auf Hirschbichlstraße bergab und zurück zum Ausgangspunkt nach Weißbach (km 37,4 / 665 m).

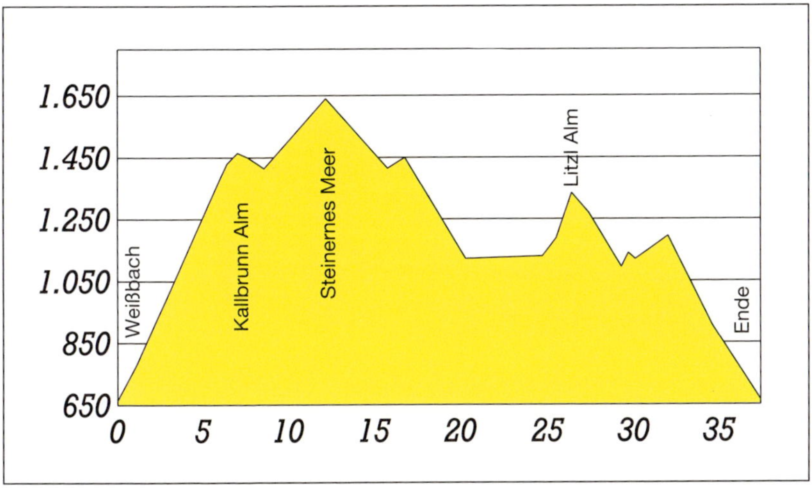

48 Archenkanzel

infos

Gesamtstrecke: *22,2 Kilometer.*
Anstiege: *1020 Höhenmeter.*
Schwierigkeit: *leicht.*
Reine Fahrzeit: *1,5 bis 3 Stunden.*

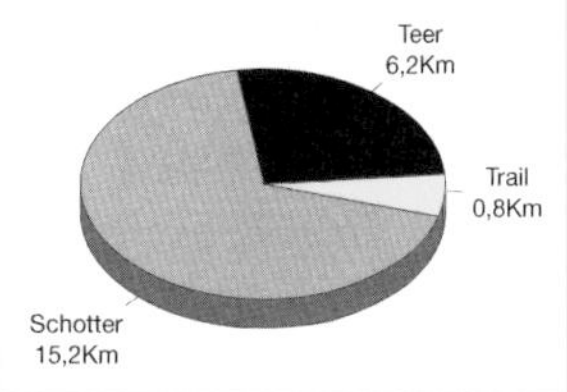

Karte: *Topographische Karte 1:50.000, Blatt UK L 4 »Berchtesgadener Alpen«, Bayerisches Landesvermessungsamt.*
Anfahrt zum Startplatz: *Die A 8 München-Salzburg über die Abfahrt »Bad Reichenhall, Berchtesgaden« verlassen. Dann auf B 20, ab Bad Reichenhall B 21 nach Berchtesgaden. Dort den Hinweisen »Königssee« folgen und diese Tour an der Talstation der »Jennerbahn« starten.*
Alternative Startorte: *Schönau, Ramsau (über Wimbachbrücke).*
Auskunft: *Kurdirektion des Berchtesgadener Landes, Postfach 2240, D-83463 Berchtesgaden, Tel: 08652/967400, E-Mail: info@berchtesgadener-land.com, Internet: www.berchtesgadener-land.com*
Camping: *Da gibt es reichlich Auswahl, wie Camping Allweglehen, Allweggasse 4, D-83471 Berchtesgaden, Tel: 08652/2396, Fax: 08652/63503, oder Camping Grafenlehen, Königsseer Fußweg 71, D-83471 Schönau am Königssee, Tel: 08652/4140, Fax: 08652/690768, oder Campingplatz Mühlleiten, Königsseer Str. 70, D-83471 Schönau am Königssee, Tel: 08652/4584, Fax: 08652/69194, oder Camping Winkl-Landthal, Klaushäuslweg 7, D-83483 Bischofswiesen, Tel + Fax: 08652/8164, oder Camping Simonhof, Am Taubensee 19, D-83486 Ramsau, Tel: 08657/284.*
Geführte Touren: *Outdoor Club Berchtesgaden, Am Gmundberg 7, D-83471 Berchtesgaden, Tel: 08652/5001, Fax: 08652/66454, E-Mail: outdoor-club@t-online.de, Internet: www.outdoor-club.de, oder Heinzelmann Mix-Tours, In der Artenreit 13, D-83471 Schönau, Tel: 08652/2530, Fax: 08652/66909, E-Mail: mix-tours-koenigssee@t-online.de, Internet: www.koenigssee.com/heinzelmann*
Bikeshop: *M+R Brandner, Bergwerkstr. 52, D-83471 Berchtesgaden, Tel: 08652/1434, Fax: 08652/7589. Radl-Laden, Rathausplatz 16, D-83471 Berchtesgaden, Tel: 08652/3399, Fax: 08652/63666. Oder in Bischofswiesen Sporthaus Bittner-Adamek, A.-Fendt-Ring 1, D-83483 Bischofswiesen, Tel: 08652/7589, Fax: 08652/8167. Oder auch Mountainbike Hans Aschauer, Aschauerweiherstr. 23, D-83483 Bischofswiesen, Tel + Fax: 08652/7049.*

Im Namen des Naturschutzes empfängt der Nationalpark Berchtesgaden Bikefreaks mit restriktiven Einschränkungen. Aber nur auf den ersten Blick, denn parallel dazu gibt es im Gebiet neun ausgewiesene und beschilderte Strecken, die

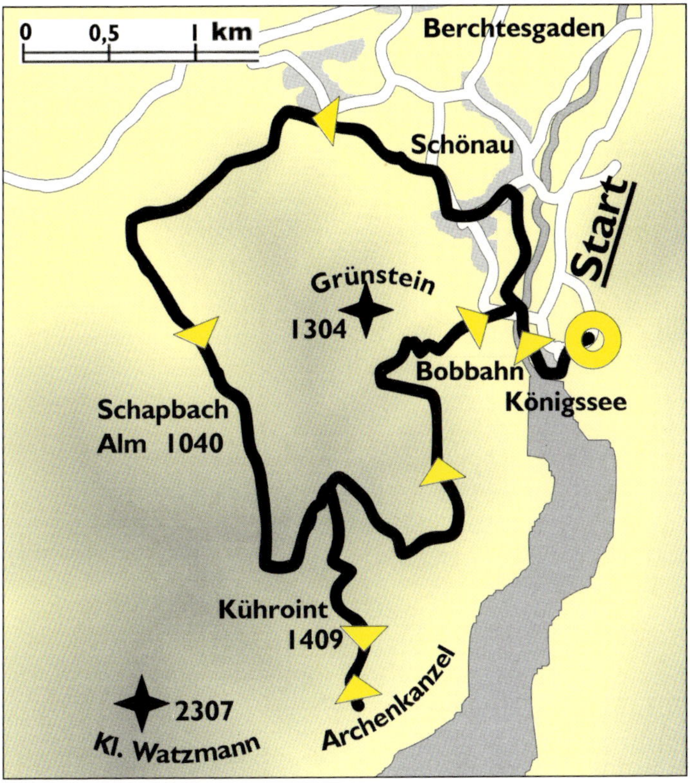

in Sachen Kondition alle Schwierigkeitsgrade beinhalten. Auch Bergfexe mit Powerwaden sind hier richtig. Schade nur, dass die Strecken sich fahrtechnisch als meist simpel und etwas eintönig präsentieren. Wer dennoch auf schmale Pfade, von denen es mehr als genug gäbe, abweicht, handelt illegal. Wer also Strafen vermeiden will, Pöbeleien – und mehr – von gut unterrichteten Fußgängern entgehen will, der sollte in andere Gebiete ausweichen, sind in diesem Buch doch genug andere Schmankerl in Sachen Fahrtechnik beschrieben.

Routenverlauf

Bitte gehen Sie niemals ohne die angegebene topographische Karte auf Tour, und beachten Sie die Hinweise auf den Seiten 8 und 9.

km 0,0 / 630 m (Höhe über NN)

Ab Talstation der Jennerbahn auf Straße Richtung Königssee. Nach 300 m links

zum See abbiegen. Dort rechts halten und auf dem »Bodensee-Königssee-Radweg« an Königsseer Ache entlang Richtung »Berchtesgaden«.
1,2 / 600 m Links auf Straße bis nach Unterschönau. Dort bei km 2,2 links auf Straße bergan Richtung »Oberschönau«.
3,3 / 620 m An Straßengabelung links halten. Nach 1000 m dann links ab Richtung »Schapbach«.
4,5 / 660 m An T links, nach 200 m wieder links und auf Forstweg »Schapbachstr.« bergan und bis zur »Kühroint-Alm« auf diesem Hauptweg bleiben.
11,8 / 1410 m Kurz vor der »Kühroint-Alm« (Einkehr) links halten und zuletzt zu Fuß (rund 400 m) bis zum gigagenialen Aussichtspunkt »Archenkanzel«. Ab dort auf gleichem Weg retour.
14,2 / 1410 m Wieder am Abzweig »Kühroint-Alm« geradeaus begab.
15,4 / 1350 m An Abzweig nun Auffahrtstrecke verlassen und rechts bergan Richtung »Schönau«.
16,5 / 1310 m An Linksabzweig, wie auch 200 m später auf Hauptweg bleiben.
18,0 / 1160 m Am Ende des breiten Forstweges geradeaus auf schmalerem Weg bergab Richtung »Hofreit«. Diesen Weg bis dorthin nicht verlassen.
20,7 / 630 m Am Ortsrand von Hofreit geradeaus bis zur Straße. Dort bei km 21,0 rechts und wie bei Auffahrt retour zur Talstation der »Jennerbahn« (km 22,2 / 630 m).

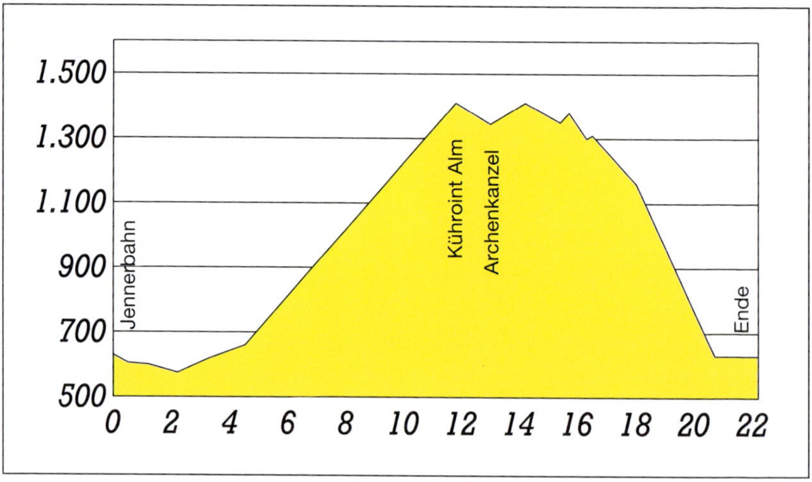

49 Gotzen-Alm

infos

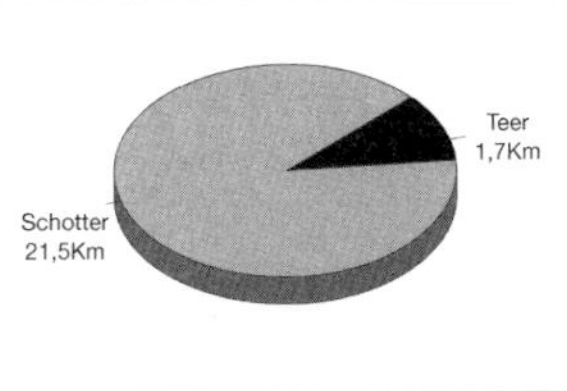

Gesamtstrecke: *23,2 Kilometer.*
Anstiege: *1200 Höhenmeter.*
Schwierigkeit: *mittel.*
Reine Fahrzeit: *1,5 bis 3 Stunden.*

Karte: *Topographische Karte 1:50.000, Blatt UK L 4 »Berchtesgadener Alpen«, Bayerisches Landesvermessungsamt.*
Anfahrt zum Startplatz: *Die A 8 München-Salzburg über die Abfahrt »Bad Reichenhall, Berchtesgaden« verlassen. Dann auf B 20, ab Bad Reichenhall B 21 nach Berchtesgaden. Dort den Hinweisen »Königssee« folgen und auch diese Tour an der Talstation der »Jennerbahn« starten.*
Alternative Startorte: *Berchtesgaden, Schönau.*
Auskunft: *Kurdirektion des Berchtesgadener Landes, Postfach 2240, D-83463 Berchtesgaden, Tel: 08652/967400, E-Mail: info@berchtesgadener-land.com, Internet: www.berchtesgadener-land.com*
Camping: *Camping Allweglehen, Allweggasse 4, D-83471 Berchtesgaden, Tel: 08652/2396, Fax: 08652/63503, oder Camping Grafenlehen, Königsseer Fußweg 71, D-83471 Schönau am Königssee, Tel: 08652/4140, Fax: 08652/690768, oder Campingplatz Mühlleiten, Königsseer Str. 70, D-83471 Schönau am Königssee, Tel: 08652/4584, Fax: 08652/69194, oder Camping Winkl-Landthal, Klaushäuslweg 7, D-83483 Bischofswiesen, Tel + Fax: 08652/8164, oder Camping Simonhof, Am Taubensee 19, D-83486 Ramsau, Tel: 08657/284.*
Geführte Touren: *Outdoor Club Berchtesgaden, Am Gmundberg 7, D-83471 Berchtesgaden, Tel: 08652/5001, Fax: 08652/66454, E-Mail: outdoor-club@t-online.de, Internet: www.outdoor-club.de, oder Heinzelmann Mix-Tours, In der Artenreit 13, D-83471 Schönau, Tel: 08652/2530, Fax: 08652/66909, E-Mail: mix-tours-koenigssee@t-online.de, Internet: www.koenigssee.com/heinzelmann, oder Treff-Aktiv, Jennerbahnstr. 19, D-83471 Schönau, Tel: 08652/66710, Fax: 08652/66734.*
Bikeshop: *M+R Brandner, Bergwerkstr. 52, D-83471 Berchtesgaden, Tel: 08652/1434, Fax: 08652/7589. Radl-Laden, Rathausplatz 16, D-83471 Berchtesgaden, Tel: 08652/3399, Fax: 08652/63666. Oder in Bischofswiesen Sporthaus Bittner-Adamek, A.-Fendt-Ring 1, D-83483 Bischofswiesen, Tel: 08652/7589, Fax: 08652/8167. Oder auch Mountainbike Hans Aschauer, Aschauerweiherstr. 23, D-83483 Bischofswiesen, Tel + Fax: 08652/7049.*

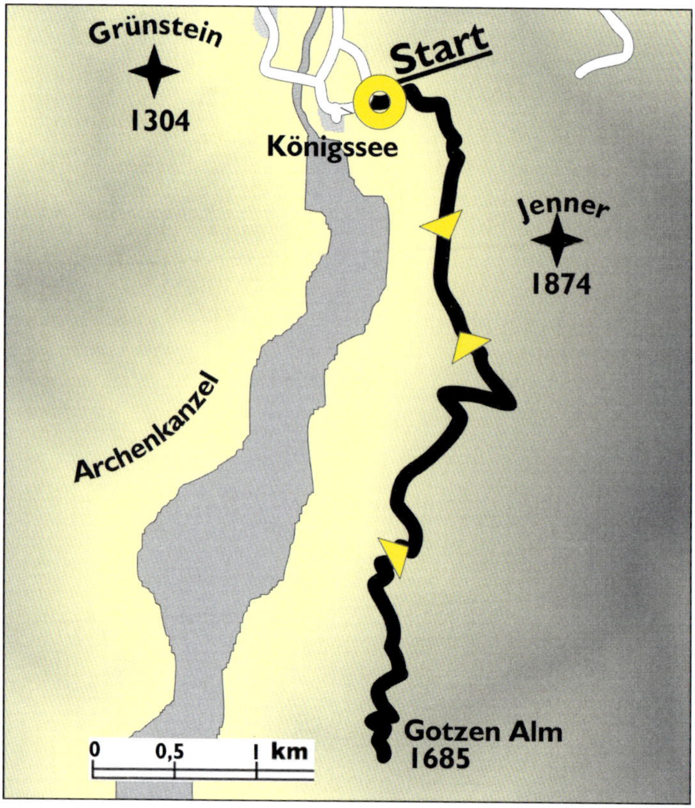

Das Berchtesgadener Land, als Traumspot für Bergradler vom Einsteiger bis zum Konditionsbären, bietet durch die European Bike Academy ein Konzept, um einmal erradelte Ausdauer über den Winter zu halten oder auch zu verbessern. Im Zusammenarbeit mit der Klinik Chiemseewinkl wurden Trainingspläne erarbeitet, die in Wochenend- und Wochenseminaren in Berchtesgaden vermittelt werden. Info: European Bike Academy, Schleißheimer Str. 13, D-80333 München, Tel: 089/524721, Fax: 089/52058866, E-Mail: office@europeansports.com, Internet: *www.europeansports.com*

Routenverlauf

Bitte gehen Sie niemals ohne die angegebene topographische Karte auf Tour, und beachten Sie die Hinweise auf den Seiten 8 und 9.

km 0,0 / 630 m (Höhe über NN) Ab Talstation Jennerbahn auf Teer bergan Richtung »Hochbahn«. 200 m weiter auf »Jennerbahnstr.« bergan Richtung »Gotzen-Alm«. Bei km 0,4 am Haus »Maximiliana« rechts halten. 150 m weiter rechts der »Hochbahnstr.« folgen, später auf Forstweg ständig in Richtung »Gotzen-Alm«.

3,3 / 1075 m Rechts auf Forstweg »Königsbach« weiter Richtung »Gotzen-Alm«. Nach 1000 m (Linksabzweig für Tour 50) an »Königbach-Alm« rechts halten, weiter auf Hauptweg.

7,2 / 1120 m An Gotzen-Talalm Brücke queren und an Gabelung links bergan.

9,4 / 1440 m An Gabelung auf rechtem Strang geradeaus bergan Richtung »Gotzen-Alm«.

11,6 / 1685 m Nach kurzer Abfahrt erreicht man das Gasthaus »Gotzen-Alm«. Ab hier auf gleichem Weg retour zur Talstation der Jennerbahn (km 23,2 / 630 m).

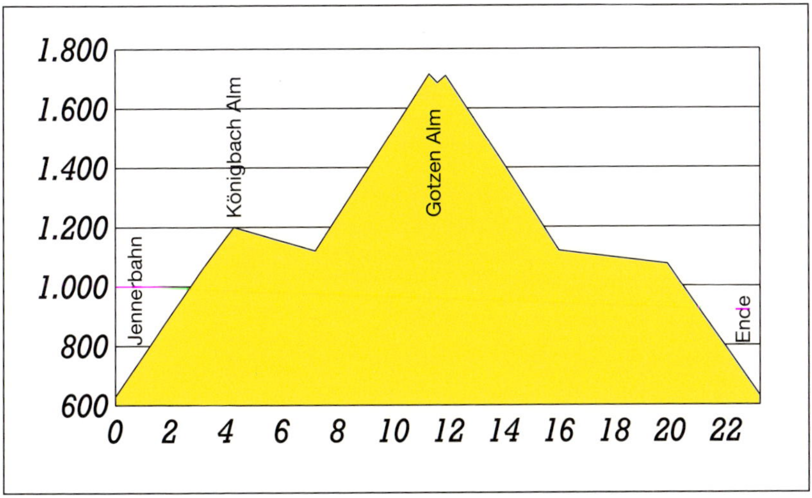

50 Rund um den Hohen Göll

infos

Gesamtstrecke: *70,4 Kilometer.*
Anstiege: *2550 Höhenmeter.*
Schwierigkeit: *technisch leicht, konditionell schwer.*
Reine Fahrzeit: *6 bis 10 Stunden.*

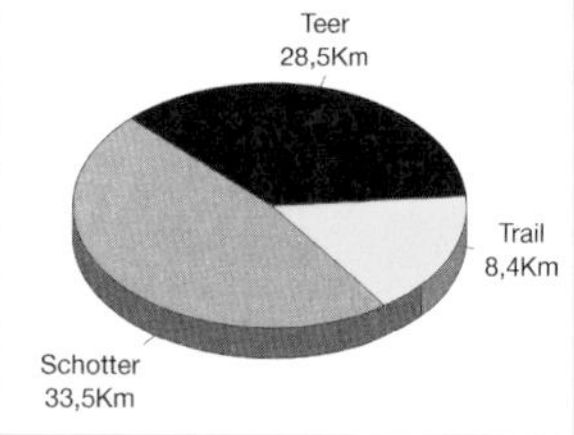

Karte: *Topographische Karte 1:50.000, Blatt UK L 4 »Berchtesgadener Alpen«, Bayerisches Landesvermessungsamt.*
Anfahrt zum Startplatz: *Die A 8 München-Salzburg über die Abfahrt »Bad Reichenhall, Berchtesgaden« verlassen. Dann auf B 20, ab Bad Reichenhall B 21 nach Berchtesgaden. Dort den Hinweisen »Königssee« folgen und auch diese Tour an der Talstation der »Jennerbahn« starten.*
Alternative Startorte: *Berchtesgaden, Schönau.*
Auskunft: *Kurdirektion des Berchtesgadener Landes, Postfach 2240, D-83463 Berchtesgaden, Tel: 08652/967400, E-Mail: info@berchtesgadener-land.com, Internet: www.berchtesgadener-land.com*
Camping: *Camping Allweglehen, Allweggasse 4, D-83471 Berchtesgaden, Tel: 08652/2396, Fax: 08652/63503, oder Camping Grafenlehen, Königsseer Fußweg 71, D-83471 Schönau am Königssee, Tel: 08652/4140, Fax: 08652/690768, oder Campingplatz Mühlleiten, Königsseer Str. 70, D-83471 Schönau am Königssee, Tel: 08652/4584, Fax: 08652/69194, oder Camping Winkl-Landthal, Klaushäuslweg 7, D-83483 Bischofswiesen, Tel + Fax: 08652/8164, oder Camping Simonhof, Am Taubensee 19, D-83486 Ramsau, Tel: 08657/284.*
Geführte Touren: *Outdoor Club Berchtesgaden, Am Gmundberg 7, D-83471 Berchtesgaden, Tel: 08652/5001, Fax: 08652/66454, E-Mail: outdoor-club@t-online.de, Internet: www.outdoor-club.de, oder Heinzelmann Mix-Tours, In der Artenreit 13, D-83471 Schönau, Tel: 08652/2530, Fax: 08652/66909, E-Mail: mix-tours-koenigssee@t-online.de, Internet: www.koenigssee.com/heinzelmann, oder Treff-Aktiv, Jennerbahnstr. 19, D-83471 Schönau, Tel: 08652/66710, Fax: 08652/66734.*
Bikeshop: *M+R Brandner, Bergwerkstr. 52, D-83471 Berchtesgaden, Tel: 08652/1434, Fax: 08652/7589. Radl-Laden, Rathausplatz 16, D-83471 Berchtesgaden, Tel: 08652/3399, Fax: 08652/63666. Oder in Bischofswiesen Sporthaus Bittner-Adamek, A.-Fendt-Ring 1, D-83483 Bischofswiesen, Tel: 08652/7589, Fax: 08652/8167. Oder auch Mountainbike Hans Aschauer, Aschauerweiherstr. 23, D-83483 Bischofswiesen, Tel + Fax: 08652/7049.*

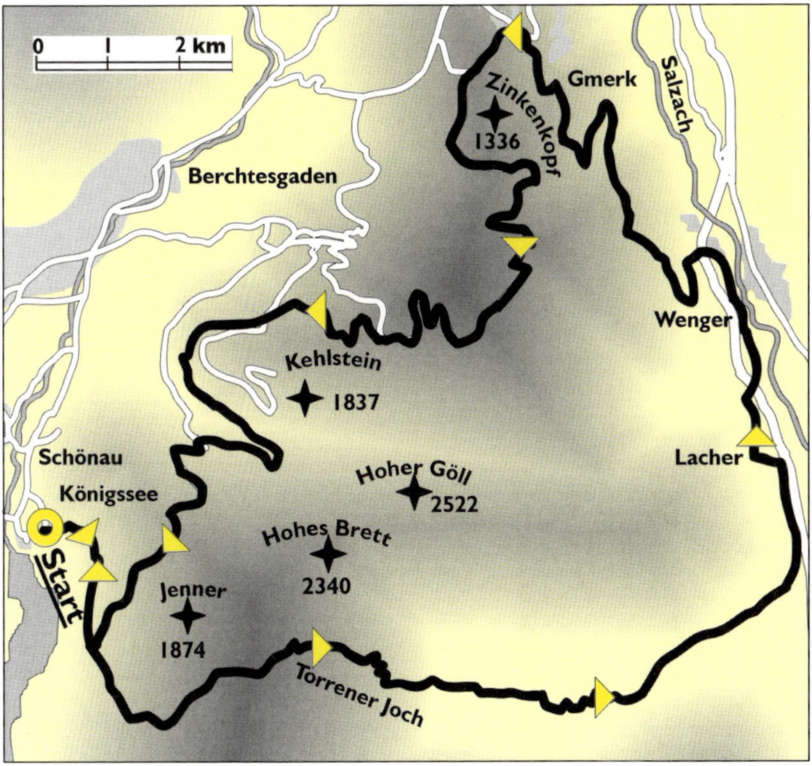

Man sollte sich von dieser Tour auch nicht wegen des unerhört hohen Anteils Teerpiste abhalten lassen. Zu schön sind die Aussichten, die man auf die einmalige Landschaft des Berchtesgadener Landes und über das benachbarte Salzburger Land hat. Im Übrigen lassen sich die Höhenmeter, von denen es bei dieser Runde satt zu fressen gibt, auf Teer viel leichter als auf rüden Schotterpisten verköstigen. So wird diese auch lange Runde dann insgesamt doch nicht so schwer, wie es auf den ersten Blick scheint.

Routenverlauf

Bitte gehen Sie niemals ohne die angegebene topographische Karte auf Tour, und beachten Sie die Hinweise auf den Seiten 8 und 9.

km 0,0 / 630 m (Höhe über NN)

Wie bei Tour 49 ab Talstation Jennerbahn auf Teer bergan Richtung »Hochbahn«. 200 m weiter auf »Jennerbahnstr.« bergan Richtung »Gotzen-Alm«. Bei km 0,4 am Haus »Maximiliana« rechts

halten. 150 m weiter rechts der »Hochbahnstr.«, später auf Forstweg ständig in Richtung »Gotzen-Alm«.
3,3 / 1075 m Rechts auf Forstweg »Königsbach« weiter Richtung »Gotzen-Alm«.
4,3 / 1200 m An »Königbach-Alm« links bergan Richtung »Schneibsteinhaus«, Radmarkierung (»3«) folgen.
7,5 / 1666 m Nahe »Schneibsteinhaus« links auf Trail mit Stufen bergan Richtung »Stahlhaus«.
8,0 / 1734 m Kurz nach »Stahlhaus« links auf Trail, ab km 10,1 auf Forstweg bergab, stets den Hinweisen Richtung »Golling« folgen.
20,4 / 507 m Nahe Gasthaus »Bärenbrücke« am Talausgang kurz vor Brücke links Richtung »Golling«.
23,0 / 478 m Geradeaus durch »Golling-Torren«. Nach 250 m links auf Schotterpiste Richtung »Wasserfall« abbiegen. Ab km 23,8 bei einem Gebäude geradeaus auf Trail, bald als »Salzachradweg« beschildert.
25,2 / 495 m An Kreuzung rechts, Weiderost passieren und den Hinweisen Richtung »Lacher« folgen. Im Ort am Gasthaus »Torrener Hof« erst rechts, etwas weiter links auf Straße (»Radmarkierung«) Richtung »Kuchl«.
27,0 / 475 m Nach Unterquerung der Tauernautobahn auf Straße links über Brücke. In »Kuchl-Weng« dann an »Freundschaftsbrücke« geradeaus.
28,9 / 460 m Nach Ortsdurchfahrt Weng und Überquerung der Autobahn an Gabelung links auf Teer, bald auf Schotter Richtung »Gschwandt«, Radmarkierung (»3«).
33,3 / 815 m An »Jausenstation Gschwandt« links auf kurzzeitig geteerter »Abtswaldstr.« der Radmarkierung (»3«) bis nach »Gmerk« folgen.
38,5 / 910 m Kurz vor Kehre von Teerweg links ab Richtung »Ortsmitte« und auf Trail an Schuppen entlang. Knapp 600 m weiter dann rechts Richtung »Grenzstelle«.
39,6 / 900 m In Gmerk links zur »Grenzstelle« und dann weiter Richtung »Zinkenwirt«.
40,8 / 920 m Erst links auf »Rossfeld-Höhenstr.« bergan, ab km 47,3 wieder bergab.
52,5 / 1163 m Kurz vor »Ofner Boden« von Straße links auf geschottertem, bald geteertem Forstweg, Eisentor passieren, Richtung »Kehlstein«, weiter Radmarkierung (»3«) beachten.
53,8 / 1254 m Wegweisung Richtung »Kehlstein« ignorieren und rechts Richtung »Obersalzberg« halten.
54,5 / 1245 m Erst geradeaus, dann an Gabelung rechts weiter Richtung »Obersalzberg«.
55,2 / 1170 m Kehlsteinstraße kreuzen und auf Teerweg den Hinweisen »Königssee« folgen.
56,0 / 1140 m An Abzweig links Richtung »Scharitz« halten, später den Hinweisen »Endstal« folgen, Radmarkierung (»3«).
61,1 / 1020 m Links auf Straße durch Hinterbrand. Dort bei km 63,4 auf Forstweg bergan Richtung »Gotzen-Alm«.

67,1 / 1073 m Hart rechts und auf Forstweg »Hochbahn« bergab zum Ausgangspunkt an der Talstation der Jennerbahn (km 70,4 / 630 m).

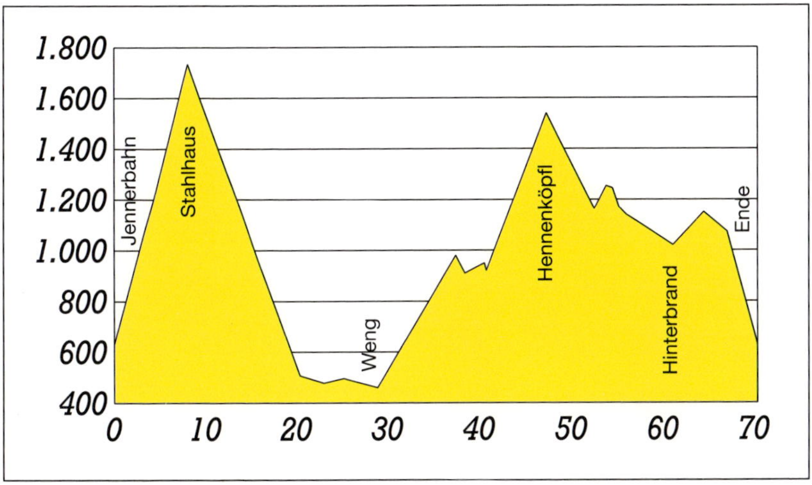

ROCKY RIDGE
MARIN

Ortsregister

Tourenstarts (in Fettdruck) und alternative Startpunkte.